U0142825

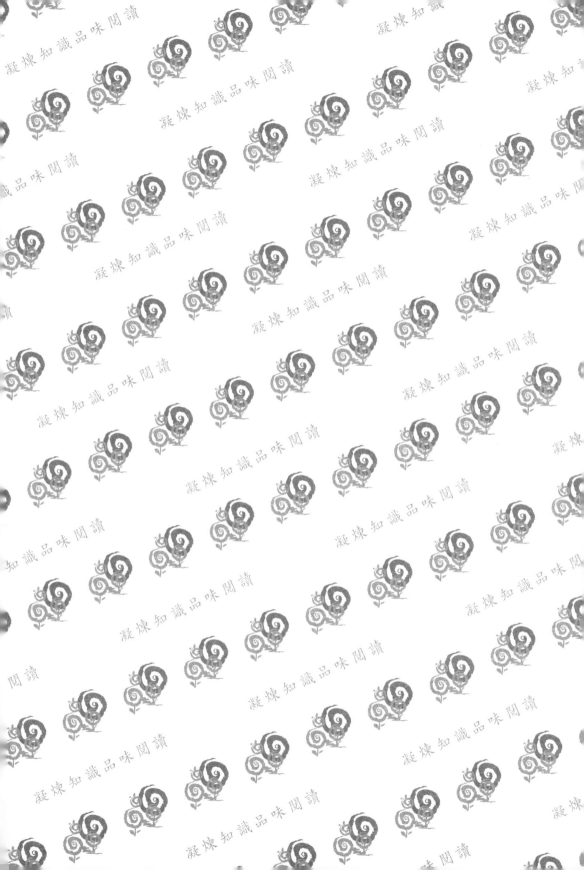

Adolescent Guidance and Counseling

青少年
輔導與諮商

五南圖書出版公司 印行

自序

　　青少年與兒童在諮商社區化的今日，仍是諮商師與治療師主要的服務族群，畢竟家長較願意因為子女的議題而來求助，也因此對於心理諮商治療界而言，青少年議題與輔導／諮商就是必修課題，然而絕大多數的諮商理論與課程是以成人族群為對象，雖然諮商或輔導學系／所會開設兒童與青少年（或人類）的相關發展課程，但是單就兒童或青少年議題為主的諮商課程還是以選修為主，研究所學生往往輕忽了青少年這一塊，而是專注於備考科目，導致在臨床現場的運用有左支右絀的不足感，需要靠自己繼續進修或研讀相關文獻來補足。

　　筆者擔任兒童與青少年議題／諮商課程多年，雖然也運用相關書籍作為教學之用，但市面上的書籍多是將青少年議題與諮商兩者分開，也就是缺乏統整的書籍可資運用，因此為撰寫此書的起心動念。撰寫教科書需要參考諸多研究文獻，對於我的眼力與精力是最大考驗，只期待本書可以對諮商學習或臨床工作者有一些幫助。當然，此書之所以可以完成，主要還是五南圖書出版公司的王俐文副總編的極力促成，是為序。

目　錄

第一章
青少年發展階段任務與可能挑戰

前言

要與青少年進行諮商或治療之前，必須要先了解服務對象發展階段的特色與需求，才能夠更了解當事人關注的議題，是否是成長階段的必然？還是有其他因素需要納入考量？同時也可協助諮商師換位思考、同理當事人的情況，做適當診斷與處置。此外，發展不能自外於脈絡與環境，每個世代所遭遇的歷史文化不同、也影響青少年的生命經驗 (Cobb, 2007, p. 17)，因此本章會針對青春期發展特色與挑戰分別做闡述。

一般人對於青少年的定義可以有三方面：一是從生物學上的定義，也就是身體發展面向來看，個體出生後的前三年與青春期是發展最迅速的時期；二是心理學上的定義，也就是發情期、認知能力與社會期待上迥異於兒童時期；第三是社會學上的定義，指的是社會地位及社會期待，青少年將邁入自給自足且自我依賴階段 (Cobb, 2007, pp. 8-11)。青少年進入青春期間，女性早於男性近兩年，女性在 9、10 歲左右開始，12、13 歲達頂端，而男性在 10 歲左右開始發展快速，頂端則在 14、15 歲左右 (Cobb, 2007, p. 9; Centers for Disease Control, 2013, cited in Murray, Pope, & Wills, 2017, p. 153)，且每隔十至十五年左右，青少年的發展就較之上一代要更提早成熟一到兩年的時間，換句話說，在父母親那個年代的青春期若是在 14、15 歲開始，子代的青春期可能提早兩到四年，也就是 12 到 13 歲之際。成熟的速度當然需要考量時代、科技、醫療，甚至環境等因素，不是只靠營養或是自身遺傳基因的影響。

發展不是單一進行，也不是只有一條路徑 (Akos, 2001, p. 93)，最常

見的爭議是「先天」(nature) 還是「後天」(nurture)，事實上是兩者的交互影響。青少年的發展任務包括：身體發展往成人方向（包括性成熟）、與同儕發展更成熟的關係、達成男性或女性的社會角色、重新定義自己的優勢、達成情緒上的獨立；青春期晚期就要準備婚姻生活、養成自給自足的能力、發展一套價值觀與倫理系統引導行為，以及成就社會負責的行為（Cobb, 2007, pp. 24-27）。在思考青少年發展的挑戰議題時，還需要注意三件事：(1) 考慮環境脈絡與「正常」的定義—我們對於許多「正常」的定義是與文化有關的；(2) 每個人在發展的步調可能不一樣，而在某一個人身上的不同發展（如身體、情緒）速率也不一樣；(3) 青少年的發展與父母親的發展議題是有交互作用的—因為父母親也正在面臨他們自己發展中的挑戰 (Micucci, 1998, pp. 56-57)。

青少年的身心發展特色與挑戰

　　諮商師需要了解青少年的一些特性，這些都與其發展階段和特色有關，像是突然闖入的思考（有時候會出現不專心或出神），很容易情緒崩潰或暴衝（因為情緒控管還不成熟），缺乏情緒管理（有時在衝動下做出錯誤決定或行為），容易生氣或具攻擊性（情緒較為敏感、也不善於掩飾），自傷行為（用來壓抑賁張的情緒或讓自己感覺活著），逃家逃學（對面臨之問題無法做有效解決），引起注意（是自我認同的手段之一），焦慮（煩惱或擔心未來），自尊低落（在意他人對自己的看法與評價），轉換困難（如轉學、適應新環境），解離（身體與心理分離感，類似靈魂出竅），以及較差的本體感（覺察自我身體與個人空間的能力）(Vicario & Hudgins-Mitchell, 2017, p. 60)。

　　青少年在追求獨立與個殊化的同時，可能出現不尊重、氣憤、疏離家人，與家長間的摩擦、衝突或是矛盾及反抗，都是研究中經常出現的情況 (Magen, 1998, p. 49)，但是青少年的基本需求是—如何維持「歸屬」與「獨立自主」之間的平衡。儘管世界在轉變，但是一般說來青少年對於生命仍抱持著較正向的看法 (Cobb, 2007, p. 6)。諮商師除了像家長一樣提供青少

年支持與安慰，類似「安全堡壘」的功能之外，還需要提升青少年當事人的主動性 (initiative)、認同與獨立，來催化其健康發展 (Sommers-Flanagan & Sommers-Flanagan, 2007, p. 22)。除了青少年發展特色與通則之外，也要注意這些特色與時代環境間的交互作用，因此本章會針對青春期的各項發展通則及變化作簡單介紹，同時也就現存時代脈絡的關注議題或挑戰做說明。

青春期主要發展任務 (Micucci, 1998, pp. 67-91)：

年齡	發展任務
青少年早期（11 到 13 歲）	要適應青春期的改變，學習利用新的認知能力，在同儕之中找尋自己的位置，以及處理與性別相關的期待。
青春中期（14 到 16 歲）	要處理自己性慾問題，做道德的決定，與同儕發展新的關係，以及平衡自主與依賴。
青春期晚期（17 到 19 歲）	要整合自我認同、體驗親密感以及離開家。

一、青少年的大腦與身體發展

青少年的大腦發育幾乎與其他發展同步，只是速率或有不同，青少年的大腦發展與其行為有莫大關係。腦神經纖維周圍的髓鞘 (myelination) 形成，有助於青少年的衝動行為更快速執行，同時也扮演了抽象思考的重要角色—將不同區域的資訊做統整 (Cobb, 2007, p. 128)。青少年的大腦構造會持續發展到成年早期，執行與社會功能趨於成熟，對於社會情緒與自我控制部分可能會較為敏感 (Dumontheil, 2016)。青少年大腦前額葉白質的發展固然較不會尋求立即的酬賞滿足，但是也有研究發現會較易從事危險行為 (Steinberg, 2010)，大腦的發展受到基因遺傳、環境與文化的交互影響，我們對於大腦的研究還有一段長路要走。

青少年是人生快速發展的第二階段（前一階段是 3 歲之前）。不同性別的發展或多或少會有差異存在，像是女性的青春期在 9-11 歲時開始，男性則是從 10-13 歲開始，不管性別如何，青春期最明顯是在 12-14 歲

時展現 (Cobb, 2007; Dixon, Rice, & Rumsey, 2017, p. 321)，可以看出男性與女性的發展有先後，差距大約兩年左右。女性身高在 11 歲左右開始急速增加，男性則是在 11 至 16 歲之間 (Susman, Dorn, & Schiefelbein, 2003, cited in Cobb, 2007, p. 71)；女性開始有月經或許還不固定，男性會夢遺，也開始有自慰的行為，而這些發展不是同時發生、也有個別差異 (Cobb, 2007, pp. 71-81)。女性在生理發展上脂肪較多、臀部變大，這是為了往後生育所做的準備，男性則是肌肉組織較多、肩膀變寬，上半身呈倒三角形 (Cobb, 2007, p. 9)，青春期之後，男性上半身的力氣是女性全身的三分之二；第二性徵的出現是青春期的特色，青春期的女性對於自己的身體成熟及改變的感受較為複雜（Jaffe, 1998, p. 508）。

　　早熟的青少男在同儕間較有優勢、有自信也受歡迎 (Cobb, 2007, p. 82)，然而也較容易涉入危險（如飲酒、駕車）或偏差行為 (Susman et al., 2003, cited in Cobb, 2007, p. 82)，相對地，早熟的女性反而對自己較早成熟的身體有不適應感、低自尊 (Dusek & McIntyre, 2003, Susman et al., 2003, cited in Cobb, 2007, p. 83)。女性對於自己的體型較不滿意，男性則較滿意。媒體會影響青少年對自己身型的看法，觀諸目前媒體資訊發達，加上青春期是很在意同儕與性別刻板印象的時期，青少女會刻意節食，以符合自己理想中的身體意象 (body image)（多半是不切實際且遠低於標準體重），較容易造成飲食失調（如暴食或厭食），而現在許多青少男也注重自己的體型，會刻意運動、節食或使用藥物，飲食失調已非女性專利！

二、青少年的情緒發展

（一）情緒的功能與發展

　　情緒提供我們生存很重要的線索，情緒也是主觀的感受，它可以警示危險（讓我們趕快做出逃跑或攻擊的行動），有其目的（如選擇適當目標前進），也可以有表達功能、協助我們同理與溝通的社會功能（與人互動、覺察與判斷人際關係的重要線索）（Reeve, 1997, p. 261；邱珍琬，2018a, p. 3）。情緒是自我的一部分、認識情緒也是認識自我的重要

面向，還可激勵人有行動，這樣人類才有學習、創造與改變之可能性，情緒會影響我們做決定，情緒也讓人類感受與體驗生活及生命，而了解與適當管理情緒是個人生活重要的能力之一（邱珍琬，2018a, p. 3）；既然情緒會影響人際關係，而人際關係又是心理健康的重要指標，這也道出了情緒教育的重要性！在馬路暴力（路暴）充斥的現代，氣憤情緒也是需要注意的部分，而若在年幼時就展現最多攻擊行為者，可能一輩子都會如此，主要與負面的家庭經驗（如家暴、忽略或家庭不和諧）或影響有關 (Warson, Andreas, Fisher, & Smith, 2005, cited in Berman, 2019, p. 26)。

　　情緒不僅受到大腦發展與生命歷練的影響，文化也占了重要角色。華人屬於集體社會，注重表面人際和諧，因此展現出性格較內斂、不喜公開表達私人的情緒，也認為這樣是成熟的表現，然而卻也可能因為沒有妥適的情緒認識及宣洩情緒的管道，造成現今諸多情緒障礙的案例。青春期的孩子在身心上的劇烈轉變，情緒上連帶地當然也會經過一番轉化，倘若家族遺傳有心理疾病或情緒障礙，在此階段承受多重壓力下，可能徵狀就會突顯出來。青少年在情緒方面的特徵是注重自我表達、情緒轉變快速（常常上一刻歡喜、下一刻憂鬱），青春期出現情緒障礙者（如暴怒、憂鬱、躁鬱、過動等）有越來越多的趨勢，也成為學校與家長們關注的議題。有學者 (Csikszentmihalyi, 1984, cited in Magen, 1998, p. 53) 提到，青春期情緒上的快速轉換與不穩定，主要是因應生活中的諸多變化使然，並不是病態的表現，然而也不可輕忽，若能及時做有效處理，其後座力或影響自然減少許多，怕的是師長將其「正常化」（認為青春期孩子都是如此）或「個人化」（視之為孩子個人或個性的問題），沒有做及時適當的處遇。

　　孩子在情緒上異於同儕或一般人的表現，不僅讓孩子自身感受到壓力，影響其人際與學習，也可能是家長焦慮或憂鬱的來源之一。近年來情緒教育漸受重視，也是企圖預先發現與治療，讓其負面影響減緩或減少。近年來兒童與青少年的情緒問題，也是教育界與社會矚目的議題，不管是網路霸凌或是路暴引發的暴力事件，更多是青少年抑鬱情緒造成自傷與自殺的憾事。

（二）穩定情緒的影響因素

有安全感的個體，在情緒發展上較爲平穩、不會患得患失，行爲與思慮上也較爲謹慎。因此心理學上會提到早期嬰幼兒與主要照顧人的「依附關係」，就是最基本的愛的連結，讓個體感受到自己是被愛與關懷、有價值的，進而產生對自我的愛與信心，因此愛雖然是一個人生命的基本需求，也影響到個人情緒與身心發展。

愛讓人有歸屬感、感覺被認可與重視，覺得自己是值得的，生命因此而有意義 (Smith, 2017/2018, p. 65)；孩子在愛中才可以健全成長，家庭的表面和諧並不能安撫家中成員的擔心與焦慮，反而容易壓抑自己的情緒與需求，爲日後的心理疾病埋下種因。早在 1954 年，學者 René Spitz 在發表健康兒童的研究時就指出「關愛」在兒童健康發展過程中扮演的關鍵角色；Spitz 將孤兒院內與監獄托兒所內的孩子做比較，前者以隔離方式避免生病染疫，後者未做任何隔離措施，結果發現孤兒院內的孩子死亡率卻高於後者，原因是監獄托兒所的孩子儘管沒有衛生防護，但是因爲彼此可以一起互動、玩耍、被關愛，造成其免疫力勝過刻意隔離、接觸細菌的孤兒院童（引自 Smith, 2017/2018. p. 74）。不管是來自於家庭或朋友的愛，是青少年意義感與自信的來源，同時也是讓他們對於自我知識更清楚、對世界更開放的跳板 (Magen, 1998, p. 84)。青少年的快樂來源主要是「與他人在一起」及超越自我有關，而更清楚自己的力量與能力，讓他們與更大世界的歸屬感，也因此推動他們能夠更進一步發展這些能力 (Magen, 1998, pp. 78-80)。

心理學上有名的「依附理論」(attachment) 是研究嬰兒與主要照顧者互動關係，而依附關係也協助嬰幼兒學會在與人互動中調節其情緒 (Allen & Manning, 2007, p. 29)，眾多學者也發現：安全依附型的孩子，在遭遇困挫時，有自我安撫的能力 (Kilmartin, 2014)，是面對壓力時的基本條件 (Siegel, 2010, cited in Smith-Adcock & Tucker, 2017/2021, p. 70)，其他不安全依附型的孩子（如逃避或矛盾型），與他人之間缺乏信賴，這種依附型式甚至延伸到成人的親密關係，如焦慮依附型態的邊緣型人格，其人際關係不穩定、性格衝動、擔心被拋棄 (Ace, 2007, p. 312)，甚至以性行爲來與

人靠近，而逃避型依附者較不會與人有親密關係 (Davis, Shaver, & Vernon, 2004, cited in Ace, 2007, p. 313)。嬰幼兒期的依附關係是求生之用，隨著年齡的增長，依附對象會從父母親（主要照顧人）慢慢轉移到其他對象，也就是其情感投注對象會拓展 (Scharf & Mayseless, 2007, p. 11)，換句話說，與父母親的依附關係是青少年拓展其同儕及未來親密關係的重要基石 (Kobak, Rosenthal, Zajac, & Madsen, 2007, p. 61)，倘若在童年或青春期遭受家庭或其他變故，也可能改變依附關係 (Carlivati & Collins, 2007)。

　　嬰幼兒期的依附行為是為了存活之用，而過了嬰幼期的依附行為，則是與生活的滿意度有關（特別是人際與親密需求）。青少年期慢慢脫離對父母親的依賴，將其情感轉而投注在同儕與親密關係上，這也是青少年發展的重要任務之一——慢慢學會自我依賴或獨立、自主成熟，並針對不同對象投注情感與建立關係 (Bagwell & Schmidt, 2011; Scharf & Mayseless, 2007)。

　　此外，研究指出嬰兒與重要照顧人的依附關係也會影響大腦的發展。我們的大腦分成左右兩半，右腦的主要功能是屬於視覺空間的部分，左腦則司語言的功能，嬰兒在還沒有發展語言的時候，主要是靠右腦的功能，因此右半球所儲存依附關係模式會協助兒童發展出適應生存的情感調節策略。有研究 (Schore, 2001) 指出主要照顧者和嬰兒之間互動的情緒溝通，會直接影響到嬰兒還在發展、需要靠經驗才可以成熟的大腦（引自 Klorer, 2008/2012, p. 50）。大腦中的突觸 (synapse) 是連接不同神經元間的電流脈衝 (electrical impulse)，進而產生神經傳導，當某個突觸被刺激時，所有的突觸就會開始啟動，並以某種化學形式儲存起來，如果重複被刺激，突觸之間就會形成強烈連結、變成永久的迴路。大腦是以「使用─依賴」(use-dependent) 的方式發展，任何神經系統若越被活化、就越可能成為永久性的。此外，大腦的某些部位有發展的關鍵期，若在關鍵期時未被活化，功能就會衰退（有些區域即使在關鍵期過後，仍然可以被重新活化）。像是當家長與嬰兒說話的時候，嬰兒大腦中負責說話的語言神經系統就被活化，進而協助其發展語言能力，倘若無這些刺激，嬰兒的語言發展就會較緩慢，也影響其溝通發展，而早期創傷會影響大腦的結構與功能。嬰兒大腦中的哪些神經傳導會被強化，主要取決於與照顧人之間的依附關係裡的

情緒環境品質和內涵；嬰兒與照顧人的互動刺激有助於大腦發展，因此主要照顧人跟嬰兒的連結對嬰兒身心發展都很重要 (Klorer, 2008/2012, pp. 49-51)。

　　青少年的情緒發展也不能自外於家庭環境。儘管青少年一般不需要依賴其依附對象來讓自己感到安全，然而的確需要經常仰賴依附對象來處理與規範自己的情緒 (Allen & Manning, 2007, p. 28)。青春期孩子與家長的關係一般說來是維持原本的情況，只是他們開始拓展自己的依附與人際關係 (Bagwell & Schmidt, 2011, p. 132)，而家長對於情緒的教育、表達方式與接受度，往往也會讓孩子經由模仿而學習，甚至傳承下去！有研究 (Gottman) 指出，傷害婚姻最甚的幾種表情，它們是悲傷、憤怒與冷漠（引自李維榕，2018a，頁 15），孩子置身其中，自然受到影響，有些孩子還要承接或是安撫家長的情緒，更是不可承受之重！

（三）情緒與自傷／殺

　　談到青少年的情緒發展，也要順便提及青少年可能因為在情緒抑鬱、壓力不堪負荷的情況下，採取了自傷或自戕行為。自傷與自殺最大的區別是前者不以「死亡」為目的，主要是以自傷作為控制情緒的機制，不管是因為過於敏感、情緒容易失控，或是受過創傷、以無感來保護自己，卻害怕自己像行屍走肉一般 (Hollander, 2008/2020)。有自殺傾向的青少年經常心理痛苦，可能是因為自尊受到嚴重打擊、影響他們對自我的看法與因應能力，通常是因為多年來的衝突、壓力或創傷經驗使然，因此家族史也需要了解 (Berman, Jobes, & Silverman, 2006, p. 125)。美國的既有數據顯示青少年自傷率在 14%-39% 之間 (Lloyd, 1998, Ross & Heath, 2002, cited in Lippincott, 2007, p. 298)，而自殺的高峰期是 14 至 24 歲及 65 歲以上，可見青少年族群是自傷／殺高危險族群。

　　自傷是一種自己刻意造成的低致死率之身體傷害，基本上不被社會所接受，其目的是用來降低心裡的痛苦 (Walsh, 2006, cited in Juhnke, Granello, & Granello, 2010/2014, p. 85)，雖然其致死率較低，但仍有可能造成永久性的傷害或意外死亡。非致命性的自傷行為、企圖自殺與其他精神疾病有高度的共病率（同時發生），倘若家中有疏忽、虐待、家暴、情緒反

常、自尊低、受其他自傷同伴影響，以及合併有心理疾病者，是屬於自傷的高危險群。廣義的自傷還包括抽菸、酗酒等不健康的生活習慣，狹義的則是刻意讓自己受傷。

　　有學者歸納出自傷行為背後動機的四個假設 (Nixon & Heath, 2009, cited in Juhnke et al., 2010/2014, p. 92)，它們是：自動性負增強─青少年使用自傷行為以求從負面認知和情緒狀態中解脫或撤離；自動性正增強─試圖與他人溝通或者獲取一些資源，如「我想讓你知道我的感受」；社會性正增強─用自傷行為來產生一些渴望或正向的內心狀態，如「我只是想要感覺一下／感受一下真實」；社會性負增強─用來逃離或掌控一些人際需求，如「我無法再次面對學校」。自傷動機不容易確定，其他研究結果的動機還包括：渴望同儕的認同與包容、解除緊張、渴望獲得控制、試圖使自己麻木、想要感受「溫暖的血液」、渴望把情緒上的痛苦轉換成身體的痛苦，想要展示「奮戰的傷痕」以及自我懲罰 (Juhnke et al., 2010/2014, p. 93)。有研究者認為自傷是一種調節情緒的方式，基本上不會讓他人輕易看到傷口，若傷口太明顯或是頻頻展示給他人看，其目的可能就不是情緒調節，而是引起注意或有其他需求。自傷雖然不是像自殺一樣以「死亡」為目的，但是也很可能因為意外而死亡！用自傷調節情緒是因為：自傷像止痛劑可減少低落情緒回頭、為了預防自殺、為了感覺「我還活著」，或是以自傷來對抗「沒被看見」的感受或逃避 (Hollander, 2008/2020, pp. 61-70)。

　　有些青少年會以自傷方式來融入群體，若是同儕以自傷來表示隸屬於一個族群，或是在同儕壓力下做自傷動作，都不是健康的行為。許多教師們會注意到學生是否穿著非當季的服裝（如夏天總是穿長袖），或是行為遮遮掩掩，或情緒低落、太亢奮等，甚至抽菸、喝酒（這些是廣義的自傷行為），這些跡象都足以讓教師們做進一步了解與確認，有時候與專輔教師商議討論或保持聯繫很重要。

　　一般人可以察覺到的自傷警訊有：生理上的線索──不適合氣候的穿著、衣服上有血跡、無法解釋的疤痕或瘀傷，以及神祕的行為（像是花很多時間在浴室或其他隱密的處所）；情緒上的線索──沒有能力因應太強烈的情緒（如憤怒、焦慮、害怕或憂鬱）；以及行為上的線索──像是疏

離、退縮或自我厭惡等 (Juhnke et al., 2010/2014, pp. 99-100)。這些也都可以提供家人、朋友或師長做進一步的確認動作。雖然當事人可能會否認，然而「直球對決」、坦然面對是較好的處理方式，接著就可以請身心科醫師或諮商師協助。

針對自傷當事人可以做的事 (Kress, Trepal, Petuch, & Ilko-Hancock 整理，2007，pp. 299-300)：

· 了解其從何時開始自傷
· 自傷行為模式為何（是一直持續還是有間斷或減少）
· 目前自傷頻率為何
· 自傷方式有無改變
· 有無醫療上的併發症（如手術或感染）
· 用來自傷的工具為何
· 自傷後的立即與延續結果
· 最近的生活事件、過往的創傷事件或目前的生活壓力等相關事件可能是引發自傷的情境或條件
· 是否好好處理傷口
· 是否與他人共用自傷工具
· 是否知道其他人也自傷
· 當事人如何看待自傷（其意義與功能）
· 同時評估自傷與自殺之可能性

　　教師在處理學生自傷時：不要以團體方式進行（以免他們互相模仿或交換自傷細節），限制學生向同儕透露自傷行為，注意他們在網路上的分享 (Juhnke et al., 2010/2014, p. 95)；教師們不要羞辱或讓學生感到內疚，不要在班級或公開場所討論，或與其共謀（如學生要求老師保密），或想盡辦法阻止自傷，也不應運用處罰或其他負面方式來處理自傷 (Juhnke et al., 2010/2014, p. 98)，找輔導教師或諮商師等專業人員商議較佳。

　　輔導教師在協助自傷學生時，穩固的治療關係很重要，因此要與學生

建立關係，教導其溝通技巧（使用健康、適切的方式表達需求），讓學生可以辨識以及適當表達他們的情緒，用一些方法來協助其因應負面的情緒（如放鬆、適當藥物、運動等）來自我安撫，以及提高其挫折忍受度；再者，教育和練習一般問題解決的策略以及協商技巧，另外要訂立安全計畫（也就是他們開始感覺到自我傷害的衝動壓力時，可以做些什麼，類似之後會提及的「不自殺契約」）(Juhnke et al., 2010/2014, pp. 103-105)。此外，輔導教師或諮商師也不要獨力協助自傷青少年，而是要能夠整合所有可用的相關資源，包含家長、身心科醫師、臨床心理師、家人、學校師生與職員，甚至是宗教界人士，或是研發出標準作業流程（所謂的 SOP），因為自傷可能不是一時衝動下所為，當事人或許將其作為處理情緒的手段，因此需要持續的關注與檢視，而這並非輔導教師或諮商師可以獨力承擔的責任，必須相關人員通力合作才可發揮效能。

案例一

　　鍾老師擔任大學導師已有多年，也會去聆聽或閱讀有關學生生態與問題處理的一些演說或書籍，這一回是大四學生要外埠參觀（相當於畢業旅行）前一天，有位學生突然在住處上吊自殺，同住的兩位同學在現場施救、但是無力回天，結果受到衝擊太大，其中一位室友竟然無法回校完成學業！鍾老師對於這件憾事始終耿耿於懷，他問學校諮商師：「我到底哪裡做錯？我也定期帶她去看醫生拿藥，還請同學盯她吃藥的情況，可是她為什麼──」鍾老師說到此處很激動，諮商師安慰道：「鍾老師，其實你已經做得夠多了，只是學生還是有心事無法跟人談，吃藥只是緩解徵狀，但是真正的問題還是需要解決！若有類似情況，記得同時聯絡學校諮商師。」

案例分析

　　不少家長或師長因為對於情緒困擾了解不深，因此會誤認為吃藥就可以解決或治療，但是有情緒困擾者通常需要雙管或多管齊下的協助方式，藥物治療只是其一，若身心科醫師還願意花時間與當事人談

就更佳，但是通常需要另外找諮商師談，當然家人或朋友要有病識感，不管當事人情況如何，都要在一旁支持與鼓勵、不能放棄，同時也要為他／她找適當資源。家人與朋友最難的是無法說服當事人就醫或是讓他／她認為自己需要協助（病識感），真是皇帝不急急死太監！

案例二

　　大三的小莉看護好友小可已經多年了。小可一直有情緒上的問題，也看醫生拿藥了，但是小可常常不服藥，情緒一上來就會猛打電話向朋友抱怨或威脅「死了算了！」後來連家人的關切與電話都不理會了。小莉原本跟另一位好友小華是小可最後「唯二」的朋友，但是小可對於小華的擔心似乎不領情，最後小華也被迫放手，只剩下小莉一人獨撐！因此她的手機不敢關，擔心萬一沒接到小可的電話、她自殺成功了怎麼辦？上課時也總是擔心害怕、惴惴難安：萬一自己無法及時趕到現場會有多少悔恨？當她去見諮商師時，諮商師說這樣的情況讓家人執行強制就醫會較佳，住院同時也請諮商師與小可談談，畢竟心病還是需要心藥醫。只是小莉見了諮商師不及兩日，小可就自殺已遂！

案例分析

　　有自殺企圖的當事人親友，經常是受到情緒綁架或威脅的對象，往往想要伸手救援、卻無濟於事，最後落得自己焦慮、心慌、無力無助！小莉的擔心焦慮可以預期，只是將好友生命繫於自己一人身上，未免是不可承受之重，小莉非專業人員，而專業人員也不一定可以適時挽救一條性命，因此若是罹患情緒障礙（憂鬱或躁鬱）或邊緣型人格違常者之親友，最好可以自己先去找醫師與諮商師，了解一下可以做的為何？就不會無理性地將所有責任攬在自己身上，而自己又無能力解決！

　　接著需要述及自殺危險性的評估。青少年自殺前都會發出一些警訊（像是自殺威脅、談論死亡或暴力），但是這些線索可能被忽略了，因而造成憾事！青少年自殺通常與「衝動控制」有關，此外認知受限，反映出其理想生活圖像較為僵化、缺乏彈性、無望感、感受到孤單或社會孤離，也較無法思考出有效的問題解決方式。自殺危險性評估往往與自殺企圖或歷史、家族史、情緒困擾、生活功能（如睡眠、飲食、社交等）、是否有重大失落事件發生、自殺計畫或方式等有關，但是無計畫者也要列入相等的考量 (Berman et al., 2006, p. 160)，因為可能在一時衝動下釀禍。

　　固然在自殺危機時，強迫就醫是一可行之方，然而基本上是需要家長或監護人的同意或由其護送就醫，不過有時候可能青少年以死威脅的次數多了、家長也疲於奔命，甚至感覺無計可施或無助，也可能會放手不管、要校方收拾這個爛攤子，輔導教師或諮商師的責任就更大了！人們為何要自殺？自殺動機有：為了逃避而自殺（如逃避強烈的身體痛苦或心裡痛苦，令人不滿意的情況，或失去生活意義），求救的表示（如表達失望或獲取注意，以自殺企圖來做改變），潛意識有意圖（如激怒他人以求死，藉由他人之手迫使自己死亡），以及慢性自殺（藉著藥物、酒精、菸、危險生活等縮短性命）(DeSpelder & Strickland, 2005/2006, pp. 178-181)。

　　一般人或師長可以依據以下幾點來評估自殺之危險性：(1) 外觀上：是否顯得較缺乏自我照顧，或個人衛生有問題，也可詢問是否有自傷歷史；(2) 行為觀察：行動遲緩或容易激動，都可能是憂鬱情緒的徵狀，過度敏感或非常警覺可能與創傷後遺症有關；(3) 情緒上：心理上的痛苦（如抑鬱、焦慮、罪惡感、孤單、氣憤等）；(4) 認知因素：對自己、周遭環境與未來不抱希望，非黑即白的思考、覺得自己無價值、認為自己要被懲罰，或有自殺意念；(5) 希望感：無望感是最可預測的因素，可能呈現出來的是憂鬱情緒，因此諮商師需要聚焦在希望感上；(6) 自殺想法：直接詢問有無想過自殺、持續多久、時間頻率等；(7) 自殺計畫：有無詳細計畫、自殺方式、可行性多高等；(8) 自我控制感：評估自我控制歷史、當事人自覺的自我控制程度、當下當事人的自我控制表現如何？(9) 自殺意圖：希望以自殺獲取什麼結果（如報復、讓他人後悔等），以及了解當事人最近是否有失落經驗 (Sommers-Flanagan & Sommers-Flanagan, 2007, pp.

165-174)？有時候崇拜的偶像自殺了，可能會有「維特效應」——不少人會跟著死者完成自殺動作！

倘若諮商師或輔導教師同理能力足夠，或許會想到當事人可能以死為出路或問題解決之方，因此接下來會直接詢問當事人「是否有傷害自己」的念頭？一般人會擔心：本來沒有事的，但是一旦問起是否想過自殺，不是提供了對方一條路嗎？事實正好相反！因為有自殺念頭的人，基本上不會向外人言說，而是壓抑在自己心裡，畢竟自殺或拿掉生命在道德、倫理、孝道或社會觀感上，都是不被允許的！然而若諮商師能夠正確同理當事人的心情與感受，敏銳覺察到當事人自我傷害的可能性極高，然後很坦然地詢問，反而會讓當事人焦慮的情緒舒緩下來，他／她了解到有人懂他／她了，接著就可以打開心房、談談如何有效地解決問題？就醫基本上是緩解一些生理上的徵狀，像是無力、疲倦、情緒低落等，但真正的問題依然要去解決，要不然有周詳自殺計畫的當事人，可能在體力恢復之後，反而有能力完成其自殺計畫了！青少年會較喜歡直接的對話 (Sommers-Flanagan & Sommers-Flanagan, 2007, p. 174)，危機評估亦同。

自殺危險性的評估一般人都可以略加了解，這樣較容易在日常生活中觀察到一些危險徵兆、並做適當處理。不同人的性格、遭遇、解讀不同，可能的危險程度就會有差異。並不是每個人都有很好的自我強度、挫折忍受力或韌力／復原力，同樣一件事，甲或許認為無傷大雅，乙可能就認為是天崩地裂、無法承受！青少年有想像的觀眾、將自我評價的重心放在他人手上或是較缺乏自信，加上年紀尚輕、生活經驗不足，也連帶影響到問題解決能力，倘若又無諮詢對象，或沒有商議討論的人，可能就憑藉著自己的力量企圖解決困擾，萬一結果不如自己預期，就容易鑽牛角尖、認為沒有退路或轉圜之道，就採用了極端、無效的方式！理情行為學派提到挫折忍受力的重要性，這其實也是提醒師長或孩子：成功固然可喜，但有些差池或失敗，反而可以讓我們學習更多、也更有耐受力！諮商師通常也會以「行動作業」、破除當事人「知易行難」的迷思，至少做做看、試驗一下，或許就不覺得難度太高，也學得了一些技巧或心得，對自己的能力與信心會增長。

不可忽視自殺意圖或姿態，有些人認為對方只是說說而已、不以為

意，等到憾事釀成、後悔於事無補！諮商師不會小覷當事人的議題，而在面對潛在自殺危險的青少年時，諮商師需要聚焦在「肯認」(validation) 與同理其痛苦、賦能及問題解決技巧上 (Berman et al., 2006, p. 189)，當然還有人際關係技巧也需要提及。自殺通常與情緒疾病有關，因為陷溺於情緒的漩渦而無法看見出路！認知治療學派 (Cognitive therapy) 大師 Aaron Beck 對於憂鬱症者有很深的研究，他提到憂鬱症患者的「認知三角」——對自己、目前生活與未來，不抱有希望或期待，也就是眼前一片黑暗、許多事都想絕了，自然認為沒有出路！周遭的親友或師長雖然無法了解憂鬱症患者的心情與處境，至少不要說一些風涼話，因為這可能會刺激當事人去採取行動、完成自殺！

　　與危機當事人訂立「安全契約」（以往稱「不自殺契約」—— safe or no-suicide contract）裡面要說明：若有行動衝動時，可以具體執行的步驟有哪些？而且按照優先次序列出來，如讓自己情緒舒緩下來（找人談或是聽音樂等）、打電話給信任的人（如家人、朋友、諮商師的聯絡方式）、打 119 或 110、立刻就醫等。當然，安全契約只是早期介入策略 (Berman et al., 2006, p. 242)，後續還需要持續關注當事人的情況與主要議題，即便諮商師將當事人轉介到身心科醫師處，仍要持續追蹤當事人情況並予以協助及輔導，有些師長並不清楚需要進一步的處置方式，甚至以為只要有醫師或藥物介入，就可以緩解或消除危機情況，這其實是很大的誤解，因為藥物可能會讓當事人的體力恢復與情緒提升，但是若當事人已有自殺計畫，很可能在情緒提升或體力恢復的條件下，成功執行其自殺計畫！因此，即便當事人已強迫就醫，同時要請諮商師協助了解其內心的感受及想法，擬定問題解決計畫或步驟，就醫後接下來的兩三週是所謂的「關鍵期」，要密切防堵當事人有自殺行動，不可掉以輕心！一般諮商師在處理危機個案時，往往只聚焦於「不要讓其自殺」，卻沒有進一步仔細聆聽當事人的痛苦，因此無法緩解或解除當事人的痛，這樣的危機處理通常效果不佳，當事人可能會一再重複原來的行為模式，讓周遭的人感覺無助或無計可施！

　　諮商師還要注意當事人可接近自殺手段或方式的程度（越容易取得越危險）、減少其社交孤立狀態，也要注意轉介與紀錄、諮詢 (Sommers-

Flanagan & Sommers-Flanagan, 2007, p. 178)。減少孤立就減少了危險性，因此人際支持與網路很關鍵，若潛在當事人是因為社交技巧缺乏或較少朋友，在危機情況解除後也要有社交方面的訓練；諮商師若將個案轉介給身心科醫師之後，還是要繼續與當事人晤談，並與醫師、當事人家人或師長做緊密聯繫，或許當事人不希望其他人知道自己有自殺企圖，諮商師不要輕言承諾，而是要積極尋求足夠、可用的資源與人力，一起護衛生命！諮商師去請教督導或是資深同業是明智的，畢竟不是每一位諮商師或輔導教師都有這方面的足夠訓練，此外，要保持處理危機事件的詳細記錄很重要，有人認為是專輔教師或諮商師自保之舉（擔心萬一當事人自殺成功，可能家長怪罪或上法庭究責），但是這同時也是符合專業倫理的作為，因此不必太過憂慮！Berman 等人 (2006, p. 249) 還別提到，處理危機青少年時，也要留意治療結束的分離議題，因為在整個危機過程中，當事人可能與諮商師建立依附的信任關係，現在要抽離有困難度，彷彿又將他／她遺棄、孤單一人，因此諮商師要像對待一般當事人一樣——不是在結束諮商關係後就不聯絡，而是還要有按時追蹤，然後視情況將會面期間拉長。

　　在學校可以利用班級輔導或團體諮商進行情緒教育。情緒教育的內容可以包括：自我覺察——建立情緒的字彙，了解情緒／想法與行動之間的關係；做決定——檢視行動與結果的關聯，自我反思不同觀點，將這些運用在重要議題（如發生性行為，使用酒精或藥物）上；管理感受——留意自我對話 (self-talk) 中貶低或負面的語言，了解感受背後的受傷或生氣等情緒；自我概念——建立強而有力的自我感、接受自我與自尊；壓力處理——學習運動、引導想像與逐漸放鬆；溝通——使用「我訊息」代替責備，成為一位好聽眾；團體動力——展現合作、知道何時與如何領導與跟隨；衝突解決——如何公平競爭、妥協、締造雙贏 (Thompson, 2002, p. 238)。

案例一

　　張老師擔任高中教師多年，也發現現在學生有較多情緒障礙、在挫折忍受度上較弱，有時候與家人爭吵，就可能將情緒帶到學校，只要在班上稍有不順意，就可能有衝動或難以挽回的行為發生。這一學

期重新編班，她知道班上有一枚不定時炸彈，這是之前同事提醒的一該生常有威脅自戕的動作，以獲取他想要的結果，因此張老師特別留意，她之前參與過危機處理的課程，因此就特別請幾位同學也幫忙留意，還要求兩位身強力壯的男同學協助。這一天上午第二節下課，就有班上同學趕到導師室找張老師，說那位同學此刻正靠在班級前面的女兒牆上、企圖跳下去，張老師馬上趕過去，並示意那兩位「保鑣」同行。在張老師嘗試與該生斡旋的同時，她一個眼神，兩位保鑣就撲上去、拉住該名企圖跳樓的同學，接著張老師就陪同該生到輔導室，並請護理老師一起，接著張老師就請校方通報家長前來，共同商議對策。

案例二

　　一位大三女同學有情緒困擾很多年了，單親母親除了工作之外，就是陪孩子上醫院，即便後來在大學找了諮商師談話，但是女兒配合度極低。女同學企圖自殺多次，都被救回，但是母親已經身心俱疲，但是只要有危機出現，校方還是在第一時間通知家長。這年暑假，該生在自己賃屋處企圖燒炭自殺、被房東發現，怕萬一有不良後果於是請她搬出去。母親協助女兒找房子，甚至搬來與女兒同住一段時間，但是女兒嫌她在家礙手礙腳，可是平常女兒可是抱怨她都不理會的，母親很無奈，不知道要怎麼做才好！大三下剛開學，這位母親就打電話給學校諮商中心的個案管理員，說女兒已經自殺成功。擔任個案管理的諮商師很懊悔，深覺自己能力不足、無法挽回寶貴的性命，這位母親反而安慰諮商師說：「妳已經做了該做的，甚至更多！」然後她向諮商師吐露：「我這樣感覺是不是不應該？經過了這麼多年，我已經不知道該做什麼了，我生她，卻無法幫助她，在第一時間知道她成功了，我竟然有放鬆的感覺，我是不是不應該？」諮商師請這位母親來校一談，因為她有一些悲傷議題需要解決。

三、青少年的認知發展

「認知發展」是短期記憶、長期知識和獲得知識策略成長的能力（Pressley & McCormick, 2007，cited in Henderson & Thompson, 2011/2015，p. 2-8）。青少年的認知發展是從具體形象到抽象推理，儘管仍有理想性，但會思考未來，想像一些不可能性；對於語句或情境會賦予多元意義，了解細微之處，可以與人進行哲學性討論；思考有系統且邏輯，也就是有抽象、假設與邏輯思考的能力 (Cobb, 2007, p. 100)。11 歲以上的孩子已經進入 Piaget 所謂的「形式運思期」，也就是能夠以邏輯、理性、抽象的思考，將事實與想法連結在一起，會以多重的推理來消除矛盾。青少年的思考特色還有一個是「想像的觀眾」（imaginary audience，這個與他們高度的自我意識有關），以及因為有「個人神話」（因此會誇大對自己的期待），可能會做出不明智的冒險行為，而青少年也會嘗試新的行為，並運用回饋來修正未來行為 (Murray et al., 2017, p. 153)，這表示其在反思能力上的發展。青春期孩子挑戰危險行為，通常不只是因為衝動控制有問題，而是他們不相信會有這樣的結果 (Burnett et al., Konrad et al., 2013, cited in Dixon, et al., 2017, p. 323)。儘管青少年的認知思考已經漸趨成熟，但是容易因為情緒影響，甚至做了較為衝動的行為，諮商師或是師長要了解其認知特色，不要輕易誤判或解讀其行為（如為了面子或反抗權威），而是可以深入去理解、同理其想法，接下來他們才願意聽聽其他人的想法。成人喜歡以過來人身分，或認為自己經驗值夠高，來揣測或解讀青少年的想法，甚至給出意見之後又愛追蹤、看青少年有沒有聽從，這其實就是另一種強迫，會讓青少年認為自己的自由受限、沒有自主性！

青少年的不適應思考包括「個人化」（或自我中心，ego-centered or personalization），因此容易批判權威、好爭論、猶豫不決，是懷疑論者；極端的非黑即白、誇大或小化、測心術，或情緒性推理（emotional reasoning—感覺好就好，感覺不好就是壞的）(Wikes et al., 1994, cited in Sommers-Flanagan & Sommers-Flanagan, 2007, p. 19)，而這些特色也會因為所處的家庭環境與教育，以及自身經驗的累積，而有若干修正。諮商師在面對青少年當事人時，最好避開批判與建議的衝動，隨著當事人的理路

走，在更清楚了解之後，青少年較願意鬆懈防衛。

兒童與青少年觀點不同 (Selman, 1980; Selman & Selman, 1979; cited in Henderson & Thompson, 2011/2015. p. 2-5, p. 2-7)

年齡	階段／特色
3-6 歲	兒童的觀點未分化
4-9 歲	採用「社會訊息」觀點，理解其他人有不同的訊息跟觀點。
7-12 歲	用「反省觀點」，兒童能夠以別人的觀點來看自己的想法、感情和行動，也認同別人有相同的能力。
10-15 歲	採用「第三者觀點」，能夠超越兩個人的情況，想像以公正的第三者來看待自己和他人。
14 歲到成人	採用「社會觀點」，了解第三人的觀點，會被社會價值系統影響。

四、青少年的社會發展

　　青少年的社會發展自然從原生家庭而來，因此青少年與家人之間的關係，即便在青春期開始積極拓展其在家庭以外的社會關係與脈絡的同時，家庭的影響依然存在！目前的研究發現，青少年儘管在青春期與父母親的關係不再像以往那般親密，但是會延續之前與家人的關係情況，甚至在青少年離家之後與家人關係會更親密，雖然他們的情感支持對象已經漸漸從家長拓展到同儕或親密伴侶；而在青春期階段，個體若與家庭關係較佳者，在進入成年期之後，不管是在心理福祉、自我效能感與學業成就上都表現較好 (Smetana, 2011, p. 23)。雖然之前一般大眾都會認為青春期基本上是發展階段中所謂的「狂飆期」（不管是生理發展或情緒行為表現），但還是因人而異，並不是每個孩子在經歷此階段時都會有這樣的表現與感受，而他們與父母之間的衝突最大部分是生活小事（如學業、穿著、家事、外觀、個人衛生習慣、交往的朋友、手足間的爭端或參與的活動），也就是親子之間的爭執或意見不同，不會因為孩子進入青春期而加劇，若有的話應該是家庭關係本就有問題，或青少年本身的行為困擾使然 (Smetana, 2011)。儘管在此階段的青少年與父母親相處時間很少，或是對

於父母親的看法改變（家長只是一般人、不像以往的全能），或是會為了反對而反對，但是其基本的價值觀還是沿襲著家長的教誨，對於自己的未來發展，還是願意聽聽父母親的見解或意見 (Smetana, 2011)。

在青春期階段，女性對於人際及家庭的興趣高於男性 (Magen, 1998, p. 104)，而當青少年的正向經驗越強烈，他們就更能準備好投身在自身以外的目的上 (Magen, 1998, p. 152)，有更多「利社會」（prosocial，對社會或他人有利）的行為出現，意義感與使命感越高。青少年有「想像的觀眾」，將自己視為被關注的中心人物 (Scharf & Mayseless, 2007, p. 8)，這也說明其在意他人眼光與認同（尤其是同儕關係）。青少年無論是在服裝與言行舉止上，都受到同儕相當大的影響，儘管自己也想要獨特不同，但是又有從眾的壓力，因此在自我與受人認同間擺盪。網際網路，特別是臉書（Fackbook）與 Instagram 的風行，協助青少年更容易拓展其人際脈絡，當然也可能因此受到傷害，然而網路受到青少年歡迎，甚至以此來評估自己受歡迎的程度與自信，卻也顯示了人際與自我認同對青春期孩子的重要性。

前文提到，童年與重要他人的依附關係，是青少年拓展與延伸其人際及未來親密關係的基礎，也就是早期的依附模式會影響青少如何處理與依附相關的社交資訊 (Dykas & Cassidy, 2007, p. 43)。青春期的同儕關係，是情緒發展與成熟的重要因子，提供青少年表達與學習情緒管理，可以在新情境中得到支持與安全感，也讓其在家庭以外的場域，有自尊資源及情緒宣洩對象 (LaFreniere, 2000)。青少年需要學習成為團體中一員、又不失去自我；在青少年前期很重視被同儕（通常是同性別）接受與否，同時也是他們發現自己的重要契機，較著重與他人的相同點，青春期晚期則較多兩性朋友，且會注意到自己與他人不同之處；青少年試圖融入團體，而當青少年在試驗新行為是否可被同儕接受時，朋友就提供了關鍵回饋，同儕不僅提供支持、也提供挑戰的機會 (Cobb, 2007, pp. 244-246)。

有一項針對青少年快樂的跨文化長期研究 (1980-1993) 發現：青少年最大的快樂因子是與人有連結、互動 (Magen, 1998)，而同儕也是影響青少年走向獨立的重要影響因素 (Daddis, 2008, cited in Smetana, 2011, p. 85)，但是做重大決定時，以家長意見為尊者，其適應較佳 (Smetana,

2011)。青春期的孩子會採用規避談論一些議題、隱藏秘密，或是少與家長分享其活動的方式，來保有自我的隱私或控制權，因為他們認為這些是個人的事、與家長無關 (Smetana, 2011, p. 247)。基本上青少年依然喜歡與家長間的溫暖互動及親密感，也需要獲得家長的認可與尊重，在遭遇困挫時會諮詢家長意見 (Steinberg, 1990, cited in Scharf & Mayseless, 2007, p. 5)。

　　青少年重視同儕關係，但是也有一些矛盾之處，像是不希望與他人不同、但是又期待自己不一樣；在乎他人對自己評價，這些也都影響其對自己的信心，進而影響其人際關係，是一種循環似的影響。倘若有些青少年的家庭或家長教育方式與要求不同，導致青少年沒有與同儕共同的話題或活動，也都會影響其與同儕的相處。女性的社交圈較窄，但是情誼較為深厚也複雜；男性雖然比女性有較廣的社交圈，但彼此之間常有競爭的關係。女性朋友間會分享感受，男性與友人則是分享活動較多 (Moremen, 2008)，也就是青少女以關係為重，青少男則是以在團體中的「功能」（如成績、運動、興趣）為主 (Jaffe, 1998)。異性間的情誼，男性較難認同其單純的存在（楊靜文，1989），而異性情誼，對青少男來說是可以談心，對青少女而言，則是可以切磋學業與互相砥礪（顧瑜君，1989，頁 3）。一般而言，青春期的友誼在早期以同性別者居多，青春期後期則較多發展出穩定的親密關係，其友誼特色有陪伴、互惠與平等 (Bagwell & Schmidt, 2011, p. 119)

　　親密關係不僅是青春期孩子的日常重心，也被視為是形塑其認同發展的重要因子 (Furman & Simon, 2008, p. 204)。對青少年而言，進入親密關係有助於社會地位之提升，而親密關係也提供了他們自我成長、協調親密關係中的一切（包括分手），並協助其因應親密關係中的強烈情緒，這也都是自我認同發展的一部分 (Collins et al., 2009, cited in Hust & Rodgers, 2018, p. 7)，而青少年的自我了解與接納程度，對親密關係至關重要 (Bell & Bell, 1983, cited in Cobb, 2007, p. 159)。依據美國的研究調查，17 歲之前青少年的親密關係以友伴和共同興趣為主，之後則是建立在信任支持與安慰的基礎上 (Collins et al., 2009, cited in Hust & Rodgers, 2018, p. 7)，可見不同發展階段對於親密關係的需求或有不同。

　　青少年從親密關係中延伸依附關係與情感投注對象，倘若要親密關係

更深入，就需要學習妥協，忍受更大範疇的情緒，施與受，對自我與他人感受能正確覺察、同理且採取適當行動因應 (Franz & White, 1985, cited in Murray et al., 2017, p. 155)，這也是青少年除了可以從親密關係中學習認識自我、利他行為之外的部分。此外，「自我揭露」的目的通常是希望與對方更親近，而研究者 (Hust & Rodgers, 2018, pp. 102-103) 發現：青少年會將自我揭露當作是戀愛關係中會發生的，或是性行為發生前的條件。青少女以自我揭露為更靠近彼此的方式，青少男也會有自我揭露，但較多一起活動或運動 (Cobb, 2007, p. 253)。青春期是發展親密關係的時期，對於心儀的對象開始有感受，有時候也會勇敢表達與追求，但是大多數青少年還是停留在欣賞與單戀的階段。若本身非主流異性戀族群，可能會有隱藏、不敢說的壓力，加上如果身處的同儕族群對於異性戀以外的多元性別有偏見，或有貶低、霸凌的表現，更讓青少年在成長階段添加變數！

青少年前後期之比較（整理自 Cobb, 2007, pp. 24-25）

青少年前期（11-15 歲）	青少年後期（16-19 歲）
· 發情期開始，身體從兒童轉變到成人 · 生育系統成熟、成長快速 · 需要整合其變化中的身體與新自我的感受 · 開始抽象思考 · 脫離舒適圈	· 發現自我、達成互惠的親密關係 · 使用抽象思考，質疑自我價值及所生存的社會 · 邁向成熟的成人期

青少年發展階段的特色與需求（邱珍琬整理，2018b）

發展類別	青少年	注意事項
發展任務	發展觀念性與問題解決技巧； 與兩性同儕建立成熟關係； 發展引導行為的倫理系統； 表現吻合社會期待的負責行為； 接納自己生理成熟的變化； 有效運用自己體能； 為未來生涯做準備； 情感與經濟獨立； 婚姻與家庭生活的準備。	青少年期須調適發展中生理與心理情況，也在獨立自主與依賴父母之間掙扎。

發展類別	青少年	注意事項
生理	對身體與外表很在意；偶有不適應的情況，因為身心發展不一致，也會嘗試新的動作、測試自己的能力。	青少年性慾的壓抑，可以經由正確觀念與抒發管道（如運動）來緩解。
認知	進入「形式運思期」； 有假設性與抽象思考； 開始認真思考與尋找自己的定位及生命的意義。	
情緒	自我意識強（較自我中心）、容易與權威人士起衝突；情緒起伏大，喜歡做白日夢。	青少年因為賀爾蒙因素影響，情緒起伏較大、容易陷入低潮，也容易受同儕看法影響。
行為	不安、好動、精力旺盛；容易無聊，會找刺激、做無厘頭的行為；有時候出現笨拙情況，主要是身心發展與調適的問題。	青少年要適應自己身體的快速成長，會注意自己的外貌、他人對自己的看法，也開始有追求異（同）性的行動，或是如何處理自己性衝動。
社會／人際關係	容易結黨成派，社交發展從家庭轉移到以友伴為中心。 想爭取獨立、努力脫離對父母的依賴。	12 歲時大半兒童已進入青春期，開始有自我認同的議題，想要「同流」又想要「特別」。 青少年有較多時間與同儕相處，基本上還是依賴父母親、只是擔心被同儕取笑還是父母親的孩子，會為了反對而反對。

五、性／別差異與發展

　　青少年男女生理發展速度不同，而青少女是以關係來定義成熟與自我，青少男則是以分離及自主性來定義自己的成熟及自我 (Josselson, 1996, cited in Scharf & Mayseless, 2007, p. 17)。發展學者 Carol Gilligan (1982) 認為，也因為男女性同理能力不同，男性會遭遇較多關係上的問題，女性則是個人的問題較多。身體早熟的女性容易吸引異性的注意，但同時卻受到同性的嫉恨，早熟的男性不僅受到同儕的欣羨、也受到異性的青睞 (Sarafino, 2005)。

　　儘管在智能上無明顯的性別差異，但是男性較女性有較多發展上的遲滯，如口吃、閱讀障礙等；女性在語文推理與流暢性、理解書寫文字與邏輯關係上較男性佳，而男性的空間與機械能力較女性佳。

　　性認同也是自我認同的一部分。青少年透過不同的性行為以及在親密關係中的互動、性的愉悅與渴望中，更了解自己的性面向，也就是從人際、行為與情感面向著手 (Murray, et al., 2017, p. 155)。只是我國礙於傳統文化對於性的觀念與行為，較多約束與忌諱，當看到青春期孩子的性慾勃發，往往視為是賀爾蒙在作用，沒有意識到其實是青少年「長自我」的重要面向與關鍵，研究上已經證實親密關係與個人身心健康有極密切關連，擁有滿意的親密關係者對生活較為滿意、也較健康長壽。

（一）性別社會化

　　性別社會化是指社會會依據個人的生理性別，而要求其表現出符合該性別的行為。生理性別 (sex) 是指生理上的結構，而一般所謂的社會性別 (gender) 則具有社會約束及期許的意涵，也就是對於不同性別的行為規範，像是一般會要求男性主動、少言、自主、理性，相對地對女性則是被動、言語表達力佳、依賴與感性，這些有可能是對於性別的刻板印象。青春期的孩子對於性別刻板印象較在乎，渴望成為他人眼中的模樣，卻又擔心無法成為自己，這種矛盾的感受經常存在。男性一般擁有較高的地位，也較有權力傾向，女性進入青春期之後，相較於男性則較無自信，這些都與社會期許有關。雖然現在是倡導性別平權的時代，鼓勵不同生理性別者表現出兩性的特色，然而青少年往往到青春期後期，在擁有較多的自我知識、對自己較為了解之後，才較容易展現出兩性兼具 (androgynous) 的特質 (Cobb, 2007, p. 21)。

　　青少年對於性別的刻板印象也最嚴重，雖然現在不管性別為何，在衣著的要求上似乎朝向中性化，但是青少年男女在此關鍵發展期，會更注重自身言行是否吻合社會標準。家長在教育男孩時不鼓勵其表達脆弱或關愛的語言，而母親則多鼓勵女兒類似的表達 (Levant, 1995, cited in McKelley, 2014, p. 10)，因是之故，男性被訓練成較少情緒表現，卻也增加了心理挫折 (Wester, Kuo, & Vogel, 2006)，女性雖然被允許情緒表達，卻也有較多

情緒障礙與免疫力問題 (Gilmore, et al., 1999, cited in Dedovic, Wadiwalla, Engert, & Pruessner, 2009)。儘管女性多半被容許有脆弱的表現，男性較被容許表現憤怒、不悅的情緒，但是男性的憤怒底下可能隱藏著真正的情緒（如羞愧、挫敗、難堪等）；男性容易向外宣洩情緒（向外攻擊），女性容易將情緒轉向自我內在或傷害（向內攻擊，如憂鬱、自傷）(Simmons, 2002, cited in Newhill, 2003, pp. 20-21)，這也都是情緒社會化的展現。

性別社會化也包含對於性行為的期待及約束。東西方一般對於性驅力的信念也認為，男性較具主動性、女性則是以情感為優先 (Hust & Rodgers, 2018)（或說男性是「性先於愛」，女性是「愛先於性」），因此男性就需要展現出攻擊、有力、掌控、在關係中不做出承諾 (Kim et al., 2007, cited in Hust & Rodgers, 2018, p. 5)，以表現其男性氣概，而媒體、同儕與家庭也有推波助瀾之功；女性被教育在性行為方面採取被動與討好的角色，男性則剛好相反，也因此，男性若是在性行為上被拒絕，可能會聯想到自尊、面子與自我認同或價值的問題，這些也都是社會定義不同性行為的角色與規範(Simon & Gagnon, 2003, cited in Hust & Rodgers, 2018, p. 4)，青少年仍囿於傳統性別角色與觀念，因此即便有性騷擾事件發生，依然究責女性居多，而女性對於男性批判其身體，認為自己無力反抗、而選擇忽略 (Hust & Rodgers, 2018, pp. 182-183)。

（二）性別認同

性認同包含對自己生理性別、心理感受與社會要求及期待之間的平衡。一般異性戀者不需要擔心或憂慮性別認同的問題，因為是多數且是被規範為「正常」的族群，但是多元性別者卻需要持續去定義自我，甚至經歷過自我懷疑，而性認同也是自我認同中很重要的一部分。青少年親密關係的發展是此期重要項目，但是對於性少數族群可能就有一番掙扎與不可言說，畢竟在異性戀為主流的現在，儘管多元性別的倡議有了一些進展，但是距離理想目標仍甚遠，年輕一代還是受到上一代的傳統觀念及社會大眾的影響，不敢公然表現自己的愛欲對象。媒體（包括音樂、網路、影視等）對於青少年的性別認同有極大影響力，特別傾向於傳統的性別角色及行為，當然，隨著年齡與經驗的增加，青少年也會持續修正其浪漫關係

(Hust & Rodgers, 2018)；現今媒體依然是以異性戀模式爲主導，也使得少數性傾向青少年，無法學習有關妥協浪漫與性關係的資訊 (Hust & Rodgers, 2018, p. 205)。儘管目前我國似乎在性別教育與立法上有進步，但是有關多元性別與認同的教育資源和研究還在萌芽階段，社會的開放程度依然是主導少數性別族群現在與未來的關鍵！

　　許多男同志因爲發展過程與大多數異性戀男性不同，因此通常會延宕其青春期 (Barret Logan, 2002, cited in Choudhuri, Santiago-Rivera, & Garrett, 2012, p. 212)。對男同志來說，發展與維持親密關係是很大的挑戰，包括身爲男性、對於自己的羞愧感（如不符合男性氣概）與失去異性戀男性特權（如結婚），也是極大的失落經驗，倘若還加上習得的失能關係型態（如尋求一夜情、害羞、尋找想要的另一半、只對較年輕有魅力者之喜愛等），都是男同志需要面對的挑戰 (Alderson, 2013, p. 59; Scasra, 1998, cited in Choudhuri et al., 2012, p. 212)。同志青少年感受到困惑、被誤解、生氣、害怕他人對他們的反應 (Omizo, Omizo, & Okamoto, 1998, cited in Alderson, 2013, p. 62)，也有強烈的孤單感 (Hetrick & Martin, 1987, cited in Alderson, 2013, p. 62)；華人的父母親對於子女性傾向非異性戀者，仍帶有深刻的羞恥感 (Chow & Cheng, 2010, cited in Alderson, 2013, p. 80)，也就是社會政治因素對非異性戀者的壓迫、遠遠大於少數性傾向族群內在的衝突 (Collins & Oxenbury, 2010, cited in Alderson, 2013, p. 85)。雙性戀者所處的立場較之同志族群更艱難，除了被異性戀與同志族群排擠之外，較少角色典範，也沒有屬於他們自己的社群 (Alderson, 2013)。

　　美國早年的統計發現：性少數族群的年輕人企圖自殺的比率高於異性戀三倍，而青少年企圖自殺者中有三成與性傾向有關 (Barret Logan, 2002, cited in Choudhuri et al., 2012, p. 213)，家庭對他們來說不是安全舒適之所，甚至是遭受凌虐或攻擊的所在！學校情況也不遑多讓，霸凌、騷擾或攻擊所在多有，不只是同儕、有不少是來自教職員 (Choudhuri et al., 2012, pp. 213-214)，導致性少數族群不僅面臨對自己身分認同的困擾、性慾流動的議題、身心健康的疑慮、藥物濫用或自殺傾向、特殊的關係議題，以及缺乏歸屬群組和孤單 (Alderson, 2013)。社會對於多元性別者的持續歧視與汙名化是最大的傷害，當事人內心的焦慮，通常都會將它內化爲自己

的問題 (Sommers-Flanagan & Sommers-Flanagan, 2007, p. 37)，而後現代、女性主義或社會正義的觀點，可以協助當事人釐清這些迷思、不將其歸咎為個人之問題，而是會進一步探討社會文化對於主流文化的架構與價值觀，如何影響在其中生活的人們！

　　儘管大學生在對於同志議題上，女性似乎較男性寬容及接納度高（張德勝、王彩薇，2009），然而當他們在接觸多元性別課程或社交網路更拓展之後，對於多元性別的接受度增加，也對於不同性傾向者有較多了解與尊重（張德勝、游家盛，2012）。孫旻暐等 (2014) 的研究認為：接觸越多，越能夠釐清對於同志的迷思，因此媒體責無旁貸。諮商師的多元文化能力是倫理與專業的關鍵，在面對同志族群當事人時，需要具備重要的能力包括：對於男同志社群的知識、察覺男同志身分可能衍生的特殊社會議題、需要真誠同理或支持當事人的男同志身分與經驗，以及以開放的態度與當事人討論各種男同志文化中的經驗（高智龍、賴念華，2016），甚至成為社會正義的倡議者與改變者。

　　一般的諮商師在臨床現場上，較少碰到當事人因性傾向而求助，其主訴議題通常與情緒、人際或親密關係有關。對男同志而言，發展愛自己、同時尊重「自我定義為同志」的其他人是很重要的，因為異性戀者與同志都可能有同性戀恐懼 (homophobia) (Alderson, 2013, p. 54)。青少年男同志會擔心若自己出櫃或被發現是性別少數族群，可能會失去家人的愛與支持，此外，因為尚未有經濟獨立能力，也擔心自己的未來與生活！對於青少年同志而言，課業壓力或是面臨的大考，也可以是其規避面對自己性傾向的一種方式（邱珍琬，2002），女同志則會擔心自己與異性戀男子「搶著」另一半（邱珍琬，2004）。諮商師在面對多元性別議題前，自身要具備足夠且與時俱進的知識、閱讀相關研究，且時時檢視自己的價值觀與態度，能夠提供給當事人高品質的服務；再則，也要了解目前社會對於多元文化的汙名或阻礙，該如何教育大眾，甚至是當事人本身，擔任立法與社會改造的代言人；在面對多元性別的當事人時，諮商師的接納、尊重與支持最重要，尊重當事人自我認定的身分與生活選擇，進一步矯正對於多元性別的病態觀，性別「肯認治療」(affirmative therapy) 是一個不錯的選擇，也不需要強迫當事人出櫃 (Murray et al., 2017, pp. 218-219)。

（三）性知識與性行為

　　美國十多前曾有過一項針對青少年的調查，發現有四分之三的男性認為約會三次還未到達「本壘」（也就是發生性行為）的是失敗者，女性則有三分之一如此認為 (*China Post*, 7/24/08, p. 9)，而在 2015 年的調查顯示：有四成一的高中生已有過性經驗，且絕大部分（超過九成五）是發生在 13 歲以後 (Centers for Disease Control, cited in Hust & Rodgers, 2018, p. 7)，在保險套的使用上則是以男性之意見為尊 (Vasilenko et al., 2015, cited in Hust & Rodgers, 2018, p. 8)。在進入大學之後，學生們對於性態度與行為都有大幅改變，且朝更開放的方向 (Lefkowitz, 2005, cited in Hust & Rodgers, 2018, p. 8)，而大學女性之所以發生性行為主要是因為：感受到愛、希望維繫關係、樂趣與好奇其感受 (Patrick et al., 2007, cited in Hust & Rodgers, 2018, p. 8)。

　　影響性行為活躍程度的因素包括宗教信仰、價值觀與態度（以學業為重者較晚開始性行為）及情緒適應（如受歡迎者較早開始性行為），家庭生活環境穩定者也較晚開始性行為 (Cobb, 2007, p. 182)。研究 (O'Beirne & Allen, 1996, cited in Scharf & Mayseless, 2007, p. 13) 指出：有安全感的青少年，發生第一次性行為時年紀較長、性對象較少，且較多會使用避孕方式，而早年美國一項針對大學生的研究 (Bennet, 1984) 發現：家長若有較為平權的親職分工，子女較願意與雙親討論性相關議題，也對自我的性行為較為審慎；而願意與家長討論性方面議題的青少年，也較晚開始性行為或從事危險性行為 (Karofsky, Zeng, & Kosorok, 2001, Sionean et al., 2002, cited in Cobb, 2007, p. 179)。這似乎也說明了：儘管目前因為科技網路的發達，使得青少年有更多管道可以獲取有關親密關係與性議題的資訊，家庭中的親子關係是重要把關因素。

　　國內針對青少年性行為的研究指出，青少年多在 15 歲左右發生第一次性經驗（石玲如、曾治乾、葉國梁、黃禎貞與周維倫，2018）。有研究指出，生理晚熟的青少男或女性，性活躍時間較晚，智力高者也較晚發生性行為 (Meschke, Zweig, Barber, & Eccles, 2000, Centers for Disease Control and Prevention, 2004, cited in Cobb, 2007, p. 181)。青少年早期的浪漫關

係，「陪伴」是最重要因素 (Furman, 2002, cited in Hust & Rodgers, 2018, p. 107)，而媒體是青少年做為參考與模仿的重要管道（包括性腳本、價值觀與期待）(Brown, 2002 ,Brown & Bobkowski, 2011, cited in Hust & Rodgers, 2018, p. 109)。

網路與媒體的「性慾化」(sexualized，包括對傳統性別觀念的傳輸與刻板化)，讓青少年對於浪漫關係與性行為有推波助瀾之功 (Hust & Rodgers, 2018, p. 3)，使得青少年誤以為親密關係必須與性劃上等號，或是將女性物化是普遍的偏差認知。即便是大學生仍然相信：男性是性行為的啟動者或受性驅力促動，而女性則將情感與性做連結，將性視為情感的延伸或深化 (Sakaluk, Todd, Milhausen, Lachowsky, & URGIS, 2014, cited in Hust & Rodgers, 2018, p. 5)，而重複曝露在這樣的訊息之下，青少年就會將這些資訊視為常態 (Brown, 2002, Brown & L'Engle, 2009, Ward, 2003, 2016, cited in Hust & Rodgers, 2018, p. 12)；青少年對於浪漫愛與約會的觀念，依舊承襲傳統性別角色與性別間的權力位階 (Eaton & Rose, 2012, Kim et al., 2007, cited in Hust & Rodgers, 2018, p. 11)，這其實也呼應了青春期孩子對於性別刻板印象反而更深的研究結果，或許是因為要學習擔任不同性別角色的必經之路。

晏涵文與馮嘉玉 (2021) 調查臺灣大專生性知識、性態度與性行為現況，整理自 1979 至 2019 年 18-20 歲學生性行為發生率的變化，大專生在懷孕避孕、愛滋病與其他性病防治知識的答對率低於六成，女性表現較男性佳。不管男女對保險套使用抱持正向態度，男性對婚前親密行為接受度高於女性，其中有二成八的受試者曾與異性發生性交行為（男生 32.1%、女生 24.9%），而曾與同性發生性交行為者有一成多（男生 15.0%、女生 7.1%），但其中每次性行為均使用保險套者僅有三成二左右，男女性與異性的各項親密行為發生率呈現持續上升趨勢，但女生在各項親密行為的增加幅度都高於男生。

性行為的決定主要是看彼此關係、社會文化的規範與壓力、危險性高低、發展階段、過去的性經驗與愉悅程度，以及對性行為的期待等 (Murray et al., 2017, p. 238)。青少年階段雖然無固定性伴侶，也有自我滿足或因應之管道（如自慰、轉移注意力），或只是因為自我期許不同（如生涯

重於親密關係），因此性壓力就會減少。當然現代青少年因為網路科技與價值觀不同，有更多管道可供選擇，兩小無猜的性行為或是約炮就是其一，專輔教師或諮商師會遭遇到青少女未婚懷孕或墮胎等議題。現代青少年嚮往所謂的性自主，對於自己身體有較大主控權，與上一代家長的價值觀較不同，況且開始對親密關係好奇或開始親密交往，也深怕家長反對，隱而不說甚至說謊維護自己就可能是因應之道，除非親子關係夠好，要不然涉及親密關係的議題，青少年基本上不願意與長者討論。

既然提到青少年的親密與性行為，也需要了解因而衍生的暴力行為。約會暴力（date violence，含性暴力）在美國 2016 年的統計，有近一成的青少女曾經歷過 (Kann et al., 2016, cited in Collins et al., 2009, cited in Hust & Rodgers, 2018, p. 9)，而在網路世代，不管是面對面或非面對面的性行為更增加快速，只是多半的女性不認為這是暴力行為 (Hills & Kearl, 2011, Hlavka, 2014, Tolman et al., 2003, cited in Hust & Rodgers, 2018, p. 9)，這才是令人憂心的！約會暴力在美國高中屢見不鮮，對於青少年而言，其後座力包括憂鬱、自殺意念、藥物濫用、在親密關係中再度淪為受害者或施暴者 (Ackard, Eisenberg, & Neumark-Sztainer, 2007, Exner-Eckenrode & Rothman, 2013, Foshee, Reyes, Gottfredson, Chang, & Ennert, 2013, cited in Hust & Rodgers, 2018, p. 178)。青春期女性遭受性侵事件，較之男性更容易有「創傷後壓力症候群」(post-traumatic stress disorder, PTSD) 出現、也更容易再度受害，特別是家中有憂鬱患者歷史的當事人 (Cicero, Nooner, & Silva, 2011, pp. 46-48)，而當事人「如何解讀」所發生事件其影響最大 (Cicero et al., 2011, p. 50)。估計近年來因為網路科技發達之故，相關的性資訊或媒體更有推波助瀾之功，青少年發生性行為時間或許會提早，隨之而來的諸多議題，都需要進一步做調查與研究。

以上的討論都涉及性／別議題，像是生理、發展影響、個人的心理健康、性別社會化與性傾向、親密關係，以及文化和環境脈絡對於置身其中人們的影響 (Murray et al., 2017)，也都是性教育需要含括的範疇。禁慾的教育並不能防堵危險性行為的發生，而是迫切需要積極的安全性行為，性傳染病知識、做性行為決定、如何減少危險性行為（如懷孕、感染性病等）也都是必須包括的重要內容 (Weiss, 2007, Santinelli, Ott, Lyon, Rogers,

Summers et al., 2006, cited in Murray et al., 2017, p. 109)。有研究者 (Kirby, 2007, cited in Murray et al., 2017, p. 109) 發現：青少年若能夠重複接收這些有關性健康與保護、清楚且一致性的資訊，就可以自在面對挑戰與性有關的社會常規及觀點而不會懼怕；至於防範危險性行為方面，還需要聚焦在諸多防範措施上，像是性知識及感受、個人價值觀與態度、自我效能與自信，以及溝通／妥協能力 (Murray et al., 2017, p. 109)，因此鼓勵青少年參與學校／社區活動或宗教團體、養成健康固定的運動習慣、維持有意義的人際關係（包括家庭關係），都會是極佳的保護因子。諮商師其中一個角色是教育者，對於相關的青少年性議題也都需要關注，保障與維護其福祉；再則，「性」不是一個容易啟口的議題，身為諮商師或輔導老師不需要避諱這個主題，畢竟家長或師長大都不願意與孩子談論這個主題，輔導教師就責無旁貸，當然這也許也衝擊到諮商師個人的價值觀或是信仰的議題。

案例一

　　大一的小宏來找諮商師，說自己一直不快樂、不知道為什麼，感覺很孤單！小宏說自己自上國中之後，發現與其他人格格不入，喜歡的人不喜歡自己，感覺自己是不是沒有吸引力？諮商師於是問道：「多說一些你喜歡的人不喜歡你時，你有什麼感受？」「他會覺得我很奇怪。」「怎樣的奇怪法？」諮商師問。「就是不應該這樣。」小宏的表情很困惑，彷彿自己做錯了。諮商師說：「喜歡同樣性別的人沒有錯、也沒有丟臉不丟臉，喜歡就喜歡了，只是對方也有選擇權對不對？」小宏終於展現笑容：「那我現在該怎麼辦？」諮商師希望小宏可以有機會更了解自己，因此詢問小宏：若介紹他到一些同志或同志友善社團，他願不願意？諮商師說其實也許多不錯的同志或多元性別社團可以參加，自然就會減少許多負面的感受，只是校內的社團已經結束不再運作，於是介紹小宏到另一個縣市的大學社團，並讓他給一位認識的老師打了電話。幾週之後，諮商師打電話問小宏的狀況，小宏說話的音量大且很有自信，他說自己去過幾次了，很喜歡那個社

團，也認識一些朋友、大家都是好人，他終於知道自己是同志也沒什麼不好！

案例解析

　　小宏剛來時，只是談論自己的孤單與沒有朋友，甚至遭受拒絕的經驗，諮商師有預感，認為小宏可能是缺乏了解他的族群，而小宏對自己的性傾向可能也不確定，加上剛進入新的學習階段、獨學而無友會是很大的挫敗，於是先是接納小宏的感受，然後在徵得小宏的同意之後，讓他可以先去探索一個不錯的社團，當然也先打電話招呼一下、讓對方知道。諮商師手中需要有一些可用的資源，包括可以轉介的同志或性少數社群，讓當事人有所歸屬、同時也有典範可資效仿。

案例二

　　羅媽媽先打電話來學校，說要與負責的輔導老師談。這一天，羅媽媽來到輔導室，將手上的幾本「熱愛」雜誌拿給輔導老師時哭了，她說到底自己造了什麼孽，才會生出這樣的小孩？輔導老師詢及她的擔心，羅媽媽說因為這一天去兒子房間找東西，無意中發現這些很「養眼」的雜誌，但是也嚇了一跳！後來去兒子電腦上搜尋，發現兒子上的網站也是男同志網站，所以她要來確認自己兒子的性傾向。輔導老師拿了一些資料、跟羅媽媽討論：同性傾向不是只有人類社會才有，而且跟祖宗八代沒有關係，自然也與父母親無關！但是都是母親懷胎十月的寶貴生命，家長的支持很重要，可以讓孩子現在與往後都過得比較順遂。老師也請羅媽媽不要急著確認兒子是否是同志，而是與羅媽媽談論她的擔心為何（如孩子的親密關係或生涯，以及家人的接受度）？可以怎麼協助孩子？

案例解析

　　以往家長對於自己孩子的性傾向會特別在意，現在的情況也差不多，通常在發現之後會先自責、開始往自己身上找原因，學校輔導教師就需要針對性傾向部分與家長討論，這是天生的，與基因或是家長

無關。孩子都是母親懷胎十月所生、都是自己的骨血至親，希望他們在成長路上健康少憂，是父母親的期盼，基於此，就可以協助孩子克服成長過程中可能有的挑戰與困厄，況且青春期的孩子，除了需要面對自我認同、自主與歸屬的平衡，而與家長的關係仍然非常重要，因此家長的理解與支持是孩子可以度過認同危機最重要的關鍵。輔導老師先取得家長的了解，進一步訴之以情，讓家長看見孩子不被接納背後的壓力與擔心，當然也要試圖理解家長的焦慮與憂心（如擔心他人的眼光與孩子的未來），然後才可以取得家長的同理與合作，成為孩子最重要的支持與靠山！

六、青少年的自我發展與認同

我們終其一生都在了解自我，對於自我的認識與接納程度，關乎個人諸多面向的發展與信心。心理學家馬斯洛 (A. Maslow) 提到青少年的「自我了解」(self-realization) 包括：發現自己、知道自己的特殊處、如何成為自己、潛力與價值觀為何等等 (cited in Magen, 1998, p. 151)，而馬斯洛也強調「存在的價值」(B value-Being value)，也就是傳統上的道德價值，像是真實與公義及美的價值 (cited in Magen, 1998, p. 39) 也與自我有關。依附關係的延伸，可以讓個體更了解自我的相關資訊 (Dykas & Cassidy, 2007, p. 42)，而我們也是在人際互動中定義自我、同時更清楚與了解自己。青少年正處於 Erikson (1968) 所謂的「認同與角色混淆衝突」(identity vs. role confusion conflict) 的階段，所謂的「認同」是指自我在個人與社會意義上被知道、了解的情況；個人認同形成是從青少年開始，青少年會將許多角色做部分內化，最後在社會情境中展現其所選擇的內化認同角色 (cited in Murray et al., 2017, pp. 153-154)，也就是在認同過程中，要做許多的探索與承諾 (Marcia, 1964, 1966, cited in Murray et al., 2017, p. 154)。

青少年的自我發展最重要的特色就是開始學習獨立自主、為自己的行為負起責任 (Cobb, 2007, p. 133)，自我省思 (self-reflection) 的能力讓

青少年思考自我，而與家長的關係就是自尊 (self-esteem) 的基礎 (Cobb, 2007, pp. 154-156)，也就是青少年會以家中父母對待的態度來初步評估自己的價值與信心，通常男性較女性自尊要高 (Baldwin & Hoffman, 2002, Khanlou, 2004, cited in Cobb, 2007, p. 157)；此外，對自己外型身體的滿意度及與同儕的互動，也是重要自尊來源 (DuBois, Felner, Brand, Phillips, & Lease, 1996, Klomsten, Skaalvik, & Espries, 2004, Williams & Currie, 2002, cited in Cobb, 2007, p. 156)；一般說來男性會以探索及承諾來肯定自我，與朋友分享經驗或活動，而女性則加上了與人的關係 (Patterson, Sochting, & Marcia, 1992, cited in Cobb, 2007, p. 148)。為了不仰賴家長過深，家長與子女的親子關係也進行重新妥協，青少年開始會有自己的祕密，甚至說謊，這是他們認為可以掌控的一部分、也設定了與家長之間的界限 (Cobb, 2007, p. 134)，倘若家長是以堅定與友善的教養態度面對青少年獨立的需求，孩子發展自主性 (autonomy) 的情況佳，與家長良好的關係也讓青少年更有自信 (Cobb, 2007, p. 249)；在此同時，青少年也會開始檢視或批判家長的價值觀與態度，這就是長自己、個體化 (individuation) 的過程 (Josselson, 1980, 1988, cited in Cobb, 2007, p. 135)，因此親子之間的爭論或爭吵會較多，而青少年來自無競爭、著重分享與支持的家庭，其自我發展較佳 (Cobb, 2007, p. 228)。

雖然青春期通常是較重視同儕壓力的時期，而青少年也較容易誇大自己與他人的相似處 (Kandel, 1985, Urberg et al., 1990, cited in Brown, Bakken, Ameringer, & Mahon, 2008, p. 22)，相對地，青少年也希望自己能夠與他人不同、展現自我的獨特性，而青春期孩子挑戰危險行為，通常不只是因為衝動控制有問題，而是他們不相信會有這樣的結果 (Burnett et al., Konrad et al., 2013, cited in Dixon et al., 2017, p. 323)，有時是想要看看自己的能耐。青少年也有矛盾之處，對於自己的優點、同時也可能將其視為缺點 (Sommers-Flanagan & Sommers-Flanagan, 2007, p. 41)，就如同我們會形容某人的個性「隨和」，從另一角度來看則是「沒有原則」一樣，輔導教師或諮商師可以協助青少年更了解自己的多面向，同時也讓他們看見更多的選項！

第二章

網路世代青少年面臨的議題

前言

　　從青少年的穿著、說話方式或流行用詞、喜愛的媒體或是歌曲等，可以一窺青少年的次文化。不同世代的青少年有其特殊的次文化，像是科技網路世代的孩子是手機原住民，基本上手機是其生活中很重要的一部分，因此在討論目前青少年的次文化，自然不能豁免於網路科技之外，網路科技改變了在其中人們的生活，自然也會涉及學習與價值觀。

　　青少年目前是處於與全球同儕競爭的情況下，不像以往只與自己本國人競逐，因此現代年輕人需要具備「能動力」（可以移動、遷徙的能力），還要具有專才與兼才（也就是「斜槓人生」），當然創意與彈性也很重要。網路科技時代的青少年面臨許多壓力源，導致情緒與身心狀況的適應問題，當然，家庭社區環境等也都有其影響力道、也需要列入考量。隨著網路世代、手機的無遠弗屆，也轉變了人們生活的諸多面向，青少年更容易受到科技網路的影響，其學習方式也因之更迭。

全球化競爭壓力

　　全球競爭的現代，個人需要具備有「兼才」與「能動力」，才可以與人競逐。現代人專精於一項才能已不足以適應現代生活，還必須要有其他才能（斜槓人生）；課業上的學業能力已經不足以因應現代社會，還必須要有獨立作業、人際互動、分工與合作、情緒智商等能力，才可能讓自己

生活得更適意！108 新課綱的出現，不僅強調五育的均衡，還有生活與運用知能的智慧，學測成績不是選擇系所的唯一指標，多元入學的實施，其實也給不同人才更多的機會，只是其成效如何還待評估。

除了要有諸多兼才之外，移動的能力也很重要，不能只屈居於臺灣一角；因為全球化之故，許多國家也爭相選取與歡迎不同領域的人才，因此個人的移動能力──願意走出舒適圈，到本國之外的地區工作，甚至經常出差到世界各地，也是企業想要吸引的人才。

雖說二十一世紀是中國人的世紀，中文無遠弗屆，但是其他語文能力也不可或缺，一來增加自己的學習工具、二來可以吸納更多的入職機會，在學習管道如雨後春筍般林立的同時，個人也需要有強烈的動機，才可能讓學習更扎實！然而，學習成果似乎也像經濟的 M 型社會一樣─富者有更多學習資源與挹注，貧者卻無法獲取相當的資源，只能靠正式教育的協助，但是正式教育體系卻頻頻將標準降低，以高中英文字彙來說，以往是以六千字為下限，現在改成四千五百字，以這樣的要求來看，到底我們可以培養出什麼樣的人才？的確令教育界者憂心！北歐的瑞典與芬蘭，將許多資源挹注在基本教育上，同時結合科技與多元，讓莘莘學子提前做好準備。

心理疾患與情緒障礙增加

青少年階段原本就是心理疾病的迸發期（較嚴重的精神疾病也是在青少年晚期至成人前期最多 (Lippincott, 2007, p. 287)，主要是因為生理急遽發展、家長與社會對其期待又與兒童期不同，大環境加上青少年自我期許的壓力，以及原有的遺傳或基因因素交互作用，可能讓隱藏的病理萌發出來。心理疾患在青春期爆發的特別多，因為在這段成長期，需要因應多方多重的壓力，包括本身潛在的生病因子、要成為成熟獨立的個體、身心理的調適、家長對其期許亦不同於兒童期、對自我的期許、因應課業同儕等壓力。然而一般家長容易將孩子異於同儕的行為視為青春期特色、忽略了關鍵治療期，倘若加上家庭、學校等不利因素，可能讓預後效果不佳！

　　價值觀丕變，年輕世代的價值觀已經不同上一代，不再重視下苦功的基本能力，反而崇尚立即與快速的功成名就（如網紅，在網路上蹭聲量）；工作也不再是第一選項，而是生活品質或休閒娛樂。少子化加上年輕一代的自我表現能力增加，當然也就容易與上一代或是師長有衝突，加上目前學校都是朝向「零體罰」目標，造成許多教師不敢要求學生品格或行為，同時也擔心家長陳情或提告，索性就敷衍了事、能不作為就不作為，可能也會讓孩子的行為無分辨能力或自律。

　　孩子拒學或懼學，通常「有眼睛往家裡看的習慣」（李維榕，2012，頁 67），也就是擔心家裡、尤其是父母親的關係，因此未能「發展家庭以外的興趣」（李維榕，2012，頁 67）。倘若孩子心繫家裡，又如何能專注於課業或是自己的發展？當然除了心理疾病，還有罹患慢性、罕見疾病或是對生命有威脅的疾病（如癌症）的青少年，因為疾病可能影響其自我認同、生涯發展、家庭關係（含父母手足關係）與財務、醫療決定、學業等諸多不同面向 (Grinyer, 2002)，也是青少年可能面對的生命議題。

　　因為競爭壓力、家人與自我的期許，甚至因為價值觀或是意見與長輩不同、而刻意孤離自我，自視甚高、不能與同儕友善相處，甚至是家長心理疾病或是家庭暴力下的受害者，愛與歸屬的需求無法獲得正常滿足而向外索求，親職功能不彰，造成孩子無安全感或安全依附，違規行為或是自我價值感低落，社會充斥著道路暴力或是暴力新聞，讓生活在其中的人們無法安身立命，這些也都是醞釀或造成心理與情緒疾患的影響因素。

案例一

　　許多年前某私立高中一男學生因為爭風吃醋，用彈簧刀將對手男生的腳筋砍斷，教官認為這樣惡行重大，在訓斥犯行的男學生之後，打了他一巴掌、說他誤了別人一生！翌日一早，男學生母親拉著孩子進教官室要找某教官，教官才應答、該母親就直接甩教官一巴掌：「我的小孩不用你管！」全場愕然！

案例二

　　某高中班導對班上某位女學諄諄教誨，希望她多用心思在課業上，而不是親密關係上，畢竟還年輕，以後仍有許多機會。有一天班導剛走出校門，就有一輛摩托車駛近、而且是威脅性的快速，班導沒有閃開、直直看著對方會做什麼動作？機車在導師面前嘎然停下來，車上坐的是該女同學的同校男友，用手指著、直接撂話給導師：「以後妳再囉嗦，就不是今天這樣了！」

案例三

　　某國三男生經常因為以竹木製造可能會傷人的武器而受到檢舉，法院責求家長嚴加管教，並建議其去見諮商師。夫婦倆說孩子在國小五年級之前都好好的，在學業與行為方面都有母親緊密監管，表現都還不差，但是五年級下學期某一天孩子突然有了大轉變，他開始反抗父母親，也不理會家裡的規定，上學會嗆老師、跟同學打架，還有一大堆理由，當時家長還不以為意，等到孩子上國中之後問題更嚴重，打造會傷人的武器不說，還威脅家人，甚至刺傷過家人，有一回還在書房門前點火、企圖燒死母親與妹妹，經由學校建議，家長帶孩子去醫院做診斷，除了有過動症之外，可能還有衝動控制與行為違常的問題，需要吃藥、找專人談，但是孩子不願意按時服藥，父親就祭出籠絡方式、給予孩子所要求的，母親認為這樣的方式不妥，但是彼此沒有達到共識！

案例四

　　某男生進入大學之後，常常在臉書上發表自己的豐功偉業。某次，他說自己要到臺灣海峽底下去拆二次大戰的未爆彈，因為自己是海軍受特殊技巧訓練的技術官。全文形容得很細膩，上面還有「但書」說：因為任務機密且危險，要嚴加保密之外，也擔心自己一去不返！文章內容也暗指著向同學告別，其中有位男同學認為這樣的事應該要讓導師知道，緊急告訴導師。導師的第一反應是「不可能」，但是學生將臉書內容展示給導師看、要求導師「正視」此事，導師只好打電

話給教官，教官的反應也是哈哈大笑、說絕不可能，導師要其證實，教官只好聯絡其軍中同事，證實沒有這樣的事情發生！導師後來還想說家長應該要了解孩子「出重要任務」、攸關性命的大事吧？打電話給家長，是學生的母親接的，語氣很奇怪：「又發生什麼事了？」導師將事情鉅細靡遺道出，對方嘆了一口氣：「老師，不是我不關心孩子，只是我也無能為力。」於是與導師約好見面長聊，後來家長才說出孩子自小就經常說謊，把自己說得很偉大又厲害，但是因為太聰明，即便給人抓到漏洞、也沒有羞愧感，做家長的常常要為他犯下的錯善後，後來也麻木了！現在知道自己的孩子是「戲劇性人格違常」，已經無法改變！

網路科技與手機

　　現在的青少年，在科技網路的無遠弗屆及無孔不入的環境下，其社交關係已不同於以往（像是減少了面對面的互動），連帶地尚有其他議題出現，如久坐的生活型態、孤立與孤單、網路霸凌以及憂鬱和焦慮 (Selfhout, Branje, Delsing, Bogt, & Meeu, 2009, cited in Paladino & DeLorenzi, 2017, pp. 358-259)。較常曝露在媒體資訊的青少年，較容易受到媒體影響其價值觀與行為 (Brown, 2002, cited in Hust & Rodgers, 2018, p. 4)，遑論網路科技在短短幾年內突飛猛進，帶給世界人類更大的衝擊！網路科技讓人類生活提升到另一個層次，但漸漸地人們也發現其弊病或後座力。適當的網路遊戲，可以增進同儕關係及連結、有共同談論話題，還可以增進孩子專注、空間與推理能力（洪蘭，2014，頁 249），儘管網路手機已經成為現代人生活的一部分，然而若網路使用過久或過度，也會嚴重影響身心、生活、人際與學習。

　　以往使用網路的人，往往被視為「宅」或「廢」，甚至是社會邊緣人 (Boyd, 2014/2015, p. 26)，但是現在人手一機，整個人類文化因而改變，沒有最先進手機、不懂得上網的，反而變成「化外之人」。手機網路的主

要發揮在於資源連結及社會功能，社會社群媒體的特性像是持久、能見度高、散播力與搜尋力強 (Boyd, 2014/2015, pp. 30-31)，廣受人們喜愛！依據美國 2010 年的統計初估，青少年每天花費近七小時在媒體上 (Rideout, Foehr, & Roberts, 2010, cited in Hust & Rodgers, 2018, p. 2)，而兩年內就讓手機功能翻轉的現在，其估計應該更高！

　　目前許多的研究已經證實手機的使用率過高，會影響到孩子大腦、身心的發展，也讓親子關係受到負面影響。就個人而言，藍光會影響睡眠節律，讓大腦無法利用睡眠時間將白天所學或經驗做適當統整，影響睡眠品質、記憶力及學習效果；在黑暗處或長時間使用手機，導致視力退化或不可逆的眼部（尤其是黃斑部）病變，甚至是使用手機時往往姿勢不良，因而造成脊椎問題；手機上不良的食物廣告，或使用手機者貪圖便利，可能就攝取了過多熱量或是不營養的食物；或因為都是坐姿或固定姿勢、缺乏伸展與活動，造成發展遲滯（大腦的發展與身體活動息息相關）或健康問題 (Goodwin, 2016)。青少年正處於人生兩大發展最迅速的時期（嬰幼兒與青春期），因此許多影響發展的因素或力道都要注意！

　　網路世代的青少年藉由網路來滿足與人互動及自我認同的的需求 (Boyd, 2014/2015)，但是與網路手機的特性（便利、匿名、傳輸迅速等）交織在一起，也可能造成預想不到的後果，網路霸凌、網路相約自殺，或網路詐騙等，成為網路犯罪受害者就屢見不鮮！偏偏青少年又自持甚重、不相信成人的警告，加上冒險犯難的衝動，因此網路犯罪或是相關事宜就很難防範！現代青少年與網路的依附關係，稍一不慎就可能引發情緒或是心理上的適應問題，如對手機的依賴性（沒有手機就無法運作或發揮功能，甚至有情緒暴衝）、蹭聲量為自我認同方式（寧鳴而死、不默而生）、學習動機低落與上癮行為、網路孤狼（只在網路中生存，實際生活智慧低落）等。

　　以往以網路進行詐騙或是拐騙已經不是新聞，以網路為媒介的性騷擾或霸凌是目前許多國家關注的議題，而網路性侵害，也是日漸受到重視的議題，美國的統計發現絕大多數受害者年齡在 13-17 歲之間 (Wolak, Finkelhor, Mitchell, & Ybarra, 2010)。身體及性騷擾在美國高中階段幾乎很常見 (Hill & Kearl, 2011, Jewell, Spears Brown, & Perry, Lacasse, Purdy, &

Mendelson, 2003, cited in Hust & Rodgers, 2018, p. 164)，而年輕一代性自主權意識增加，擺脫了許多傳統的性觀念，網路詐財、騙色或是人口販賣，已不是新鮮事，而在網路上的「約炮」行為似乎也有增無減，殊不知這樣的情況若被有心人士用來犯罪（如勒贖、性侵或殺害），其所付出的代價更難以數計。依據美國近年的研究發現，性騷擾以及將女性物化的情況，依然在媒體中氾濫 (Ward, 2016, cited in Hust & Rodgers, 2018, p. 2)，現在加上網路的助紂為虐，情況更糟！然而，青少年卻不將此視為性暴力 (Hill & Kearl, 2011, Hlavka, 2014, Tolman, Spencer, & Rosen-Reynoso, & Porche, 2003, cited in Hust & Rodgers, 2018, p. 164)，可能也因此助長了性騷擾或性侵害犯罪之加劇！

　　網路科技除了可能助長約會暴力之外，青少年會使用網路上的臉書追蹤 (facebook stalking) 或是線上監視 (on-line surveillance) (Lyndon et al., 2011, Fox & Tokunaga, 2015, cited in Hust & Rodgers, 2018, p. 179) 等社交軟體來了解朋友或是伴侶的行蹤，是否也會侵害了隱私權或是彼此的關係，仍待未來研究探索。

　　網路傳播最快的就是資訊、但非「知識」（「知識」是需要經過科學程序驗證或證實的），許多學生的學習型態因而改變，學習不經大腦「工作記憶」(working memory) 的努力，而是「下載」(download) 與「卸載」(offload) 之間的簡易動作，以至於雖然接收了過多的資訊，卻沒有下苦功學習，也因為缺乏判斷與思辨能力，這些資訊極難成為可用的知識，導致所學不夠扎實！即便教師們也被迫需要與時俱進、使用電子書等網路資訊，但是有少數教師只是採用電子書的便利與可接近性、按表操課，少了創意與彈性，這並非學子之福！

　　因此儘管網路科技帶給生活諸多以往未曾預見的便利，許多的創意也將生活細項與其做連結、讓人們的生活更智慧化，然而其另一面可能帶來的負面影響（如生活失去目標與意義、藏匿在手機網路後面的消極生活、犯罪可資利用的便捷之道等）似乎也在發酵中，有待更多的研究來發現與研擬防治之道。

藥物濫用與偏差行為

藥物（包括菸、酒）濫用與其他多種上癮行為（如上網、賭博、性上癮），也稱為文明病，生活便利之餘，個人時間空出太多，若無適當時間管理的規劃或智慧、加上生活失意或無意義感，可能就容易陷溺在上癮行為中、不可自拔！目前有諸多國家（如美國與歐盟）將大麻合法化，甚至將其視為餘興藥物、少了法律與道德的約束，可以想見未來藥物氾濫的情況會更嚴重，而現在的趨勢是處方藥物（未在醫師處方下使用的處方藥物）的濫用 (Moritsugu, Vera, Wong, & Duffy, 2014/2019, p. 368; Stevens, 2018, p. 4)，加上新興藥物的崛起，未來人類要面對的藥物濫用與上癮問題可能更形艱鉅！

青春期的孩子面臨許多前所未有的壓力源（如自我認同、安全需求、平衡自主與歸屬需求、自尊及適當的因應技巧），家庭原本應提供孩子安全與滋養，一旦家庭失功能，所呈現的情況有：家庭藏有祕密（如家暴）、家長不能給予情緒支持（如疏離或冷漠）或親職化的孩子 (parentification of children，承擔家長的親職責任，如照顧幼小弟妹、為餬口而忙碌) (Catherall, 2011, p. 73)，這些都可能導致孩子負荷過重，情緒、心理、課業與人際等面向都受到影響，甚至企圖逃避而離家，染上嗑藥、犯罪行為等惡習。

美國研究發現青少年開始使用藥物，通常是因為擔心朋友對他們不使用藥物的看法，而非是對同儕壓力的直接反應 (McIntosh, MacDonald, & McKeganey, 2003, cited in Brown, Bakken, Ameringer, & Mahon, 2008, p. 32)；藉由藥物來逃避責任或是壓力，其負面結果與手機網路上癮相似，絕大多數青少年在青春期開始就染上抽菸、酗酒或藥物上癮的習慣 (Sarafino, 2005)，其禍害一直延續終生，除非在其間當事人願意去面對與處理，要不然很難擺脫其負面力道！藥物濫用或依賴，主要原因還是對於生命缺乏意義及使命感有關，鄭捷的「無差別殺戮」行為，就是無生命意義感之一例。以往的偏差行為研究會聚焦於同儕影響，青春期早期是高峰期，尤其是反社會行為 (Gibbons, Pomery, & Gerrard, 2008, p. 63)，青少年對於同儕的藥物使用也有過於誇大之傾向，以合理化自己的行為 (Brown et al., 2008, p. 20)，但這些研究似乎將個體視爲被動、受到影響的，其他像是社區環境、親職教育與監控、個人性格、性別、年齡與判斷也應列入考量，而 Brown 等人 (2008, p. 33) 也提到發生時間、表現方式、強度與持續性等都是觀察同儕影響的重要向度；當然，若青少年在學業上失敗、以及受到同儕拒絕或排擠 (Dishion, Piehler, & Myers, 2008, p. 87)，這就形成另一種推力向偏差行爲邁進，但也需要切記：同儕影響不僅是往負面或偏差方向，也有支持、互勉、朝向正向積極有益社會的方向 (Allen & Anton-ishak, 2008, p. 157)。因此他們可以決定是否要同流合汙，或可以承受同儕壓力的重量？青少年認知與社會能力的發展讓他們學習如何做決定，做決定與情緒及社會脈絡有關 (Dumontheil, 2016)，這正說明了情緒與青少年周遭的人際影響。

以大麻爲例，其影響大腦的區域包括快樂、記憶、思考、專注力、感受與時間感，以及動作協調，一項長期研究發現 (Meier et al., 2012, cited in Stevens, 2018, p. 3)：青春期若開始使用藥物，其神經心理功能至成年期將會顯著降低，長期使用甚至導致心理疾病（如憂鬱、焦慮及青少年之自殺意念）(National Institute on Drug Abuse, 2014, cited in Stevens, 2018, p. 4)。

藥物濫用問題至今尚無單一最有效的治療方式 (Stevens, 2018, p. 25)，且其根治不能只針對藥物本身的戒斷而已，還需要搭配後續的心理與社會戒斷及適應，尤其是環境及原先存在的友群等誘因，因爲藥物濫用牽扯到社會、心理、家庭與財務等因素。學者建議治療藥物濫用問題可以從幾個面向著手，端賴個人不同的議題、而有輕重緩急之別，它們是：解決或避免法律問題（主要是犯罪行爲），財務的穩定性與家庭關係，設立生涯目標，增進社交技巧與肯定能力，維持身心健康與適當體態，學習有效因應壓力、解決問題及做決定能力，學習放鬆技巧、認清與表達情緒之能力，學習更有效因應職場與學校生活，發展社會支持系統，積極涉入或養成社交與休閒活動，學習處理健康議題及增加自信與自我效能等 (Lewis, Dana, & Blevins, 2011, pp. 10-11)。

美國學者 Holman (2018, pp. 309-311) 依據自身多年對藥物濫用治療經驗認爲關於藥物與上癮問題最基本的預防之道是教育，但是也有研究者

提醒：只著重在負面的禁止宣導不一定有效，因此要注意溝通脈絡與環境 (Blanton & Burkley, 2008, p. 114)。即便現在許多學校不一定將藥物或酗酒問題列為輔導的宣導內容，輔導教師卻不可輕忽，畢竟教育與發展性的第一級輔導還是居於首要！只是如何讓年輕學子在充分了解藥物的作用與危險之後，若是有同學或周遭重要他人不小心觸碰到毒品時，要如何協助也是很重要的先備知識。藥物與毒品的作用及影響、藉由何種管道誘人入險境，以及濫用或上癮的相關知識，這些重要的教育，要以創意或不落俗套的方式傳輸，才容易真正達其效果！藥物與毒品，甚至是酒精的作用，許多人將其「餘興化」（就是助興之用），有些歐美國家已經立法將其列為坊間治療藥物，只要有醫師處方就可以在街頭藥局領取，甚至有些醫師處方已經遭受大量濫用之際，可能需要更嚴謹的規範才能防堵！現代人面對的生命議題，往往徬徨無依，尤其是萬般皆藉助於科技便利之故，不知道如何善用時間與生命，反而頓失生命意義與使命感，這也是令人憂心的！有學者臚列出藥物濫用的危險與保護因子（如下表），而這些危險或保護因子都不是單獨存在的。

藥物濫用的危險因素與保護因子 (Holman, 2018, pp. 309-311)

層面	危險因素	保護因子
藥物	・提早使用藥物 ・藥物之選擇 ・實驗性質 ・從低級到高級藥物	・延後使用藥物
個人	1. 生物醫學 ・基因的脆弱 ・生理脆弱 ・年齡 ・性別 ・種族 2. 性格／個性 ・創新、追求刺激 ・孤立、叛逆 ・較差之衝動控制 ・較差之因應技巧 ・同時有精神疾病	・自尊、內控人格 ・自律 ・問題解決能力與批判性思考 ・幽默感

層面	危險因素	保護因子
個人	・高壓力（內在或人際、生命轉換期） ・錯誤解讀同儕藥物之使用 ・特殊的生活挑戰（如同志性傾向、身體障礙、受壓迫） 3. 行為／態度 ・社會邊緣人（未能融入） ・早發性反社會行為 ・認為自己無敵 ・對藥物使用有偏愛 ・容易受同儕影響 ・朋友使用藥物 ・看見使用藥物的好處（如社會接受度、減輕焦慮、表現更佳） ・其他危險行為（如危險駕車、暴力行為）	・正向的同儕影響 ・工作遊戲與關係上的有效性 ・了解藥物使用與其後果 ・對未來健康的期待與正向評估 ・與關愛成人的關係 ・正向的道德價值 ・有正向貢獻的機會 ・有宗教信仰
環境	1. 家庭 ・失功能家庭／創傷／重大失落經驗 ・缺乏關愛 ・缺乏清楚的行為期待 ・缺乏監督 ・不一致或過度管教 ・對個人成就期待低 ・家長對藥物的過度縱容態度 ・年長手足的影響 ・有藥物使用歷史 2. 學校 ・孤立 ・表現差 ・學習困擾（如過動） ・輟學 3. 社區 ・無限制或管理 ・不健康或模糊的規則	・家庭連結強（滋養的依附關係） ・清楚的高期待 ・家長溝通與參與 ・一致的讚賞／少批判 ・優質時間 ・傳遞「負責任決定」的訊息 ・年長手足的影響 ・健康的壓力管理 ・分享責任 ・參與（如運動或課外活動） ・學校表現佳 ・正向的學校氛圍 ・設立障礙（如價格、年齡等限制） ・明確的訊息或規範 ・無藥物的選項 ・利教育 (pro-school) 的機會（如良師制度、同儕支持、社區服務）

層面	危險因素	保護因子
環境	4. 其他 ・藥物的媒體或廣告 ・社區機制未整合、忽視年輕人的需求、缺乏吸引力	・社區健康的規範（如媒體） ・文化聚焦在健康的決定 ・誠實與周全的藥物資訊 ・宗教介入

　　世界本就不公平，人又容易區分異己（我群與他群），加上不同形式的權力運作，可能就導致同儕霸凌行為，現在再加上網路與手機的加持，導致霸凌更無遠弗屆、影響更深遠！霸凌是屬於人際的欺凌行為，藉由人際關係的運作，刻意孤立或詆毀某人或某群，有些人貪得他人的財物、有些人只是單純不喜歡某（種）人、有些人只是做損人不利己的事，這些心懷惡意者，甚至藉由網路的便利性與匿名性，造成他人名譽受損或人際疏離，都需要嚴厲譴責並處罰！

　　孩子年幼時或許只因為好玩，或戲謔、嘲弄他人，倘若周遭的成人（如師長）只將其視為孩子間的玩笑或幼稚，卻不加以阻攔或告知其嚴重性，孩子或許就會認為無關緊要、持續為惡，隨著年齡增長，其作法或影響更可怕！鄰國日韓因為升學競爭嚴重導致校園霸凌嚴重，甚至有不少學子因為心裡抗拒不了被疏離、孤立、詆毀與受辱，而選擇自戕，留下家庭與社會難以挽回的悲劇！近年來對於霸凌研究轉向旁觀者或目睹者，但是卻發現不少霸凌旁觀者鮮少介入協助受害者，而是站在加害者那邊、試圖維繫自己在團體中的地位 (Salmivalli, 2002, cited in Juvonen & Galván, 2008, p. 226)。手機與網路經常只是截圖或是改造，但是輔之以文字非真實的惡意渲染，就可以毀人一生或一命，加上現代年輕一代喜歡圖甚於文，以及想像力的天馬行空，甚至不思考經由自己隨意傳輸之後的可怕後果，其傷害性可見一斑！ 霸凌就是一種人際關係的問題，受到霸凌者基本上其朋友較少而友誼品質較差 (Bagwell & Schmidt, 2011, p. 188)，這似乎也提醒教育與法治相關單位在防治同儕霸凌的可能解決之道，然而網路霸凌無法增進實質的社交關係，且多了許多管道執行霸凌之實。

　　青少年在學校的違規行為，可能只是一時好玩或是衝動，不一定會造成日後的犯罪行為，但是倘若在更年幼之時就有凌虐動物（如將貓沖進

馬桶或殺戮寵物）或人（如霸凌），及破壞物品之行為，最好不要小覷，因為「觀微知著」、從小看大，若是不加以糾正或輔導，可能就不知同理與自律，釀成日後的悲劇！《心理疾病診斷與統計手冊》(*Diagnostic and statistical manual of mental disorders, V.*, DSM-5) 中，也將成年之前的違規行為視為「舉止不當」(misconduct)，但是過了 18 歲，就稱之為「反社會行為」(antisocial disorder)，主要也是因為年幼時改變容易、行為可以匡正，但是若人格成形之後要做改變，的確難度增加！

　　青少年的情緒問題與偏差行為，有時候是因為生活遭遇困境或環境的負面影響使然，現代的孩子多少都會遇到一些天災或人禍，也較容易有「創傷後壓力症候群」(PTSD) 產生，以青少年來說男性較多以外向（如攻擊、挑戰死亡或犯罪）行為表現，女性則是向內攻擊（如憂鬱情緒或自傷）(Ardino, 2011; Cicero, Nooner, & Silva, 2011, pp. 43-45)。近年來兒童或青少年的犯罪已經日新月異、不可同日而語，鄰國日本還將成人犯的年紀下修到 15 歲，意思是指許多青少年所犯的罪行已經不似舊日那般單純，而是懷有惡意、要悔改不易，必須借重於嚴刑峻罰、差可遏止！

案例

　　阿志被轉介來見輔導老師，轉介單上都是阿志歷年來的罪狀，裡面說明阿志身上揹有十五個大過，但是因為輔導轉學不成、只好請輔導老師協助，讓他可以安穩度過國三這一年。輔導老師將轉介單放在一邊覆蓋起來，然後歡迎如約前來的阿志。

　　輔導老師問阿志：問什麼會來這裡？阿志坦言說是因為上課不專心、也沒有寫作業，加上最近叫外面人來學校打人，所以才被叫過來。「怎麼撂人來打架的？」老師問。「反正他們就是看不起我，我生氣才這樣的！」

　　「所以他們這樣對你有一段時間了，你才會氣不過。」

　　「是啊！他們以為我打不過他們，但是我朋友多，我已經警告他們幾次了、說不要惹我，但是他們不聽！」

　　「你知不知道出拳打人的力道、不及把手收回來的力量？」老師說。

　　「怎麼可能？打出去才有用、對方才會痛！」

　　「但是你要把打出去的拳頭收回來，是不是要用雙倍的力量？」老師要阿志去想一想、不必急著回答。接下來輔導老師與阿志談到自己的生活、以後想要做什麼？

　　過一陣子，阿志的班導跑來告訴輔導老師說：阿志今天在團體中發表了自己的想法，提到出拳打人的力量只是收手的一半，真是太有道理了！輔導老師莞爾一笑。

案例分析

　　從當事人身上找材料、與當事人晤談：這是針對青少年族群最好的晤談起點！青春期的孩子已經有抽象思考的能力、也會反思自己的言行，許多生活道理不需要用說教的方式來進行，而是願意給當事人時間與空間、他／她會去思考，這樣的作法也是賦能的一種。

第三章
從人本學派入手與青少年連結

前言

　　輔導與諮商首重治療關係的建立，諮商師是成人，即便是專業助人者，也要從與當事人建立信任關係開始。在學校立場上我們習慣用「輔導」，主要是基於學校是教育與引導居多，然而近二十年來諮商專業在國內開始受到重視，即便服務的對象是兒童或青少年，仍然較常使用「輔導」一詞，因此在本書中會將「輔導」與「諮商」兩者混合使用。

　　在青少年這個成長階段，急於展現自我與掌控自我，經常迴盪於獨立自主與依附歸屬之間、企圖取得較佳的平衡，因此在面對成人角色時會因為反對而反對，藉此突顯自我的區隔與重要性；再則，青少年與兒童都不喜虛偽，因此與青少年建立關係時，更容易發現當事人不時會測試諮商關係、去驗證諮商師的可信度；因此諮商師不要將當事人的抗拒「個人化」（personalized—視為對諮商師的反應），而是藉此機會去同理當事人、了解其可能動機，或許就有機會讓諮商更深一層、達到可欲效果！

　　本章會就人本取向的幾個重要學派與人際歷程取向作介紹，並從青少年諮商的角度做詮釋與說明。

　　Corsini (2008, cited in Henderson & Thompson, 2011/2015, p. 3-2) 曾經提及促成改變的因素（如下表），然而這些改變較容易發生在信任關係建立之後（如圖所示—認知、行為、情緒、治療關係）。

促成改變的關鍵因素

促成改變的因素	說明
認知（了解自己）	了解自己並不孤單、別人也有相似問題的「普同感」，了解自己同時獲得新的觀點（「頓悟」），藉由觀察與模仿他人（「示範」）學習做自我改善。
情感（愛身邊的人）	受到接納或重要他人的無條件積極關注而「自我悅納」，當事人意識到諮商師與他人的關懷、自己也想付出愛（「利他性」），諮商師和當事人之間產生了情感連結（「移情」作用）。
行為（做好工作）	當事人能實驗新行為並且得到支持與回饋（「現實感測試」），可以表達憤怒、恐懼等情緒而且被接納（「允許表達」），在「互動與相互影響」的前提下，當事人願意承認問題的存在並思改變。

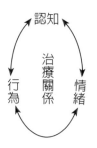

　　心理學上認為要造成改變可以從三個面向（情緒感受、認知想法或行為）著手，只要切入其中一點，就可以造成改變或影響其他面向。最重要的一點是「關係」，不管是哪種取向的治療師，都著重與當事人之間的治療關係，只是強調或多或少而已！治療關係建立好之後，有了信任，當事人才會敞開心胸談論自己的議題，接著也願意為自己負責、配合治療步調，改變才會產生。試想一下，若有路人甲（即便是專家），當他／她遇到我們、就給予建議，可有人會遵循？或許因為專家的背景（如醫師）我們會參照一二，然而畢竟彼此是陌生人、沒有絲毫關係，對方再好的建議也不一定能夠說服我們遵照而行之。當然，治療關係不是一蹴可幾，從諮商第一次接觸開始（有時是電話聯繫、有時候是初次晤談），諮商師就努力與當事人建立建設性的合作、信任關係，當事人會將在自己日常生活中

與人互動的假設（如敷衍、不信任或是防衛）也用在治療師身上（類似「移情」作用），同時會不時測試諮商師值不值得信賴，這些也都可以理解。一般說來，治療或諮商關係是從第一次接觸開始，一直到治療關係結束。

　　諮商師希望當事人可以改變目前的一些行為或想法，讓自己生活得更好，因為改變是可評量或是看得見的具體行為。就實際情況而言，一般人與諮商師還是很行為主義導向的！偶爾一次改變或做不一樣的事，似乎難度不高，但是達成真正的改變都不容易，需要時間與心力的投注或是經驗的累積，才會看到一些成效，倘若當事人本身，或是其重要他人，看見的改變不多或不大，通常也會質疑諮商的效果！

改變產生的各學派說法（引自邱珍琬，2017，p. 181）

學派	改變產生
精神分析學派	藉由分析與詮釋當事人日常生活中的潛意識衝突，當事人的自我覺察提升、並對展現的行為與過程產生頓悟，改變就發生。
自我心理學派	了解自己行為背後的動機，改變錯誤信念（或私人邏輯），就有勇氣繼續成長與改變。
人本學派	從諮商師所提供的三個核心條件出發，當事人接納自我並認可內在自我評價、相信自己的能力。
存在主義	當事人願意投入在治療關係中，並願意面對孤獨、獨立性及與人連結，同時發展自我強度以轉化生命情況。
完形學派	當事人放棄成為怎樣的人，呈現「如我所是」，改變就產生。
認知行為學派	了解或駁斥自己錯誤信念並做修正，生活哲學也因此而改變。
行為學派	運用增強與自我管理技巧，改變原先失功能的行為與習慣。
家族治療	改變家人互動方式、滿足個人獨立與連結的需求。
女性主義	透過角色與權力分析，經由再社會化與社會政策改變，讓個人獲得賦能與自信。
後現代治療	認可並尋回個體之能力，結合與運用其資源，開發不同身分與優勢。

人本取向的宗旨

　　「人本取向」或稱「關係與體驗取向」。所謂的「關係與體驗取向」，顧名思義就是重視治療關係與個人之實際體驗或感受，同時注重人的創意與行動力，強調個人的主觀經驗，把治療當作是當事人與治療師「共同參與的旅程」(a joint journey)，如同儒家的中心思想，也是認為人性本善，只要適當引導就可以成就良善個人與社會。

　　體驗取向治療的基本立論是 (Pos, Greenberg, & Elliott, 2008, pp. 93-94)：
1. 體驗是想法、感受與行動的基礎。
2. 人們有行動、選擇與自我決定的潛力。
3. 人是多面向的，整合所有面向時功能最佳。
4. 當其關係是接納、不控制，且真誠、心理上不缺席 (psychological presence) 時，此人能發揮最佳功能。
5. 成長與發展是潛能，最好是終其一生都在進行著。

　　人本取向相信人有充分發揮功能的傾向，人有向上向善的潛能，只要提供當事人正向、信任與溫暖的環境，就可以促使其朝自我實現的方向邁進，而自我實現是終生持續的歷程。面對青少年族群，相信當事人有潛能、成長的資質，肯定他們目前所做的努力是朝往自己欲達的目標，並願意真摯地聆聽他們的故事，這些行為都是尊重與接納的表現，他們也因此而願意袒露自己、表現自然情緒。人本取向之所以是學習諮商者第一個碰觸的理論，主要是回歸諮商的基本精神——相信人、認為人性趨向正面與善良，協助當事人發揮其潛能、實現自我，同時對社會及世界貢獻正向力量！

一、「個人中心」學派

　　Carl Rogers（羅吉斯）所創的「個人中心」(person-centered) 學派，認為要讓當事人來引導諮商過程運作的方向，治療師就可以做得更好，而「治療關係」是讓當事人改變的「必要且充分」條件。治療師以自己為工

具、以當事人爲中心，治療關係本身就是治療，諮商師會以同理的態度、進入當事人的主觀世界（內在參照架構），重視其情緒與內心世界，以人性的關懷及理解，讓當事人對自己有新的了解，重拾自己的能力，去面對生命中的挑戰。

（一）主要觀點

　　個人中心學派的基本原則或假設是 (Westergaard, 2011, p. 42)：每個人都是特殊的、有自我實現的動機、需要被愛與被認爲有價值，而人性基本上是良善的，我們都會爲自己生活做最好的決定。以這些原則來看青少年諮商就可以了解：重視、接納與尊重青少年的獨特性，有自己想要展現的能力與理想，受到認可與關懷而覺得自己有價值、活著有意義，諮商師的工作就是開放、接納、聆聽及同理，陪伴他們朝向自己想要成爲的自己與志業努力。

　　諮商著重關係品質，治療師必須能夠接納與同理當事人，當事人才會相信自己、有能力面對與解決生活中的挑戰。成功的治療除了關係品質、治療師的特質之外，羅吉斯認爲治療師需要提供三個核心條件 (three core conditions)，也就是「無條件積極關注」、「同理心」與「眞誠一致」，以不批判、溫暖、信任的態度來關切當事人與其福祉，站在當事人立場去體會其感受、想法與行爲，並表達出來，治療師同時要前後及裡外一致、展現眞誠的透明度。由此可見，眞誠信任的關係是人際關係與深度互動的基礎，或許在現實生活中，青少年因爲成熟度之故，常不被當成一回事，而在人本中心的治療關係裡，諮商師展現了可以信任的眞誠，而且也聽到當事人所說的重點與眞確感受，當事人會覺得自己被接納、有價值，自然願意敞開心胸、與諮商師展開對話。

　　羅吉斯指出人之所以會有困擾，主要是因爲「理想我」(ideal self) 與「現實我」(real self) 之間的差距過大，「理想我」是指個人想要成爲的自己，而「現實我」則是在實際生活中的自我模樣，若兩者差距太大，我們會對自己更不滿意。青少年特色是理想性高，往往想要的與實際的情況有一段差距（所謂的「眼高手低」），這就是造成個人焦慮或煩惱的原因，因此有機會讓青少年去體驗、去感受、去行動，就可以讓其打破一些思考

的限制，從體驗與實際的「做中學」去拓展視野與感受！況且有過經驗之後，再度遭遇類似的事件，會較不焦慮，也因為之前的經驗值，會讓青少年更有勇氣去嘗試並做得更好！

　　人都需要被聽見，青少年自然不例外，只是因為他們是孩子，常常被成人忽略或是沒有真正聽進他們所要表達的，也因此青少年會與同儕抱怨成人的不理解或不開明，諮商提供青少年一個被聽見的舞台，除了被允許說出自己的想法、不受批判或指責，還獲得適當的同理、了解與支持，自我價值感就更佳、願意相信自己，因此會更有意願去試驗與嘗試、累積自己的經驗與自信；諮商師還可以用引導或詢問的方式，讓當事人看見不同的解讀或看法，對於問題的解決就會思考出更有效的途徑或做法。青少年在一般成人面前，經常會覺得自己是被批評、不夠格或是渺小不重要的，當他們感受到自己被聽見、理解，甚至支持的同時，對自我的看法會改變（或恢復），也有更大意願去面對與尋思解決之道，這也正是諮商的功能─在於協助當事人「暫時卡住」的能力恢復過來，並對自己負起責任！

案例一

　　15 歲的阿強不喜歡讀書，對於自己的未來也沒有太多想法，導師很擔心他這樣每天晃來晃去是浪費生命，於是轉介他與輔導老師一談。輔導老師見到阿強依約前來，誇他遵守承諾，是很棒的年輕人！阿強還有點不好意思，畢竟他在學校的經驗都是被指責居多，很少聽到成人誇獎他。輔導老師聽阿強說，儘管他不喜歡學校，還是每天來上學，就認為他很不一樣！請教他是如何辦到的？阿強說自己是姨婆養大的，姨婆年紀大了，早上不可能為他準備早餐，但是他可以為姨婆做，所以他每天六點左右就起床、做一些簡單的早餐，自己吃完就上學，他也不想讓姨婆擔心他上學時間在外面亂晃，所以還是到學校。接下來，輔導老師問他：「那麼，你一定很熟悉我們學校，可以告訴我哪些地方是你常去的？可以做些什麼？」對於導師希望阿強國中畢業後去念建教合作的高中卻隻字未提。三次晤談之後，阿強自己帶表格來問輔導老師建教合作高中的申請事宜。

案例解析

　　阿強是一位徬徨的正常青少年，也懷疑學校教育的目的為何？因為一起生活的姨婆也沒有與他商議過未來，而學校又以成績為唯一評估的標準，因此他在學校常常受挫，也不清楚自己可以做些什麼？倘若輔導老師只以學業的角度來看阿強，也可能看不到阿強的優勢，而每一位當事人都是自己的專家，由他們來帶領諮商師了解他們的生活與日常，諮商才會有「著墨」之處！諮商從當事人帶來的「材料」開始，而不是依照諮商師或轉介人的目標開始著手。

　　在國中小階段，許多專輔老師接的案子都是由教師或家長轉介過來的，轉介單上通常都列滿孩子的「罪狀」，為了避免被誤導，我通常不會先看轉介單，也擔心自己因此會對學生有先入為主的偏見，因此我都是從學生帶來的一些材料（如外觀、禮貌或是運動才能）開始，讓他們帶我走進他們的私人世界，而通常我也不會「那壺不開提那壺」，不會從轉介單上的「問題」來看我的當事人，畢竟每個人都有自己的優勢，但同時也被主流社會的價值或標準（如成績）所批判、估量，倘若當事人進入輔導室，發現諮商師與外面的大人都一樣，諮商師也就玩完了！至少讓當事人有不一樣的經驗，甚至是好經驗，或許他／她就願意試著聽一下或討論一下，諮商才有著力之處！

案例二

　　剛升高一的小敘找輔導老師抱怨，說這一次的段考太不公平了！老師出題都超出範圍，而且難度很高，他們班幾乎沒有人考及格！他一路罵學校、老師，感覺這所人人稱羨的第一高中並不是如此！等到上課時間鈴響，小敘拍拍屁股就要走人，老師問：「就這樣？」小敘不好意思道：「老師，謝謝你聽我抱怨。其實我自己也有責任，因為身為學生，還是要把自己該做的事做好，而不是只是抱怨！」

案例解析

　　小敘的案例的確是我們遭遇最多的。青少年往往缺乏聽眾，所以許多話都放在心裡，不是抑鬱、就是用行動表現，卻往往引發更多誤會！

我們的大腦功能之一就是協助我們將所說的做統整，因此諮商師提供一個舞台、擔任聽眾的角色，讓青少年抒發想法或感受，就可以協助學生自我整理，甚至有所頓悟，諮商師其實不需要做任何處置，孩子就有能力去面對與解決自己的問題。這也說明了「傾聽」是諮商的第一步！

（二）治療目標

　　個人中心諮商聚焦在當事人的感受、經驗上，而治療關係若可以達到相互信任、接納與自發性 (spontaneity)，就會有正向的結果出現。之前提過，羅吉斯認為人之所以出現問題是因為「理想我」與「現實我」之間的差距過大，導致個人所覺知的自己與真實的自己「不一致」，由此可見羅吉斯將當事人視為「適應不良」的人、而非「病人」。也因為當事人進入諮商室時是處於「不一致」的狀態，治療師相信當事人有資源與能力面對自己關切的議題或挑戰，治療目標是讓當事人不以他人對自己的評價（如師長或外在價值觀）為依歸，而是以自己的標準來看待自己（內在自我評估標準），在不需要仰賴外在的關注下，成為一個有自尊與自信（達成一致）的人。換句話說，治療師提供平等、溫暖、悅納的關係，讓當事人從自我接納開始，願意看見與發揮自己的能力，坦然面對所遭遇的挑戰、並試圖解決問題。

　　青少年很在乎他人對自己的看法，加上想融入群體的壓力，因此會較看重同儕看法與順從、將自我價值放在他人手上，個人中心學派很適合青少年就在於諮商師協助當事人將對自我的評價或價值主權拿回來，當青少年對於自己的能力或判斷有信心，就不容易受到他人的牽制或影響，即便所要學習的事物有諸多挑戰、也不怕阻礙！在社會將青少年視為珍寶努力保護，或是不成熟個體不予重視的同時，諮商提供了青少年一個對「人」尊重與悅納的平等空間，青少年不會被貶抑或自覺渺小，就可以看見自己的「能」與信心、奮力拚搏！

（三）治療技術

　　由於個人中心學派是以「關係」為重，因此不以技術取勝。治療師把自己當作最重要的治療工具，具備了核心條件等特質，就可以有效進行諮商。諮商師的專注傾聽與尊重，坦誠與前後一致，也是對當事人最佳示範─人際關係中的要素，同時也是做人的基本道理，此外，當然還有「立即性」、「重新架構」以及諮商師「自我揭露」的適當運用。個人中心學派幾乎適用於所有文化，因為每個人都希望被了解與認同、尊重與愛，當事人在充分體驗當下的情況下，學習接納自己、自我認同與成長，也做改變的決定。以下先就同理心技巧做介紹，然後說明四個較為特殊的技巧。

1.同理心 (empathy)

　　站在當事人立場去感同身受，同時將這些感受表達出來讓當事人知道。

　　下表的第二步驟─情感反映 (B)，諮商師只說出了當事人外表（姿勢、行為或表情），其實遠遠不足，需要將自己置身於當事人立場，將所目睹的與內在同理可能的情緒都表達出來 (B1)，才是第三步驟所呈現的同理心 (A+B+B1)！當然諮商師或專輔教師也很清楚以上步驟只是諮商師訓練的標準作業流程（所謂的 SOP），在實務工作上不太可能讓我們這樣「按表操課」，畢竟晤談時間有限，許多心力要花在重要的事務或議題上，因此正確同理、言簡意賅就是需要長期訓練的功夫！

　　同理心訓練較難的部分是情感反映。因為當事人可能都沒有明顯的肢體或表情顯示其情緒，而諮商師就需要站在當事人的位置、感受他 / 她的體驗與感受、可能有的想法或行動，然後用口語方式表達出來。要表達出來的目的在於：(1) 表示諮商師聽到了；(2) 倘若諮商師同理錯誤之處，當事人也可以指出來。

　　雖然同理心有一些 SOP，但是真正在臨床實務中運用時，諮商師不一定有機會或有足夠時間做標準的同理心反應，此時諮商師的專注就會引發自己臉部表情與身體姿勢或語言的自然反應，這些線索就足以讓當事人知道諮商師是與他 / 她同在的（如案例一阿強的諮商師）。當諮商師做到

正確同理的時候，通常當事人就會有哭泣的動作（因為被了解），也就是他／她不再需要在諮商師面前掩飾或護衛自己，而是可以毫無顧慮地表現出自己的情緒，當這一層面具揭開了，他／她就可以與諮商師坦誠相對、說出自己關切的議題，因此同理心能力的功能在於讓當事人打開心房、讓情緒自然流露，因為只有在當事人自然流露情緒的同時，治療工作才正式展開！有些當事人表現出情緒時會很不好意思，也會為自己的行為道歉，甚至想要抹去方才的尷尬，諮商師都可以自然回應：「現在是不是輕鬆多了？」或是「忍這麼久，很辛苦吧？」或「沒關係，這是正常的！」

同理心練習步驟

步驟	案例舉隅	諮商師反映
事實陳述 (A)	當事人說：「我不是故意要碰到那位同學的，結果那天就莫名其妙被老師處罰，但是老師都不給我機會說明。」	諮商師說：「你不是故意犯錯、卻被老師責罵，也沒有為自己說明、解釋的機會。」
情感反映 (B) 觀察到的資訊	當事人說話很大聲、還比手畫腳，表情有氣憤。	諮商師說：「你很生氣。」
情感反映 (B1) 諮商師站在當事人立場，可能有的感受、想法或行動	隨著當事人敘說的故事情節或事件始末，可以感同身受的部分，卻是當事人未表達出來的。	當事人在整個過程可能出現的情緒：生氣、委屈、難受、覺得不公平、無奈、無助。
完整的同理心（A+B+B1）		諮商師說：「你提到自己不小心碰到同學卻被老師誤會、還受到懲罰，你很生氣、難過，老師又不給你說明自己立場的機會，你覺得無奈、也不公平。」

（注：同理心就是從天生的悲憫之心而來，換位思考、感同身受，然後將其表達出來讓當事人知道）

2. 立即性 (immediacy)

是給予當事人回饋時，只客觀描述所觀察到的行為與諮商師感受到的彼此關係，著重在此時此刻的當下，不對其行為做任何批判或價值判斷，

其主要用意是提升當事人的領悟、說出可能妨礙治療過程的阻礙，並用來確定與增強感受 (Hill & O'Brien, 1999, p. 237)。青少年很在意他人對自己的看法，但是也很難接受對自身的批判，倘若諮商師是站在成人、威權的立場，針對當事人的言行評論好壞，當事人可能就拒絕聆聽、無助於治療之進行。諮商師使用立即性技巧要注意時機的適切性、針對觀察到的情況做描述、提及個人感受時使用第一人稱（我）以示負責 (Cormier & Cormier, 1991, p. 33)。一般說來在以下情況下使用最佳：諮商師感受到當事人強烈情緒未表達出來時（如「你的拳頭緊握、嘴部緊抿，感覺好像努力克制自己。」）；在當事人將情緒投射到諮商師身上時（如「這個人對你很重要，也因此你對他期待很深，現在我彷彿是那個人、觸動了你對他的感受，所以你毫無保留地表現出來了！」）；治療師發現諮商關係緊張時（如「空氣中好像有一股淡淡的火藥味，我不知道是不是上一次我說了什麼讓你無法理解？」）；以及當立即性的回饋是必要時（如「我們今天有點不對勁，不像之前那樣可以抓到任何話題都可以談，可以讓我知道是什麼嗎？」）(Westergaard, 2011, p. 56)。

3. 重新架構 (reframing)

是從不同的視角或觀點來看同一件事，藉由拓展當事人的眼界與看法，讓當事人有機會看到更多的可能性！畢竟諮商師與當事人是不同個體、有不同的生命經歷或價值觀，在當事人遭遇困境時，往往會有「隧道視覺」、看不見其他的轉圜之道，此時諮商師就可以從不同的角度、提供不一樣的觀點，協助當事人的認知較不限縮！重新架構可以是重新命名（或標籤）（如某青少年說自己脾氣暴躁，諮商師重新架構說「你是很直率的人」），或是衍生出不同意義（如當事人說：「我的好朋友竟然背叛我！兩個人的關係因此降到零點！」諮商師道：「恭喜你藉由一件事來釐清自己是否要持續一段友誼！」）、重新引導方向（如當事人說：「我不喜歡聽別人說八卦，覺得很沒有意思、也浪費時間！」諮商師說：「儘管這些閒話沒有營養，但偶爾也需要用八卦熱身，才有可能找到真正聊得起來的人，你說呢？」）

4. 自我揭露 (self-disclosure)

　　一般而言自我揭露有兩種，一是當下諮商師自己的溝通（諮商師表達當下對當事人的感受或反應），一是發生在治療室以外的（諮商師分享之前的經驗）(Henretty & Levitt, 2010, cited in Wexler, 2014, p. 33)，也就是諮商師若有相似經驗分享，或是曾經聽聞過的類似故事，都可以用來協助治療之進行。自我揭露之目的是讓治療關係更佳、讓當事人自我揭露更多，或是肯認當事人所說的事實，正常化當事人的經驗，提供當事人不同的選項，以及讓彼此對話更深入、真誠 (Wexler, 2014, p. 36)，因此自我揭露或許是讓當事人看見「吾道不孤」，或是借鏡他人經驗，或是展現諮商師的人性（如我也曾經在你現在的位置），或希望可以鼓勵當事人堅持下去或往前，也可減少諮商師的威權或神祕感。諮商師的自我揭露前提之一就是要很清楚自己「為何」做自我揭露動作，不是要占用當事人晤談時間、也不是用來標榜自己的成功。同時也要注意在青少年面前做自我揭露，有時候效果會適得其反，原因是：諮商師與青少年有年紀與世代 (cohort) 的差異，環境與價值觀或有不同；青少年正值挑戰成人權威、努力長自己的階段，因此可能會站在反對的立場、聽不進諮商師分享的內容。

個人中心學派技巧整理

諮商技巧	說明
積極傾聽	眼神接觸、身體姿勢放鬆、臉部表情與聲調不做作。
同理心	設身處地站在對方立場去體驗、感受與思考，並將這些說出來讓當事人知道。
情感反映	正確反映當事人表面與內心的情緒，目的是邀請當事人去探索更多。
立即性	在當下當事人的行為做描述，不帶任何批判，目的是讓當事人思考並檢視治療關係。
摘要	將當事人所說的以諮商師自己的話作重點整理，其目的為表示聽見、了解，或可做釐清。
挑戰	針對當事人所言所行不一致處做說明，希望當事人可以進一步思考或解釋。

諮商技巧	說明
有效的問題	當事人願意誠實回應、不擔心暴露自己缺點，有助於治療關係之經營。

（四）個人中心學派在青少年諮商的運用

個人中心學派將治療關係視為最重要的療癒因子，平等的關係讓當事人覺得自己被重視，治療師不是專家，而是願意聆聽、催化當事人發揮潛能的人。青少年階段是處於「真實我」與「理想我」之間差距極大的時期，但是他們的需求還是與一般人無二——都需要被看見、被認可，因此諮商師「會傾聽」的耳朵是認可與尊重當事人最重要的方式。傾聽就是將舞台讓給當事人，不要帶著先入為主的偏見來聽故事，而是保持開放與接納的心，好好聽當事人怎麼說，也讓他／她有機會說出自己的故事，而當事人在有聽眾、有時間說出自己完整故事的同時，他／她自己的大腦也會有統整功能，讓青少年更清楚自己的思路，甚至會有頓悟與反省，或改變行動產生。對於青少年族群而言，這樣的平等關係、願意傾聽，而且能深入同理當事人的內心世界，可能都是第一次在真實生活中遇見，他們感受到的是被接納的自信與價值，青少年在諮商師真誠的傾聽與陪伴下，也會有較友善的回應。

青少年因為年紀與生命經驗不足，常常被視為是「弱勢」、「無能力」的人，而且一般人對於他們所說的話也採不信任的態度，因此一般人認為的「偏差行為」都是從成人的威權定義而來，讓青少年更無法為自己發聲、說出他／她所認為的事實真相（或感受），因此傾聽與開放的心態，讓他／她覺得被照顧、接納、尊重，接下來他／她才願意打開心房、聽諮商師說，或是有進一步的改善動作出現。「被聽見」是很重要的需求，而「願意聆聽」的力量很大，也展現了在乎、接納、願意了解的意向。

諮商師在傾聽之前，通常要先做敏銳的觀察，不是僅限於在諮商室裡，還要走出諮商室、去接近當事人所生活的世界（這也是蒐集資訊的管道之一）；也許當事人在班上上課常會出現無聊狀態；或是被同學奚落，然而到運動場或是操場，他／她可能擅長運動、遊戲，也與其他人有良好

互動，這樣或許可以讓諮商師更了解當事人。此外，不要急著讓當事人改變，畢竟關係尚未建立，當事人不會願意聽取任何建議，但新手諮商師容易聽到當事人所說的「內容」，卻忽略了晤談過程與關係。

青少年常常因為「被聽見」而願意做改變，加上諮商師的深度同理、與當事人平等的關係，會讓當事人覺得被了解與認可，諮商師認為當事人有能力去處理自己面臨的議題、只是暫時「卡住」罷了，因此當事人會有更多的勇氣採取行動、也承擔責任。

青少年最討厭虛偽或表面功夫，因此諮商師的真誠以對相當關鍵，不需要以成人的角度或標準來要求他們，他們自然會發現展現真實的自己是可以的，當然也願意發揮實力、重拾對自己的重視與信心。在面對青少年當事人時，治療師適時適當地使用自我揭露是可以的，減少了他們對權威人士的害怕與神祕感，但是也可能因為使用時機不對或不當，讓當事人覺得諮商師沒有能力協助，特別是有些青少年會挑戰諮商師，諮商師還是一貫採同理與接納態度，不要將其「個人化」（認為當事人在攻擊自己），這通常是他們的試探動作，不要在意；這當然也涉及諮商師的前後、裡外與言行一致，諮商師的不虛偽、不假裝、誠誠懇懇，自然就可以贏得青少年的信賴！當然，青少年也會擔心信任關係是否足夠，因此會以不同方式測試諮商師或是治療關係，諮商師不必害怕，展現的態度對了就可以。

在面對青少年時，不必要注重自己的面子，但是要特別顧及當事人的顏面，像是邀請當事人來晤談、也要尊重其意願，雖然在學校或社區機構的青少年，幾乎都是經由轉介管道過來，有許多的不自在或不情願，諮商師不妨請他／她給我們機會認識他／她，或許他／她也不領情、不願意繼續待著，就應該尊重其意願，也提醒他／她隨時需要都可以過來。

案例一

高三的阿祥被導師轉介過來，他之前有過輔導經驗，因此對於輔導老師沒有惡意，但是依然沉默了很長一段時間。直到他發現諮商師願意花時間給他，也不會強迫他該說或該做什麼，他才慢慢開口。阿祥說自己從小學高年級開始，都一直交不到好朋友；小時候男同學說

他怪怪的，或是喊他娘娘腔，進入國中之後，他發現自己也經常被排擠，如果主動與人接近，不一定得到想要的結果，他說自己都是一個人，此時諮商師說：「好痛！哭出來沒有關係。」阿祥就放聲大哭，諮商師也沒有刻意做任何動作打擾他，後來阿祥還為自己的失態很抱歉地道：「對不起。」諮商師笑笑道：「不需要對不起，你沒有做錯。」接著他們的諮商才正式開始。

案例解說

　　阿祥的孤單是因為缺憾，同時也展示了人有「與人連結」的需求。阿祥是一個主動的人，會努力去與人接近，但是因為自己的一些行為特色不被認同、而遭受嫌棄與汙名。諮商師很有耐心地聽取阿祥的故事，也發現阿祥似乎沒有情緒的表現，因此她的同理就出現在「好痛」那一句話上，在當事人的情緒被正確同理之後，就會自然流露出正常的情緒，此時表示當事人心防已經被慢慢打開，治療就可以開始。

案例二

　　剛進入大一的小月，在以往常常是帶頭抗拒權威的人，她也將這個特色帶入大學，只要是不順其意，她都會直接說出來，雖然也會擔心老師對她的評價，但這就是她認為的自主與自由。唯一不同的是：她周遭的同學都已經不是年少輕狂的高中生，而是希望在大學時代努力培養自己實力的年輕人，因此小月的言行在起初會引人注目，但是同學也將其視為「不可合作」的對象，加上小月以前會使喚別人替她做事，現在可沒那麼容易。小月開始覺得自己被孤立，但是又逞強、說服自己不必擔心。導師很擔心小月的情況，因此陪同小月一起來見諮商師，在與諮商師談過幾分鐘後、導師才告退。小月擺出一副不相信的姿態，雙手環抱在胸前，也不願意與諮商師有眼神接觸。諮商師笑道：「我們可以在這裡耗掉一節課，但是好像有點可惜，因為我聽導師說妳很有自己的風格、有領袖魅力，相信以前也有許多風光事件。只是當我看妳從剛開始把雙臂抱在胸前的模樣，想到妳為了保護

自己需要有多大的勇氣與智慧，覺得有點心疼。」小月看了諮商師一眼，發現她不是說說而已，而是很真誠地望向她，小月開口道：「他們只是要我聽話而已。」「他們？是不夠了解妳的人？」然後諮商師與小月開啟了對話。

案例解析

　　諮商師沒有因為小月的抗拒而退縮，也不認為小月是針對諮商師，她看到小月防衛的姿勢後面的一些考量或擔心，諮商師的透明與坦誠、正確的同理，是開始對話及建立治療關係的不二法門。

二、阿德勒（個體）心理學派

　　Alfred Adler（阿德勒）是以「全人」的觀點出發。他認為人是「社會性」的生物體，受到社會因素的影響與促動，人是「完整」(holistic) 的整體，也是積極、主動、有創意、做決定的個體，不是命運的犧牲者，因此個人會主動選擇自己想要的生命型態 (Corey & Corey, 2011, pp. 162-163)。

（一）主要觀點

1. 社會興趣

　　阿德勒提出最重要的觀念就是「社會興趣」(social interest)。「社會興趣」是指個體對他人的正向態度，與自我認同、同理他人有關 (Corey, 2001, p. 33)。人生活在人群中，因此願意與他人相處、與人建立良好的關係、願意服務及貢獻他人，就是社會興趣的發揮。人類行為主要是受到社會興趣所驅動，而「社會興趣」也是評估一個人適應情況的指標。

2. 行為目的論

　　每個行為背後都有其目的，一個人的行為與人格是受到自己的「目的」所影響。人有自由意志、也有選擇之自由，因此個人的行為是「有意識」下的決定，而不是受天生的性驅力所左右 (Corey, 2009; Halbur & Halbur, 2006)。

3. 虛構目標

　　每個人都有自己的「虛構最終目標」，這些虛構目標就是引導個體朝向未來的動力，而這個「虛構最終目標」可能會有錯誤，只要加以導正（往社會興趣的方向）就可以航向光明未來。

4. 生命形態

　　每個人有不同的「生命型態」，生命型態指的是終生引導個人生活、組織其現實世界，以及給予生命事件意義的核心信念與假設，而根據這些信念與假設也決定了我們的行為目標，倘若這些假設錯誤，也可能導致錯誤的行為與生命目標 (Corey & Corey, 2011, p. 162)。

5.「不適應」行為與社會有益的行為

　　阿德勒認為許多孩子的行為出現問題是因為沒有受到認可與鼓勵，因此許多的行為其實是「適應」問題，而所有的問題都是「社會性」問題，人類行為主要是受到社會關係所驅動。阿德勒將孩子的行為歸因為「不適應」(maladjusted)、而不是「偏差」或「不良」行為，每個人都有被認可、接納的需求，當個人表現符合標準以上時（如成績優秀、表現乖巧），自然會獲得讚許或鼓舞，個人自然會繼續往正向方面發展；倘若個體表現的行為不符合所謂的「好標準」，就會被忽視、批判或貶抑（如成績不及格、行為不良）。以社會興趣的觀點來看：既然不被認可，但是又不想沉默而生、不被看見，於是就朝向「社會無益」的方向表現，至少可以「被看見」（即便是被看見不好的行為），以這樣的觀點來看偏差行為，就有修正的可能性。舉例來說，每個人身上都有諸多優勢，但可能因為某個行為或表現不如人意（如上課不專心），其他的優勢就會被掩蓋或忽視，如果身邊的重要他人（如家長或老師）多次點出不專心向學的缺點，孩子可能就會認為自己再怎麼努力、都不可能贏得他們的讚許，只好朝耍廢、不積極的方向前進，最終讓自己無法討好他人或被放棄！

6. 家族治療的先驅

　　阿德勒是最先採用家族治療的心理師，他也將民主平等的觀念帶入治療中，因此，阿德勒學派特別重視「家庭星座」(family constellation) 與「家庭氛圍」(family atmosphere) 對於個體發展的影響。每個家庭成員的特性、孩子出生序、手足的性別與家庭大小都會影響孩子在家中的地位，而家庭氛圍是屬於拒絕還是支持，也會影響孩子對自己的看法；沒有受到鼓勵的孩子會變成「適應不佳」的孩子，他 / 她可能有所謂的「錯誤目標」，導致他 / 她運用「引起注意」、「權力鬥爭」、「報復」或是「自暴自棄」的方式企圖取得在家中的地位與認可 (Gilliland et al., 1989, p. 42)。

7. 社會心理地位與出生序

　　阿德勒以「社會心理地位」(psychosocial position) 的角度來研究出生序，有別於實際上的出生次序 (chronological position)，其中最重要的決定因素就是當事人本身、父母親是如何「看」個體在家庭中的地位或如何對待個體而定。他研究了五個出生序，包括獨子、老大、兩位手足中的老二、老么與中間的小孩，各有不同的特性。人都需要了解自己或被了解，有時候青少年在家中的排行位置，也可以提供諮商師有關當事人在家中的可能處境與感受，若諮商師可以從諸多資料中進一步分析或解釋當事人的心理社會地位，也讓當事人有機會更了解自己以及自己在家中的位置或被對待的方式。諮商場域中所處理的不一定是問題或議題，有許多時候，諮商師可以協助當事人更覺察與了解自我，通常對當事人而言，就是很大的幫助，畢竟「了解自我」是終生的課題！

8. 自然結果與邏輯結果

　　「自然結果」(natural consequence) 與「邏輯結果」(logical consequence) 的觀念常常被運用在家庭、親職以及教育現場上。所謂的「自然結果」就是不需要人為操作、自然生成的結果，像是走路走太快容易跌倒，「跌倒」就是「走路太快」的自然結果；「邏輯結果」則是經由人為操弄而產生的後果，像是媽媽說沒把功課寫完就不准看電視，「不准看電

視」就是「功課沒寫完」的邏輯結果，我們日常生活中的法律也是邏輯結果的設定。當然，光靠自然結果來學習，速度太慢、範圍也有限，因此我們的許多學習多半是靠邏輯結果的設定；比如要人騎車限制速度，否則就要罰款或吊銷執照，主要就是減少交通事故的發生（這就是邏輯結果），若是以自然結果的方式來規劃交通，可能就是等到事故事件多到一種程度之後，人們才會意識到車速需要注意，但是已經造成太多的傷害或死亡！青少年的特色之一是冒險，也就是大腦的衝動控制尚未發展成熟，往往會挑戰自己的能力或極限、做出危險動作（如飆車），成人屢屢提醒或警告可能都無濟於事；有位刑事局大隊長就改變了方式，他帶領這些飆車族去參觀植物人養護中心，讓他們看到生命可以展現不同的形式（終生受照護 VS. 可以發揮自己能力、成就夢想），或許就有所領悟，而有了不同行為表現。在親職工作上，家長們也會設立邏輯結果的機制，但是卻因為愛子女心切，經常被子女反將一軍、不得其果，這其實也提醒師長們，邏輯結果一旦成立就要劍及履及、切實執行，不要落人口舌，要不然其成效有限，因此需要「堅定而友善」(firm and friendly) 的態度！

「虛構目標」(Gilliland et al., 1989, pp. 39-40)

目標	說明
主導	在與人關係中喜歡掌控與主導。
獲取	總是期待自他人處獲得些什麼、依賴他人。
逃避	逃避問題、不想負責或承擔。
想要成就	成功是唯一的選項，不能忍受失敗。
控制	喜歡有秩序、不能忍受無序或髒亂。
受害或是殉難者	兩者都受苦，但是前者較被動、後者較主動。
表現好	總是表現出有能力、有用、總是對的。
表現對社會有益	與他人合作、也貢獻自己。

不同（社會心理地位）排行與性格

排行	性格特色
老大	較為保守傳統也威權、可靠、過度負責、內化雙親的價值觀與期待、完美主義者、成就傑出、占主導優勢、常勤奮努力、口語能力較佳、較有組織、行為良好也較符合社會期待；常常是領袖的角色、會以衛護家庭為先，與長輩的關係較好；老二出生之後，老大會感受到失寵、喪失原有地位與重要性。
兩位手足中的老二	若與老大差距三歲以內，可能就會將老大當作假想敵、競爭的對手；他（她）會先從老大擅長的地方下手，若是發現無法超越，就會朝不同的方向發展。像是老大若是課業很行，老二就會朝向音樂或運動發展，為自己爭得一片天！老二較照顧人、表達能力亦佳，也常感受到競爭的壓力。
獨子	較獨特、自我中心、也孤單，擁有老大與么子的性格，習慣成為注意焦點，與成人關係較佳，較早熟、也很早就學會與成人合作，在自認為表現不佳時，也容易有偏差行為出現。
么子	有類似老大與獨子的特性，除了知道後面沒有追趕他的人之外，基本上是被寵愛的，也予取予求、我行我素，喜冒險、自由自在，具同理、社交能力強、也有創意，但是也顯示其獨立性甚高，縱使家人對其無太多期待，但卻常是為了要與其他手足並駕齊驅、而成為成就最高者。雖然么子最早發展成人使用的語彙、也可能採用父母親的價值觀，但可能是一個保守黨，或是一個背叛雙親價值觀的人。
中間的小孩	通常是「被忽視」的孩子，覺得家中沒有他（她）的擅長之處，所以會朝家庭外發展，也因為較少被注意到，所以擁有較多的自由與創意；在外的人際關係與脈絡較佳，認為自己要認真努力才可能獲得認可、懷疑自己能力、反抗性強、有同理心。若家庭中有衝突，中間的孩子常常擔任「和事佬」的角色，然而也對於他人的批判相當敏感。

（二）治療目標

　　Mosak (1995, cited in Nystul, 2006, p. 189) 提到個體心理學派的治療目標是：增進當事人之社會興趣，協助當事人克服沮喪、減少自卑，修正當事人觀點與目標，改變錯誤動機與生命腳本，協助當事人感覺與他人平等、成為對社稷有貢獻的人。簡而言之，個體心理學派的治療目標在於：

促進或重新導正當事人有益社會的興趣，成為對社會有貢獻的好公民，降低當事人自卑與憂鬱情緒，改變生命形態及目標，因此教育意味濃厚。

（三）治療技術

　　個體心理學派的治療技術包括有：早期記憶（藉以分析生命目標與性格）、分析典型的一天、家庭星座分析、善用正確有效的鼓勵、設定合理的邏輯結果、矛盾意象法、面質、在湯裡吐口水（讓當事人得意的行為不再滋味甜美）、逮到自己（停止某個不適應行為）、按鈕技巧（情緒管理）、逃避陷阱（不再重蹈覆轍）等，其中主要技巧可以在下文「個體心理學派在青少年諮商的運用」做闡述。此處只針對幾個較特殊的技術做簡單介紹 (Corey & Corey, 2011; Nystul, 2006; Seligman, 2006)：

1. 矛盾意象法 (paradox intention)：類似像醫師「開立處方」要當事人去執行，其目的是增強當事人不良的思考或行為，讓當事人在練習中體會到自己的荒謬可笑，然後停止這些行為 (Gilliland et al., 1989, p. 51)。像是當事人焦慮時會眨眼，諮商師就要他刻意眨眼睛，且要他每秒眨二十次。

2. 在湯裡吐口水 (spitting in the soup)：在諮商師了解當事人自毀行為後面的動機之後，就可以使用這樣的策略讓當事人不能再度樂在其中。像青少年認為自己課業無法往前是因為資質不佳，諮商師可以說：「是啊，承認別人比我們行並不是難事，只要說自己笨就行了！」讓當事人可以重新去思考這樣的藉口還可以用多久、自己願意如此嗎？

3. 逮到自己 (catching oneself)：讓當事人對於自己重複的錯誤目標或思考有所覺察，藉此可掌控自己行為，也就只要出現徵兆就可以制敵機先，像是在感覺自己快發怒時，彈一下手腕上的橡皮筋，提醒自己冷靜下來或是深吸一口氣。

4. 按鈕技巧 (pushing the button)：藉此來協助當事人情緒管理。讓當事人練習控制自己的情緒，先用想像的方式（如想像一個令人發怒的情況），然後假裝像按鈕一樣、換另外一個場景（如讓自己歡喜的事件），用這樣的方式練習掌握與控制自己的情緒。

5. 逃避陷阱 (avoiding the tar baby)：協助當事人不要重蹈覆轍或困境，以

當事人「非預期」的方式來回應。像是當事人說他一進自己房間就打開電腦，通常就是這樣耗掉時間、無法準時完成作業，諮商師就要求他晚上七點以後打開電腦，然後要開多久就開多久，而在七點之前他可以做任何與電腦無關的事。

6. 彷彿好像 (acting as if)：當事人或許會向諮商師反映：「如果我可以……」諮商師就讓當事人假裝自己可以的模樣，看看會有何不同？像是當事人說：「如果我可以有自信對心儀的人說話……」諮商師就要其假裝有自信、且站在那位心儀的人面前，練習他／她會怎麼說？這樣的練習也給當事人一些實際的歷練，不是只有天馬行空地想像。

（四）個體心理學派在青少年諮商的運用

1. 了解當事人行為的動機

　　個體心理學派學者認為每個行為背後都有動機與目的，因此需要了解行為背後的目的就可以做適當的處理，這其實也呼應了「人需要被認可」的需求。諮商師不是以專家身分，而是嘗試著用「猜測」的方式（如「可不可能是他太擔心你的緣故？」）試圖了解當事人，多了民主平權的意味，自然容易讓當事人敞開心房。青少年行為背後的動機也許是希望引起注意（那麼就給予他們所需要的注意就可以）、權力鬥爭（就不需要一時不察、陷溺其把戲中）、報復（去了解與接納其受傷之經驗與感受）、自暴自棄（那麼就多給予小小成功經驗）或是無聊（接納其無聊情緒、鼓勵其做創意發揮），順著當事人所需要的做適當因應。

　　青少年受限於語言及認知發展尚未成熟，有時候無法精確表達自己的想法，於是採用最直接的行為來表示，因此諮商師就可依據其行為之表現去猜測背後可能的動機，這樣就可以清楚其目的為何？一般說來，青少年行為背後的目的有：討好他人（怕失去寵愛或是擔心被排擠）、優越者（自我認同的部分，須要讓自己都勝過他人才有價值感）、控制者（擔心失控，因此主導慾強）、以及尋求舒適者（不想費太多力氣過生活，因此會逃避責任、自願當老二）。

　　個體心理學派不將人的行為「病態化」，因此青少年不會出現行為

「問題」，只是「不適應」而已，「不適應」的背後是「不被鼓勵與認同」，因此只要清楚其動機，即可找出適當的因應方式。阿德勒學派不將青少年視為「有問題」的孩子，這也會影響其對自我的看法──不會認為自己無可救藥，也讓周遭重要他人從不同角度看青少年的情況，對於行為的改善有較佳的期待。孩子需要被了解與認可，當這些需求都滿足了，他們就可以朝向對「社會有益」的方向發展，諮商師使用「猜測」（而非威權的、強迫選項）的方式詢問，孩子會覺得自己被尊重與了解，接下來也較容易合作。在當事人朝引起他人「負面認可」（也就是往對「社會無益」）的方向前進時，不要將其視為個人人格的缺點，而是能夠同理其為何如此做的原因（因為需要「被看見」──所謂「寧鳴而死，不默而生」），相信他／她之前曾經努力過、只是未達一般人（或主流）設定的標準，因此肯定其潛能、換不同的處理方式，必定會有所改變。

案例一

　　念國三的阿強被導師轉介來輔導室，轉介單上記載著阿強身揹十五支大過、卻輔導轉學不成的「罪狀」，輔導老師將轉介單放在一邊、沒有細看，而是仔細觀察阿強從進門之後的表現。她發現阿強喊了「報告」、聲音宏亮，阿強的身材壯碩、但是個子不高，他應該擅長一些運動項目，只是輔導老師還不清楚，此外，很吸引輔導老師的是：阿強竟然將運動褲當作垮褲在穿。當老師請阿強坐下，他大喇喇地坐在沙發上之後，老師很客氣地請教阿強：「大哥，我可不可以請你示範一下，你是怎麼把運動褲當垮褲在穿的？」阿強非常得意地示範，還告訴老師一些細節，免得褲子不小心踩到會曝光！後來老師得悉阿強曾經在體育中學待一年，擅長項目是田徑的百公尺賽跑，而且成績斐然、只跑了十秒多，接著就請教他訣竅。阿強很得意地告訴老師：「需要有爆發力──起跑後十公尺及最後衝刺的十公尺！」他還強調「爆發力」是需要不斷地練習才有可能！最後老師又問：「那麼大哥，你在學校的時候可曾需要運用爆發力？」阿強嘆了一口氣：「有，上國文課的時候。」「為什麼啊？」輔導老師追問。「因為我們班導教

國文，他不准我們打瞌睡，所以就要用爆發力來撐！」

案例解析

這就是運用阿德勒學派的一些理念而做的諮商片段。輔導老師先觀察阿強的一些優勢，然後在正式晤談時做為話引子，當阿強的優勢被發現與認可之後，自然滔滔不絕、開口說話，減少了預期的抗拒；而輔導老師先從阿強的垮褲示範開始，將阿強當作自己的專家，接著以阿強百公尺賽跑的長處來延續對話與聚焦，最後將「爆發力」連結學校生活。老師看見阿強的優勢、也虛心請教，阿強被看見自己的優勢、也提供了自己能力養成的心得；最後老師還將其優勢與學校生活做連結，同時讓阿強看見自己擅長之處、可以運用於學校生活的部分，也引導他朝向對社會有益的方向繼續努力！

案例二

國小五年級的小林，經由導師轉介過來與輔導老師談話。導師的轉介單上寫著小林「不交作業」。輔導老師看著轉介單說：「可見你以前沒有交作業的問題。」於是請小林描述一下一天的生活（典型的一天）：「今天放學後，你做些什麼？」小林說四點十多分左右回到家，就吃點心、看電視，然後六點洗澡、接著寫評量，晚上七點吃飯，然後繼續寫評量到十點就睡覺。輔導老師發現他的一天缺少了「寫作業」這一項，於是邀請小林做一個小改變，小林對於挑戰躍躍欲試，因此老師請他今天回家後，先不急著吃點心、而是偷寫一下作業，然後交給小林一個空白名片，卡上面有一個表格，要小林在接下來一個禮拜，只要當天有寫到作業、都在格子裡打個勾。隔週，小林帶著卡過來，導師也告訴輔導老師，小林已經正常繳交作業；但是輔導老師除了誇獎小林為自己的事負責任之外，還額外問：「既然以前寫作業對你來說，都不是問題，請問最近是有什麼事發生，讓你心煩嗎？」小林直直看著老師說：「以前，我跟學姊都一起放學，但是現在她要升國中了、很忙，都是我自己一個人騎車回家。」老師道：「能夠有學姊陪伴聊天是很棒的事，學姊要升國中了，你也很高興、但是又

有一點捨不得的落寞，對不對？為了避免她擔心你，要不要試著恭喜她？反正以後大家還會見面對不對？」小林最後決定寫一張卡片給學姊，並且謝謝她這麼多年的陪伴。

案例解析

　　小林正值青春期開始、也對親密關係有興趣，即便他自己還不清楚是怎麼一回事，若之前小林沒有不交作業的問題，諮商師就猜想是不是有特殊事件發生？因此在解決完導師轉介的議題之後，還是花了時間詢問小林真正議題之所在。五年級的男生已經進入青春期，開始有喜歡的對象，但是不敢對人道，因此以其他方式展現出來（如不交作業）。當然諮商師或輔導老師不一定要以轉介人的目標為諮商目標，而是仔細聆聽當事人所需要的、與當事人共同設立適當的諮商目標，才是有效的方式！

2. 使用正確具體的鼓勵與讚美

　　每個人都需要被認可或是被看見自己的優勢，青少年自然不遑多讓！然而之前也提過，青少年階段的孩子最厭惡虛偽與權威，因此儘管成人看見青少年的優點或表現良好之處，都不能虛應故事，或是說出空泛的讚美，而是需要舉證、用事實證明，青少年才會心服口服！個體心理學派諮商師認為只有適應不良者，或者是個體有錯誤的虛構目標導致行為不當，因此諮商師善用正確有效的鼓勵，舉出看得見佐證的具體事實，較容易說服當事人，提升其信心與負責任，也注意到當事人的努力過程、而不以結果論成敗。諮商師的鼓勵聚焦在當事人當下所做的行為、其內在動機為何以及學到的或做得對的（Seligman, 2006; Sweeney, 1989）。

　　阿德勒認為青少年沒有行為偏差的問題，只是「不適應」而已，或是「缺乏鼓勵」(discouraged) 使然，因此具體而有效的鼓勵可以讓孩子看見自己的亮點與能力，這樣的鼓勵才有效、可以支持孩子繼續往前。阿德勒的個體學派因而倡導正確的鼓勵方式，也就是採用「有具體證據」的鼓勵替代炫麗無實的鼓勵（如「妳好聰明」、「你好棒」）。具體的鼓勵

一定有行為的證據，像是：「謝謝你的體貼，還主動幫我拿東西。」「你很勇敢，願意說出自己的想法！」（而不是「你怎麼可以說出這麼忤逆的話！」）正確的鼓勵會讓孩子知道自己行為被看見、且受到認同，也明白怎麼做是對的（有益社會的方向），這樣孩子也會持續表現被認可的行為。

　　具體有事證的鼓勵是容易說服當事人的。每個孩子都有其優勢，只要仔細觀察，或者是詢問孩子或其重要他人，也都可以發現。從青少年進入諮商室開始，治療師就可以從其一言一行中去發現他／她的強項，而且在讚美時舉出實際行為作為佐證，他／她就可以知道哪些是屬於「可欲」（desirable 符合他人期待的）行為，不僅協助他／她更了解自己、也對自己更有信心；對懷疑心較強的青少年來說，這些具體的佐證才可以說服他／她，而不是治療師為了博得他／她的好感而說的，雖然有些青少年還是會表現出不相信或酷酷的態度，這樣的鼓勵方式還是有效的。

3. 設定邏輯結果

　　行為後面會產生結果，但是有些結果是「自然」生成，但是這樣靠自然結果的學習方式太慢、有時要付出的代價不菲，而在生活中或是教育場域上，為了讓下一代學習更多，通常會使用「邏輯結果」。

　　所謂的「邏輯結果」顧名思義就是要符合「邏輯」，也就是「合理」。青少年要複習完課業後，才可以划手機，這就是「邏輯結果」的使用，如果孩子未複習功課（行為），師長要其跑操場十圈（結果），並沒有促使「複習課業」完成的事實，因此對孩子來說是「不合邏輯」的。要設定符合邏輯的結果，才可以讓工作完成的同時，贏得孩子的尊重與信任。

4. 早期記憶

　　阿德勒也著重早期經驗對人格形塑的重要性，但其焦點放在個人如何解讀這些經驗？可以請當事人回憶 8 歲之前印象深刻的記憶（越多越好），這些記憶中當事人可能是主角或旁觀者（展現其生命態度），事件可能有快樂或悲傷的結果，但是得視當事人自己的感受與詮釋而定，因此不一定結果不如預期就是不好。從早期記憶中可以看到對當事人很重要的人物、與其關係，以及當事人所重視的價值觀（如公平、被愛、受

到注意）。阿德勒學派的許多觀點都可以用來了解青少年，像是「早期記憶」、「排行」、「家庭星座」與「家庭氣氛」。輔導教師可以用「早期記憶」的技術，了解青少年的生命目標可能是什麼？性格如何？重要他人與其關係如何？以及對世界的看法。早期記憶事件當然越詳盡越好，讓當事人儘量做回憶，然後記錄下來，通常是以當事人 8 歲之前的記憶爲主。諮商師可以將早期記憶記錄下來，包括發生時年紀、事件（是主角還是旁觀者）、裡面參與的人物（可能與重要他人有關）、事情結果（可以一窺當事人的生命態度）以及當事人的感受（可以藉由當事人的感受來了解其性格），通常可以猜測正確率達八九成。青少年對於這樣的類似「算命」活動是很有興趣的，雖然還帶著強烈的懷疑、但是會有意願一試，諮商師也可藉此更了解當事人、做爲資料蒐集的管道之一。

不同鼓勵方式的比較

無效的鼓勵	正確的鼓勵
你 / 妳好帥 / 漂亮	你 / 妳的眼睛很亮、很有精神！
你 / 妳真聰明	你 / 妳會去想該怎麼解決這個問題，很棒！
你 / 妳好棒	你 / 妳替我拿東西，謝謝幫忙！
你 / 妳是乖孩子	你 / 妳願意在那裡安靜等我，謝謝你 / 妳！

5. 家庭星座與家庭氣氛

　　阿德勒是最早從事家庭治療的學者，他相信每個人的性格是自小就養成，孩子從重要他人的對待中看自己、也定義自己，雖然有時候會有錯誤解讀，但是這些對自己的看法就形成了「終極目標」，也影響其生命形態。從「家庭星座」裡可以了解孩子在家中的排行、家中成員、家長對待方式、其家庭地位與家庭氣氛等，都可以協助了解兒童的個性、養成與在家中的地位。家庭是影響個體最重要的因素，了解家庭成員彼此互動的情況，知道家庭氣氛是威權、壓抑、拒絕、批判貶低、不和諧、不一致、物質主義、過度保護、憐惜、無望或殉道者等不同的氛圍，其所孕育的孩子也會有不同的性格。諮商師會問當事人在家庭中與誰最像或最親、與誰最

不像或最不親、家中發生重要事件時每個人的角色與作為等。

　　青少年當事人儘管受到原生家庭極大影響，但是也要看當事人自己的解讀與感受，才是塑造其人格的重要關鍵，這也說明了人是可以「選擇」的（人並非被動）。這裡所謂的排行不一定是指實際的出生序，阿德勒學派稱之為「社會心理地位」—也就是個體對於自己在家中的位置、父母親對待的態度來評定或解讀，也因此實際排行老二的可能是實質上的「老大」，如果排行老大的較不被父母親信任，或是表現較差，老大的位置就可能被接下來受重視的老二所取代。阿德勒的排行少了「性別」的因素，在中國傳統的家庭裡可能因此而有差異。從當事人不同的排行與家庭氛圍，可以藉此更了解當事人所處的情況與情緒、可能的想法，要進一步做介入就較能切中問題。

　　阿德勒做家庭治療時，甚至從更廣的生態、社會脈絡的觀點來看當事人，這也給了諮商師很好的提醒，特別是面對未成年當事人的時候。通常當事人因為年齡以及能力的限制，卻又希望可以出一份力量、協助家庭問題之解決，因此往往會成為家庭問題的「代罪羔羊」，因此把周遭的脈絡線索放進來，不僅可以更了解青少年的行為，而在做處置時，將當事人環境中的其他資源也納入考量，效果事半功倍！

6. 典型的一天 (a typical day)

　　阿德勒學派有個治療技巧是「典型的一天」(a typical day)。有時候可以詢問當事人這一天是怎麼過的，藉此可了解孩子日常作息、所做的活動與接觸的人，在了解孩子的生活、時間管理與家人互動情況上非常有用，同時若要當事人嘗試改變一下，也可在典型的一天中插入一點小改變，讓當事人試驗一下、有成功經驗，接下來的改變會較為容易。像是要改善當事人繳交作業的情況，不需要要求他／她在短時間內完成所有作業，而是將作業分成好幾小部分，讓當事人完成一小部分之後、體驗其成就感，願意持續努力，偶爾也要「限制」一下（如「你／妳可不要一下子就寫完喔！」）挑戰一下諮商師對當事人的「質疑」，在當事人完成挑戰的同時，給予大大的讚賞！

7.平權民主

　　阿德勒是第一個提出在治療中「平權」與「民主會議」觀點的學者，因此治療關係是「平權」對等的，沒有所謂的成人威權，治療師在與當事人晤談時是以平等、猜測的口氣，而不急著建議或命令。諮商師尊重當事人，不論其性別、年齡、社經地位或背景，展現出來的「態度」，讓當事人感受到被尊重與被平等看待，同時諮商師也很謙虛展現自己「願意從當事人身上學習」的態度，讓當事人覺得自己很不錯。這些都很適合青少年發展特色，像是需要被尊重與認可、不服從或挑戰成人威權等。我們民主社會的許多觀念，也是從這些細膩或是小地方的教育開始深耕，當青少年被尊重之後，也會更尊重自己與他人，不會只是從反抗權威或成人的立場出發，而是可以換位思考、聽見更多元的觀點，同時更具同理心與人性。

　　尊重青少年當事人自我陳述的權利，並且以不批判，甚至是欣賞、鼓勵的態度面對，不僅讓當事人覺得被接納、認可，也讓其覺得自我權益被尊重，諮商師要取得當事人的進一步合作就不是難事。阿德勒所提倡的家庭民主會議，不因為青少年的年齡而將其投票權益折半，而是回歸到「人」的基本權利，這樣的民主教育也落實在個別諮商、團體諮商與家庭治療上。阿德勒是最早進行家庭治療的一位學者，在進行治療時會先聽家長的陳述（通常是孩子的「問題行為」），接著會將家長遣開、仔細聽孩子敘述自己這一方的故事，也從這裡取得孩子的合作，看是不是可以了解孩子行為的目的、並做適當的處置？這如同後現代治療將當事人視為「自己（問題）專家」的理念！將個體心理學運用在家庭治療時，尊重每一個人的發言權與感受，讓每個人在家庭中可以有所歸屬、同時擁有自我獨立的權力。

　　青少年很重視公平，因此讓他們有發言權、並予以尊重是很重要的，當然在聆聽故事脈絡的過程中，不要有先入為主的思考或預設立場，也是對當事人的基本尊重；另外，與青少年晤談時，不要站在成人、權威的「全知」立場，而是「未知」、對當事人有興趣、想要了解他們的故事與想法的態度，才容易取得當事人的信賴、願意與諮商師坦誠溝通。

8. 夢的分析

阿德勒對於夢的解釋與佛洛伊德不同，他認為夢是「情緒的工廠」(factory of the emotions) (Warner & Baumer, 2007, p. 136)，將夢視為提升個人覺察的管道，而不強調夢的象徵意義。阿德勒學派者認為：夜間做夢，其實就是為白天遭遇的問題尋求解決之道，也就是一般人在夢境裡，會將自己白日所遭遇的問題做演練與解決，因此「夢的分析」也可以是生命型態分析的一環。一般來說，我們在做青少年諮商的時候，很少用到夢的分析技巧，然而有時候當事人自己會提出夢境的內涵，或是諮商師請當事人敘述夢境或者做解釋，也可以成為在諮商晤談裡的一個主題，畢竟一般人對於夢還是存有好奇的，藉由說夢、釋夢，可以更了解當事人對自己的看法、生命中所要的東西，也藉此協助當事人朝向對社會有益的方向努力。夢的分析是了解生命型態之方式 (Mosak, 1995; Nystul, 2006)，也可以讓諮商師了解當事人問題與未來生活方向，同時協助當事人提升其覺察、了解其個性和在治療中的動向 (Corey, 2009; Dinkmeyer et al., 1979, cited in Gilliland et al., 1989)。

三、存在主義學派

青少年正處於人生第二個快速發展階段（第一階段是出生到 3 歲之前），面對生理上的快速變化（如一個暑假就長高二十公分，還有體毛與聲音的變化），心理上的成熟度追趕不上，經常會有焦慮與不知所措的情況，加上同儕之間會做比較，也較無自信。此外，青少年會開始挑戰自己能做的有多少，甚至不顧後果、冒險犯難，有時候衝動無法控制或受到同儕慫恿，就做了錯誤的決定或嘗試，需要付出的代價更高！由於青少年也會挑戰死亡（就如同近來流行的「藍鯨遊戲」，讓青少年挑戰自己的能耐，最後是挑戰自殺），或者是因為自我、生活、學業、家庭等方面的不適意，卻又缺乏有效的問題解決能力，因而採用了偏差或是危險的處理方式（如從事犯罪或自殺行為），往往讓親人哀痛難忍！

青少年與一般人一樣，也會遭遇到日常生活中的不得意或是挫折，絕

大部分的孩子會試圖解決或舒緩壓力、與同儕討論，甚至就教於有智慧的成人，然而個性較內斂或是害羞者，或是與家人關係不佳者，往往就不會諮詢他人而自行解決，也因此存在主義學派所討論的議題就不是那麼哲學或虛無飄渺，而是每個人每日都要面對的議題。

　　存在主義學派在諸多諮商學派中似乎發展較慢、也較少人重視，而其基本上是歐陸的哲學理論，心理學家 Rollo May (1909-1994) 將其引進美國與諮商理論結合，目前最重要的存在主義學者有許多，如美國則是 Irvin D. Yalom (1931-)，他認為自己是存在─精神分析取向。許多諮商師並不會刻意或主動去了解存在主義諮商，主要原因是此學派的立論較為抽象，也沒有以科學實證方式建立起自己的理論基礎與技術，然而在現今網路與科技發達的世代，存在議題卻是諮商師不能規避的。

　　存在主義治療之所以少受到社會大眾的理解，主要原因是：以哲學做基礎，而非奠基於心理學；存在主義治療師較擅長於理論信條的解釋而少實務；不同存在主義又有許多的分流或派別；存在主義治療充其量只是一個批判或反制的思考，沒有前瞻性；以及強調每位當事人、治療師與治療關係的獨特性，缺乏系統化的組織或指導原則 (Cooper, 2008, p. 237)。儘管如此，存在主義諮商理論也提醒諮商師在面對當事人議題時，也要將時代與大環境脈絡考量在內，思考一般人會遭遇的生命挑戰與議題，還有內在可能的動力衝擊 (dynamics)（情緒與思考）。

（一）主要觀點

　　存在主義諮商有幾個關鍵主張，它們是：我們有自我覺察的能力，因此會反思並做改善；基本上我們是自由的個體，因而也必須要接受隨自由而來的責任；我們有保留自我獨特性和自我認同的傾向，也經由與他人的互動來了解自己；我們存在的獨特性與意義不是固著或不變的，而是終其一生一直重新創造的；焦慮是人類生存的本質，焦慮最主要來源是「不存在」；死亡也是人類生存的本質，覺察死亡讓生命有意義 (Corey & Corey, 2011, p. 165)。

　　存在主義的治療理念 (May & Yalom, 2005, cited in Nystul, 2006, pp. 214-215) 可以整理為以下幾點：每個人都是獨特的；人會尋求意義；焦慮

在生命中的角色；自由與責任是一體兩面；存有 (being) 與不存有 (nonbe-ing) 是人類焦慮的根源；三種生存樣態（即人與自然、人與社會、及人與自己的關係）；自我超越（self-transcendence，超越「主—客」觀的二分法，形容治療中諮商師與當事人發展出親密、且有深度的了解及同理關係）。

（二）治療目標

從以上的主要觀點延伸到存在主義治療師的工作，主要是協助當事人：發現自己的獨特性，找到個人生命意義，以正向方式運用焦慮，覺察自己的選擇、並負起責任，以及將死亡視為最終的現實，賦予生命特殊意義 (Nystul, 2006, pp. 214-215)。可見存在主義所關切的議題包括人類生存之目的與意義，這一點與目前許多青少年會面臨的議題息息相關，就如同許多心理學者與教育學者都留意到：生活在網路科技的現代年輕人因為生活便利、也被保護得很周到，反而對於自己生命與未來的思索較少，甚至追逐名利（如網紅）與立即的快樂，導致生活空虛、無目的感，像鄭捷的「無差別殺戮」就是一例！不知道自己活著的目的與使命、追求短暫的物質或感官享樂，倘若害怕與空虛，就用上癮行為（如網路、性或色情、賭博、購物、藥物與酒精等）來填補、讓自己每況愈下，也賠進了無以數計的社會成本（像是勒戒、入監服刑、心理疾病、家庭破碎、對社會生產力無貢獻等）！

（三）治療技術

存在主義治療師關切的是當事人的生活品質與對生命負責的態度，著重關係品質，協助當事人合理地面對及處理所遭遇的課題，因此沒有特定的技巧。治療過程中，當事人覺得被賦能、更了解自己 (van Deurzen & Adams, 2011, p. 4)，諮商師與當事人進行「蘇格拉底式」的人性真誠及深度對話。而 Seligman (2006, p. 203) 特別提到「意義治療法」(logotherapy) 的 Frankl 採用的「去咎責」(dereflection) 技巧（類似「矛盾意象法」），用來處理無意義的虛無感，協助當事人從自身以外去發現生命意義（如助人或對社會有正向貢獻），因而減少焦慮。

（四）存在主義在青少年諮商的運用

　　人需要面對的主要生命議題是自由與責任、孤獨、無意義、焦慮與不存在 (Yalom, 1980)，而人類要如何在這些限制下，活出自己的生命意義與使命，就是我們的功課，青少年是人類社會之一員，自然也不例外！

　　青少年在生命最旺盛、最有展望的時期，卻也是最徬徨、不知目的之所在的時期。青少年嚮往自由，卻也發現自由需要付出代價，而形年漸長，需要負起的責任越多！對死亡或不存在的焦慮，青少年或許用從事危險行為、逃避或上癮行為來因應；孤獨是一種主觀感受，即便與眾多友人在一起，還是覺得孤單、空虛，因此人際關係就更重要，臉書與其他網路工具就是感受到和人有連結的管道；無意義是不知道自己要成就什麼？不知道人活著目的為何？即便在課業上嶄露頭角，卻不知為何！存在主義字面上似乎是述及生命的消極面，但是卻有積極的提醒，像是：提到孤單，但是也著重人際關係；提到生命無意義感，卻點出了自由與責任的重要性及人生使命；提到焦慮與不存在，也看見焦慮的正向意義—如何做建設性生產，在有限的生命歷程中活出自我與光亮！青少年在看見生命中的許多無奈與不可預期時，也應該看到其他的面向與人性的感動。

　　在形式主義未能消弭的現在，即便教育改革已經多年，但是就學中的青少年仍然掙扎奮戰在學業成就上，身上背負著師長與自我的期待，每日按表操課，卻不清楚自己這麼努力要做什麼？或者無法受到主流文化價值的青睞，不能在課業或其他表現上爭拔直上，對於自己的信心與期待自然打折扣，同時也可能以不同的身心徵狀來表達！師長或許就會轉介學生到諮商師眼前，此時諮商師的責任就是了解學生、同理師長，並在其中斡旋、使親子或師生能夠共好！當師長無法理解孩子的能力與夢想之際，諮商師就成為孩子最重要的後盾，讓孩子不覺孤單、無助，自然就可能抱持希望、向前航行！當然目前也有越來越多師長看見孩子的能力，願意鼎力支持其完成夢想、力抗文憑主義，的確令人敬佩，諮商師也要與師長站在同一陣線、全力扶持孩子圓成！少子化的現在，家長對孩子極盡保護之能事，然而萬能的家長若凡事都替孩子去做，反而養成孩子的依賴與無能，就學與出社會之後，都無法為自己努力或奮戰，孩子看不到自己可有的選

項，或許就自暴自棄或生活如行屍走肉，諮商師要了解現代孩子面臨的處境與議題，在尊重當事人自我意志與想法的同時，還能與其討論生命重要的關切議題（如親子關係、人際、生涯發展、自我認同與發展）、協助其做明智的決定與行為、並負起責任，因為許多父母親或師長不一定會與孩子提到這些議題，但是諮商師可以將其延伸到更深一層的意義討論，或許對彼此都是新的經驗與體悟。

四、人際歷程取向

人際關係取向 (Interpersonal process approach) 是許多新手諮商師認為最容易上手的取向，它所揭示的是生命中最重要的議題—人類存在的孤獨事實、人際互動的意義。因為治療師與當事人之間的治療關係是改變的基礎 (Tyber, 2000/2002, p. i)，因此人際歷程就是運用治療關係來協助當事人 (Tyber & Tyber, 2017/2017, p. 2)，此取向除了重視治療關係之外，還注意當事人的人際議題，治療焦點是在協助當事人在與諮商師工作的過程中，體驗與治療師之間不同以往的修正情緒經驗（corrective emotional experience），並能以發現的嶄新方式反省與看見自身的問題，將此經驗遷移到日常生活中的人際關係上（曾雅蘋、杜淑芬，2020，頁 115），治療師與當事人共同營造良好的同盟關係，在當事人合作的條件下，有效的改變更容易發生。人際歷程取向治療認同羅吉斯的三大核心條件，但是主張治療師需要更進一步知道問題所在、其發展史及如何改變 (Tyber & Tyber, 2017/2017, p. 6)。

（一）主要觀點

人際歷程取向融合了 Harry Stack Sullivan 的人際觀（個體會重複早期建立的親子互動模式，發展成人格，屬於傳統的心理動力）、客體關係及依附理論、Aaron Beck 的認知基模，以及家族文化脈絡或家庭系統理論 (Tyber, 2000/2002, p. 6; Tyber & Tyber, 2017/2017, pp. 29-44)。Sullivan 認為個體透過不斷重複的親子關係模式形成對自我的個性及對自己的看法；而客體關係說明了人內在運作的人際模式是將與親子（或與主要照顧者）關

係內化的結果，安全、可信賴的依附關係，讓個體有自尊、信任自己有能力，也在必要時做自我安撫；家庭內互動與溝通是一種慣性、可預測的，協助諮商師了解家庭互動型態與家庭文化對當事人目前問題的貢獻(Tyber, 2000/2002, pp. 6-13)，因此人際歷程取向的基本觀念在於：問題的本質是屬於人際的（分離自主與依附親密），最初的家庭經驗影響深遠，以及治療關係是協助當事人問題解決的主要途徑 (Tyber, 2000/2002, p. 14)。其核心概念有三：

1. 歷程向度

　　要運用治療關係為改變工具，首先治療師要了解人際歷程及與當事人之間的人際互動，不是只注意談話內容，還關注到彼此之間的互動過程，也就是著重在「你─我」之間的當下經驗。諮商師會將了解當事人的人際模式和當下治療關係的互動情形作連結，指出當事人人際或其他問題之所在，以「後設溝通方式」（溝通後面的溝通─要表達的意思背後的意義為何）來談論與當事人的關係 (Tyber & Tyber, 2017/2017, pp. 7-10)。此取向治療最常聚焦在當事人重複或自我欺瞞的關係模式，而這些互動模式往往植基於錯誤的信念上；諮商師將「關係」擺上檯面、與當事人一起檢視與討論，讓當事人覺察到自己與其對他人之影響，這就是「歷程評論」(Tyber, 2000/2002, pp. 52-57)，類似個人中心的「立即性」。因為當事人在諮商場域中，往往展現了自己的人際互動模式而不自知，諮商師藉此可以了解當事人在一般生活中與人互動的方式，也讓當事人覺察到這樣的模式，同時持續提供不一樣的互動方式、讓當事人有新的學習。

2. 修正性情緒經驗

　　藉由體驗真實的治療關係，讓當事人可以看見與重新學習新的、更令人滿意的人際反應方式，並修正過往習慣性的、錯誤或有害的互動，同時將其運用到自己生活中 (Tyber & Tyber, 2017/2017)。治療師運用歷程向度來提供當事人修正性的情緒經驗，也就是利用歷程來進行治療，當然諮商師也要注意勿掉入當事人習慣的互動模式中 (Tyber & Tyber, 2017/2017, p. 15)。像是當事人可能會對治療師做人身攻擊，這也許是當事人回應威權

人士的一貫方式，諮商師不必將其個人化，而是說：「不被聽見是很受傷的事，保護自己是正常反應。」讓當事人看見諮商師所爲並非自己預期的反應，也許就可提醒當事人：並非每個威權人士都不尊重他人。

3. 當事人反應的獨特性

人際歷程取向爲高度個人取向之治療，著重當事人之經驗與世界觀 (Tyber, 2000/2002, p. 23)。正因爲每位當事人都不同，因此治療師也需要調整或打造客製化的回應方式：依照不同當事人的經驗與世界觀來作回應，並要適時評估當事人對諮商師的反應和介入方式，這說明了諮商師的彈性、變通極爲重要 (Tyber & Tyber, 2017/2017, p. 19)。新手諮商師經常會有反應的標準作業流程 (SOP)（如同理心反應），然而隨著經驗值增加，也會慢慢做修正與調整。

（二）治療目標

人際取向治療讓諮商師看見當事人可能錯誤或無效的互動模式，而這樣的互動方式是從原生家庭學習、帶過來的，若無新的學習方式可資效仿，當事人或許會認爲這是唯一的互動方式並持續沿用，因此治療目標在於提供當事人新的、有效的互動選擇，並將其運用在生活中。當事人在諮商過程中會感受到被聽見與尊重，也會有覺察與頓悟，由於其慣用的互動方式無法如預期那般運作，就必須學會新的方式。治療目標是以諮商師提供的修正性經驗來解決當事人之人際議題，諮商師在治療過程中展現不同的關係選項 (Tyber, 2000/2002, pp. 26-27)，讓當事人體會、領悟並學習，或者說人際歷程取向是要藉由體驗治療關係，提升當事人效能感，能獨立解決自己的議題 (Tyber, 2000/2002, p. 62)，因此其目標不是僅限於解決目前的問題，而是能夠讓當事人有賦能感與力量，去過好自己的生活 (Tyber, 2000/2002, p. 119)。

治療師的工作就是不斷讓當事人看見自己（與反應），讓當事人可以不再卸責、做外在歸因，而是回到自己本身／內在，這樣才能夠掌控自己的反應、重拾對生活的支配與改變權 (Tyber, 2000/2002)。因此諮商師常問的問題是：「當……你主要的感受是？」「當……你……有什麼想

法？」「當……你覺得最困難的是」或「當……你想要怎麼做？」(Tyber, 2000/2002, p. 109)。此外，諮商師還需要協助當事人拓展自我對自己內在經驗的覺察和人際反應，與當事人一起探索阻礙其往內探看自我的可能因素 (Tyber, 2000/2002, pp. 112-113)。

（三）治療技術

治療師的目標是要讓當事人主動參與治療與改變，當事人承擔起改變的責任，才是有效的治療，也就是即便走出諮商室，當事人會有力量與能力去面對與解決自己的議題。一般說來，人際歷程取向的治療師所使用的協助方式如歷程評論（聚焦在當事人內在）、回應當事人的情緒（分享經驗、表達了解與認可）(Tyber, 2000/2002)、以及採取內在聚焦。

1. 歷程評論

簡單敘述與當事人互動的情況（如：「上次我們談／進行得很順暢，但這一次好像沉默變多了，你有沒有發現？」）、協助當事人覺察其互動模式（如：「我發現你在談別人的事時，有許多不錯的觀察，但是提到自己的事情時，卻常常笑笑帶過，你在與別人互動時也是這樣嗎？他們可曾提到與你互動的感受？」）、協助當事人的外在歸因（如「你經常提到別人對待你的方式，當別人這樣對你時，你有什麼感受？想到什麼？」）歷程評論也可能會引出新的訊息、讓治療關係更深入 (Tyber, 2000/2002, p. 114)，也用來說明治療的阻礙（如抗拒或外在歸因）(Tyber, 2000/2002, p. 120)。歷程評論是以同理、尊重的方式，與當事人談論彼此的互動（就是「後設溝通」），「立即性」技巧的使用很頻繁 (Tyber & Tyber, 2017/2017, pp. 10-11)，歷程評論也可以讓治療更深入，這也是許多諮商師較難掌握的地方—總是在原地打轉、鬼打牆的感覺，無法讓治療更深入。

2. 採取內在聚焦

治療師在治療過程中協助當事人積極參與、有自發性，讓當事人談他／她想談的 (Tyber & Tyber, 2017/2017, p. 57)，由他／她來主導，在當事人感受到自己在諮商過程中是有較大掌控權時，自然願意負起責任，也將

在治療中體驗的遷移到治療室外的生活。治療師持續地鼓勵當事人回應治療過程與其感受，治療過程就變得豐富而有意義。運用聚焦當事人內在，主要是可以引發當事人內在的核心衝突、真正進入治療 (Tyber, 2000/2002, p. 114)，而真正的改變來自當事人內在，治療師與當事人的情緒可正確連結時，矯正性的情緒經驗就會產生 (Tyber, 2000/2002, p. 161)：當事人發現有其他方式可以與人做有效連結，而不需要採用以往讓自己不舒服或是錯誤的方式。在當事人改變自己的反應時，自然就不需要外在歸因（認為是他人的問題、是他人需要改變），而當自己的反應不同了，其他人自然需要改變其反應方式，類似行為主義提到的：改變刺激 (stimulus) 或反應 (response) 的一方，反應或刺激就會改變。

3. 回應當事人

　　諮商師採用多元介入，包括歸因資訊、說明、解釋、建構轉換的行為（有效的反應方式）、提問（他人行為的可能性或意圖）或是他人對於當事人的看法或回應 (Tyber, 2000/2002, pp. 115-116)。治療師傳達其了解、確認當事人的經驗，探索與拓展當事人所說的、積極參與當事人的經驗，同時可以辨識出當事人重複出現的人際關係模式、並用暫時性的臆測與當事人分享其觀察 (Tyber & Tyber, 2017/2017, pp. 82-83)，使用歷程評論或當事人之經驗、提供當事人人際回饋（如何影響諮商師或他人），肯定當事人的能力與改變，並強調重複的不良關係、核心衝突和病態信念的影響 (Tyber, 2000/2002, pp. 119-120)，這些都是諮商師的回應回應方式，加上回應當事人的情緒，也都是聚焦在其內在的一種方式。治療師不是以自己的位置或觀點來看當事人，而是以平權態度對待，鼓勵當事人說出關於自己的事物、確認其主觀意義，讓當事人可以有更多、更深入的探索，協助當事人釐清與了解自己的經驗，找出有效的人際反應行為—所謂的「再學習經驗」(Tyber, 2000/2002, pp. 116-117, 204)。對於當事人可能無效的人際因應方式，諮商師可以從辨識（不再適用的因應模式）、肯定（當事人這些因應策略曾有的保護功能）、追蹤（與諮商師的互動歷程、不再重蹈過去無效的覆轍）與類化（將在諮商中所學的新經驗遷移到日常生活中）著手 (Tyber & Tyber, 2017/2017, pp. 107-108)。

　　諮商師對於當事人衝突及重複循環情緒（核心情緒或感受）的回應（通常源自原生家庭），是治療最有效的部分 (Tyber, 2000/2002, p. 148)。人際議題往往會觸動當事人最核心的情緒防衛機轉 (Tyber, 2000/2002, p. 156)，諮商師不僅讓當事人可以體驗與真實感受其情緒，同時正確同理與回應當事人的這些核心情緒，不否認這些情緒的存在，且提供安全的環境，自然就能夠讓當事人面對與嘗試解決這些衝突的情緒，也可以更誠實地面對自己，是一個「再學習」的過程 (Tyber & Tyber, 2017/2017, p. 35)。青少年在面對受傷或是負面的情緒時，可能會以向外宣洩或是逃避的方式因應，諮商師的認同當事人情緒、提供其表達與體驗情緒的機會，當事人自然也能夠更寬容這些情緒，改變就可以產生 (Tyber, 2000/2002, p. 162)，也就是藉由認同、參與肯定來適當反映當事人的情緒 (Tyber, 2000/2002, p. 167)，而這種「同理的了解」是工作同盟的基礎，也是人際歷程治療裡改變的重要關鍵 (Tyber & Tyber, 2017/2017, p. 65)。

　　諮商師回應當事人的部分還包含回應當事人的抗拒。人際歷程取向治療認為當事人的抗拒是具有適應與自我保護的功能 (Tyber & Tyber, 2017/2017, p. 104)，肯定與尊重當事人的抗拒，也就是將抗拒視為一個可以深入了解當事人、並協助其了解自我的機會。諮商師在治療剛開始時就要去貼近與討論當事人可能的抗拒 (Tyber & Tyber, 2017/2017, p. 98)，使用歷程評論是很好的切入方式，也就是聚焦在此時此刻的當下所發生的情況。對於抗拒的回應就如同前段處理無效的人際因應方式一樣（辨識、肯定、追蹤與類化），也就是直球對決，但是以「暫時性」的猜測方式來回應。

（四）人際歷程取向在青少年諮商的運用

　　「人際取向」從字面上的意義就可以得知——「人際」問題其實就是許多問題的根源（像是家人關係、同儕關係、親密關係與職場上的工作關係），同時也是界定一個人身心健康的重要依據。在諮商過程中，當事人會將在生活中的人際關係帶入治療現場，可能其本身不一定會察覺到，但是治療師可據此來評估當事人在外面世界的可能議題或癥結，用在青少年身上非常恰當，畢竟青春期正是同儕影響與拓展人際脈絡最重要

的時期，而治療師運用「治療關係」來促成當事人的改變 (Tyber & Tyber, 2017/2017, p. 2)。

　　人際歷程取向就類似精神分析學派提到治療師在面對當事人時的「移情」現象，也就是當事人會將對生命中重要他人（如父親或母親）的情緒反應、投射到諮商師身上，藉此引發諮商師對其所期待的反應（如批判、生氣或憐憫），但是人際歷程做得更深入的一點是：諮商師到位的同理，由當事人決定其所要談論的材料，治療師同時提供當事人新的反應選項，而非其所期待的錯誤或不滿意的反應；其次，諮商師類似個人中心學派的傾聽與同理／確認，正確且深入同理當事人，讓當事人有賦能感；最後，人際歷程將治療關係視為改變的關鍵，也就是讓當事人真實體驗整個諮商過程（也是人際過程）、有不同的體會與頓悟，並嘗試運用新的人際互動模式在自己的生活中。

　　青少年或許在平日與人互動的經驗中，較缺乏被尊重與認可，因此讓其覺得自己渺小、不重要，也許會採用防衛或迴避方式回應他人，無法達成真誠與親密的關係目的；如同個人中心學派的治療師，當諮商師可以傳達和正確回應對當事人經驗的同理與了解時，當事人會流露真實自然的情緒，治療才開始。治療師與當事人的合作方式是－看見並了解當事人的痛苦或困境、感受到當事人的情緒、與當事人一起並協助其修通這個困境 (Tyber, 2000/2002, p. 35)，這樣的同理與不退縮是青少年很需要的，因為青少年對於成人的善意總是抱持懷疑的態度，但是也因為諮商師的堅持、不放棄，並持續表達其了解與感同身受，這種真誠一致是可以說服青少年的。

　　人際歷程取向將當事人視為主動參與者、掌控主導權，這一點也符合青少年的發展特性，正因為青少年是主動參與改變，因此相對地也會增加自信、願意嘗試及負起責任！治療師不將青少年當事人視為無能、需要仰仗諮商師，這一點符合青少年發展特性與需求。青少年進入諮商，抗拒是自然的，主要原因不外乎自我保護，諮商師可以用不批判的態度，與當事人討論抗拒的議題，而諮商師與當事人真誠一致的治療關係，可以讓當事人卸下心防、坦然面對自己，並為更好的自己與未來生活做改變。青少年或許將對重要他人之情緒投射在諮商師身上（所謂的「移情」），諮商

師可以接納與理解其情緒，並以新的反應回應，用這樣的互動方式建立同盟、讓當事人將焦點放回到自己身上做覺察與改變，並學習新的人際互動技巧。

治療師與當事人的夥伴關係與互動，是互相探索及合作的人際歷程 (Tyber & Tyber, 2017/2017, p. 70)，不同於當事人習慣的人際模式、就是矯正性情感經驗的展現 (Tyber & Tyber, 2017/2017, p. 65)；而治療師的反應（尤其是對當事人情緒的反應），讓當事人不需要迴避自己的真實感受，或是合理化自己的情緒，這一點對於青少年來說是很珍貴而重要的，畢竟青少年開始要步入成人階段，也開始意識到人際關係中不能誠實表現自己的情緒、以免破壞和諧或他人對自己的印象，而這些情緒規則或許與家庭教養息息相關，讓他們離自己的真我越來越遠、也更困惑。情緒是自我的一部分，沒有所謂對錯，諮商師提供一個安全的平台，讓當事人可以真實感受與表現自己情緒的同時，就是展現了接納與尊重。華人家族對於分離自主與親密依賴的定義很令人困惑（像是鼓勵個體自主獨立、卻又擔心個人與家族面子和尊嚴），因此為了維持表面上的和諧，需要隱藏或是偽裝真實的感受，諮商師展現新的關係模式（包含接納與表現情緒的部分），不需要委屈或是破壞親密關係，當事人自然願意將所學的、新的有效關係模式運用在生活的其他面向上。人際歷程提到我們與他人互動的方式，受到內在依附關係運作模式的影響 (Tyber & Tyber, 2017/2017, p. 112)，往往在無意識情況下就操作，卻沒有進一步去省思其可能已經無效，或無法滿足我們目前需求的可能性。

有些人誤解諮商的目的是治療師「協助」當事人解決問題，但是更正確地說應該是：協助當事人修通「卡住」的地方，去面對目前與未來生活的挑戰。也就是諮商師是站在支持當事人的立場，協助其看見自己的能力、拓展其觀點，然後進行改變。人際歷程取向就是站在優勢、力量的角度，邀請當事人主動、積極參與，增強其掌控感與自信，就更有能力面對與解決自己的問題。

第四章

認知行為學派符合青少年的發展階段與特性

前言

　　青少年的認知發展從具體到抽象，也會站在他人立場做思考，因此認知學派的介入很吻合這個階段的特色。認知與行為目前整合在一起，也就是認知與行為學派都接受彼此的觀點、相輔相成。只是想法、沒有行動，不足以造成改變，只是行動、卻沒有認知上的領悟，改變也不持久，當然這之中還是要有情緒的催化（所謂的「動機」），認知與行動之間才有緊密聯繫。認知的介入方式是一般人會思考、採用的方式，像是說服、說明、解釋或要求，但是若彼此關係不夠堅固，要進行這些說理，恐怕對方會口服心不服，或是敷衍了事。青少年階段的特色是在乎同儕關係，因此容易受到同儕壓力的影響、也擔心自己不被認同或接納，但同時也重視家長的意見與關愛，因此很努力在歸屬與獨立、被認同與展現自我之間掙扎，師長若能提供青少年適當的思考鷹架，就可以引領孩子更成熟周全的認識與執行，認知行為學派就可以在青少年身上發揮與展現其立論觀點的效力。

一、認知行為學派

　　一般說來，認知行為學派是最容易入手與進行的諮商理論，因為我們經常是以語言為溝通工具、企圖以說服或是建議他人的方式（試圖改變對方之看法）來做溝通（就某方面而言，諮商也是一種「談話治療」）。當然諮商不只是說服而已，還需要取得當事人的認同與合作，才能有效協助

其做改變。

　　一般說來，行為學派的基本觀點是「改變行為才是真正的改變」，認知學派的基本立論是「改變認知就能夠造成行為與生活哲學的改變」，目前這兩個學派都採用了彼此的觀點，也就是只要改變行為、認知與感受任何一項，就可以造成改變—光是認知仍不足，需要有行動的跟進；只有行動卻沒有想法的改變，改變也不持久。

（一）主要觀點

　　Albert Ellis 創立了「理情行為治療」(Rational emotive behavior therapy, REBT) 學派。他認為人基本上是屬於享樂主義（會趨樂避苦）的 (Dryden, 2007)，但同時有理性思考與非理性思考的潛能（我們還會不自覺地「自我灌輸」非理性想法），理性就是增進個人幸福與存活的機會（因此是彈性、不極端、合邏輯與現實），而非理性則是妨礙幸福與存活的（因此是僵固、極端、不邏輯、與現實不符）。人天生就傾向於發展非理性想法（而且會「自我灌輸」），但是也有潛能去抗拒這個發展，而人的知覺、思考、情緒與行為是同時發生的 (Corey, 2009; Dryden, 2007; Nystul, 2006)。主要的心理困擾 (psychological disturbance) 是對生活真實情境或覺知的困擾反應，源自於非理性思考，因此只有無條件接受自我、做出理性合現實的反應，而且有適當的困擾容忍度 (disturbance tolerance) 才是健康 (Dryden, 2007)，也正是理情行為治療想要達到的目的。

　　Aaron Beck 創立了認知治療 (Cognitive therapy, CT)，他認為人的行為基本上受到自己信念的影響，也就是我們的情緒反應和行為深受認知觀念的影響—是我們對自己或是情境的思考、信念與解釋，也就是我們賦予的意義如何 (Westbrook, Kennerley, & Kirk, 2008)？而人的認知、情緒或感受、行為與生理等四個系統彼此交互影響。

　　「認知取向」治療是屬於短期教育性的治療方式，其共同點 (Corey, 2009) 是：治療師與當事人是合作關係；認為心理困擾主要是根源於認知過程的功能受到干擾；因此改變認知會造成感受與行為上的改變。簡而言之，認知或理情行為學派看到我們人類思想的特色（所謂的「知易行難」），以及我們思考的許多盲點或錯誤，常常讓我們產生困擾情緒或無

效行為，因此希望藉由改變想法開始，讓我們意識到自己思考的可能謬誤，接著才有感受與行動的改變跟進，在實際做治療時，兼顧行為與思考的運作，以行動破除可能的迷思，也以適當思考排除行動的障礙。

行為主義不相信精神分析的「黑箱作業」（因為基本上我們是看不見「意識」或「潛意識」的），篤信一般人所謂的改變都是「看見」行為上的作為，同時這些行為是可以具體定義且做評估的。因此行為主義治療師相信：行為治療是聚焦在外顯、可觀察到的行為過程與認知；行為治療著重在當下、此時此刻；不適應行為主要是學習的結果；運用具體定義（所謂的「操作型定義」）與目標；行為治療是依據科學方法（有實驗結果的基礎）進行的 (Nystul, 2006, p. 237)。

常見的自我破壞信念 (Geldard & Geldard, 2004, cited in Westergaard, 2011, p. 99)

自我破壞信念	舉例
應該、必須的信念	「我必須要跟他做朋友，畢竟每個人都喜歡他。」
災難式信念	「如果我跟這個有關係，就一定會出差錯！」
「總是」與「從不」的信念	「我常常出去也沒有出什麼問題啊！」
挫折忍受度信念	「我的老師們老是在講一些無聊的話，說什麼現在的小失敗不重要，我以後會很有出息之類的。」
責怪他人的信念	「這不是我的錯，都是我朋友害我的！」
負面的自我知覺信念	「跟其他人相比，我覺得自己又胖又醜。」

Beck 與 Weishaar (1989, p. 296) 列出了一些常見心理疾病的「認知側面圖」(cognitive profile)，可以協助我們了解一些徵狀的可能思考障礙（如下表）：

疾病名稱	資訊處理的系統性偏誤
憂鬱症 (depression)	對自我、經驗與未來持負面看法
輕躁症 (hypomania)	對自我與未來的誇大想法
焦慮症 (anxiety disorder)	對生理與心理危險的感受

疾病名稱	資訊處理的系統性偏誤
恐慌症 (panic disorder)	對身體與心理經驗的災難式解讀
恐懼症 (phobia)	在特定、不可避免的情境感到危險
偏執狀態 (paranoid state)	歸因於他人的偏見
歇斯底里症 (hysteria)	對動作或感受的不正常觀念
強迫思考症 (obsession)	對安全的重複警告或懷疑
強迫症 (compulsion)	運用特殊儀式來抵擋覺察到的威脅
自殺行為 (suicidal behavior)	對解決問題的無望感與無能
厭食症 (anorexia nervosa)	害怕變胖
慮病症 (hypochondriasis)	歸因於嚴重的醫療疾病

（二）治療目標

　　理情行為的治療目標是減少當事人的自我挫敗感，獲得一個更務實、可忍受的生活哲學，也就是減少當事人的焦慮（自責）與（對他人與世界的）敵意，教導當事人自我觀察與評估，以確保情況的改善 (Gilliland & James, 1998)。認知治療學派的諮商師基本聚焦在「問題」上，接著檢視當事人信念或基模（認知結構，個人的基本信念與假設）的合理與否，然後就要讓當事人進入現實世界去檢視其信念（或基模）之可信度，發展新的因應方式 (Beck & Weishaar, 1989; Kellogg & Young, 2008)，也就是：解除徵狀、解決問題；協助當事人獲得新的因應策略及修正認知架構以防復發 (Moorey, 2007, p. 307)。

　　行為主義的治療目標是在於：協助當事人改變不適應行為、學習做更有效率決定的過程、藉由加強可欲行為 (desirable behaviors) 來預防（未來）問題，以及將改變的行為遷移到日常生活中 (George & Cristiani, 1995, pp. 90-91)。

（三）治療技術

　　REBT 結合了情緒、信念與行為三者，所以它的諮商技術也至少包含這三類，情緒技巧的主要目的是讓當事人與諮商師的工作中，可以體驗自

己的情緒反應，同時認清、質疑、與改變自己的非理性信念，強調「喜歡」與「必須」之間的差異；而認知技巧主要是用來增進當事人的信念改變，處理的是當事人生活中的「應該」與「必須」；此外，行為技巧的主要目的是運用不同的技術讓當事人改變不可欲行為、同時也有更好的適應行為產生，因為改變行為的同時就可以改變認知。青少年或許有自己的理想，但往往又受限於自己的義務與角色，因此可以讓他／她寫出自己「喜歡」或「應該」的為何，協助其釐清真正的目標。

Ellis 認為當事人在每次晤談之間的學習比晤談時段更多，因此「家庭作業」就相當重要，而 REBT 鼓勵當事人去執行協調之後的作業，也將家庭作業視為諮商過程的核心 (Dryden, 1999)。

CT 所使用的技術包含許多，除了 Beck 研發的治療方式與程序之外，還有放鬆練習、系統減敏、心理與情緒想像、認知與明確示範、停止思考 (thought stopping)、認知重建、冥想、生理回饋、語言神經計畫與「眼動減敏及歷程更新療法」(Eye movement desensitization and reprocessing, EMDR) 等 (Gilliland & James, 1998)。

行為主義的治療技術就更多元了，如教育（諮商師教導當事人一些解決問題的方式，如放鬆訓練、肯定訓練）、示範或模仿（諮商師也是當事人可以效仿的對象之一）、角色扮演（預演練習或空椅法）、系統減敏法（在教導當事人放鬆技巧之後，以想像方式呈現焦慮情境）、圖表紀錄、自我監控、代幣與增強制度、家庭作業等。行為理論讓諮商師了解：必須要在當事人準備好的前提下，才可以讓當事人去做適當的嘗試或實驗，要不然當事人容易受傷、失敗或復發。

（四）認知行為在青少年諮商的運用

1. 提供不同角度的思考

治療師的一個功能是「為當事人開啟另一扇窗」（「重新架構」也是其中一種），許多青少年是因為生命經驗與認知發展有限，因此問題解決方法就會較少，提供青少年相關的一些可能解決方法（特別是有人用過且有效的），他們其實就很容易理解。像是：「你說是出拳的力量比較大、

還是要把拳頭收回來的力量大？」「以前我聽說過一個跟你一樣大的同學說，別人罵我三八、可是我又不三八，罵錯了，所以就不用理他（對號入座）！」

2. 改變認知

從當事人所舉的案例中去找尋改變的契機。像是當事人若認為只要考好成績、就會得到別人的讚賞，但是她卻無法達成，因為她的成績不佳。讓當事人去做一項作業，訪問重要他人、說出她的優點並舉證。如果這項作業完成之後，當事人還是沒有被說服、自己還有其他優點可以得到認可的話，可以讓她去看看自己喜歡偶像的優點，延伸到每個人都有不同的優點與能力，只要對社會有用就好。改變認知不容易，但是若能夠讓當事人去觀察，甚至做一些小嘗試，可能就會打破其認知上的堅持或盲點。像是青少年很容易將自己的想法視為他人的想法（如「他一定認為我很蠢」），因此若能讓他／她去驗證一下自己的想法（像是在團體中用「繞圈子」的問法─輪流詢問他人對自己的看法或是認不認同「他一定認為我很蠢」這句話），青少年或許就會有不同的看見與理解，採用幽默或提供不同角度的看法，也是可以運用的方式。雖然理情治療也採用辯論的方式，然而並不一定能有效說服青少年，要當事人舉出具體證明或許更有用。

3. 故事或是其他經驗分享

諮商師可以利用繪本、故事書與影片作為媒介，或是談話的題材，甚至讓青少年可以瀏覽一些網站，讓當事人可以從中學習到一些智慧或道理，甚至可以看到別人也有這樣的經歷而不孤單，別人可以成功、我也應該可以！青少年也喜歡聽故事，不一定要以諮商師自身經歷的故事來做引子（畢竟彼此年代不同），而是以他們同儕的故事來舉證、更具說服力，請同儕分享自身經驗也不錯。

4. 家庭作業

使用「家庭作業」的目的是可以延續諮商效果，也可以讓當事人嘗試

與試驗不同的行為和解決方式，通常還會讓他們在認知上產生改變（像是當初認為不可行的、卻可以做得到）。「家庭作業」是認知治療很重要的一部分，不僅可以用來蒐集資訊、提供當事人將治療所學運用在生活上的機會，也可以讓當事人真正去體驗、試驗。在給當事人作業之前，需要與當事人協商並說明作業的意義與功能、清楚的方向、可能遭遇到的干擾等，也就是規劃「家庭作業」需要與諮商時段所發生的有關聯、合理有邏輯、符合當事人之生活情況、要有周詳規劃（並防止可能之困難或問題）。

「家庭作業」除了要配合諮商目標，也要為當事人「量身打造」，同時要注意當事人當時的處境或環境是否可以讓其順利進行作業（如讓當事人訪問家長，家長卻認為是「擾民」）？最好的方式是與當事人協商家庭作業要做些什麼？倘若不成，可以以哪一種方式取代？取得當事人的合作，「家庭作業」的完成率才會提高，也才能達成當初預計的目標，而善用不同形式的作業，可以達到既定的效果。

家庭作業的功能還包括連結諮商功能、維持兩次諮商的連續性、讓改變成為可能、打破當事人認知上的迷思（知易行難）或障礙，而行動作業通常可以讓當事人嘗試或實驗、進一步檢視自己的想法是否為正確。像是我們可以用「貝克三欄」來檢視自己可能的非理性想法，如下表：

貝克三欄舉隅

事件	當下的感受	可能的想法	其他轉換的想法
被老師罰站	很生氣	自己倒楣	可以抽空休息一下
同學誣賴我	生氣、難受、無奈	老師怎麼可以不相信我？	也許老師在氣頭上，過一陣子就清楚了。
上學遲到	緊張、擔心	老師會認為我是壞學生	只是遲到一次，下次改進就好。

我們在言語或用詞往往會影響我們的想法，像是採用絕對性、概括性或極端的頻率詞，通常會影響到個體的感受，也削減了行動的動力，因此倘若使用一些較為緩和、非決定性的用詞，感覺就不同。像是：

將「一定」「必須」的用詞做適當改變

原始句子	改變後的句子
我這次「一定」要成功。	我「希望」這次的結果可以比上次更好。
我「必須」要考及格。	我「想要」考及格。
她「應該」對我好一點。	她「可以」對我好一點。

5. 重新架構或重新框架（也可參見後面的「焦點解決」）

　　許多孩子因為不善於語言表達，因此就採用最直接的方式—行為—來表現，而其行為背後的動機是需要被了解的，一旦被了解之後，才可能與孩子商議其他有效的解決之方。諮商師也可以提供當事人另一個思考的角度或觀點，「重新架構」是可以使用的技巧之一，而藉由「重新架構」，也可以探索孩子行為的動機，像是「打人」，諮商師可以進一步詢問：「你也不想出手打他，可是因為他太煩了、你告訴過他很多次他都不聽，所以你才會生氣動手。」「重新架構」還可以看見孩子的優勢，如對一個懶散不寫功課的孩子：「你喜歡按照自己的方式寫作業，不喜歡別人叫你做什麼，是不是？」進一步的「重新架構」還可看到事情的不同面向與希望，如：「你有保護自己的能力，因為你的力量很大，我相信以你這樣的力氣，可以用在更棒的地方！」

　　「重新架構」是從不同的觀點（通常是「正向」的觀點）來看問題，這是諮商師的責任與能力，但也絕不是規避責任的方式。所謂的「責任」是指諮商師需要提供當事人不同的思考與看事情的窗口，像是孩子說：「我跟我媽常吵架。」諮商師使用重新架構的回應是：「哇，妳們母女倆儘管意見不同，但是很努力溝通啊！」有人誤會「重新架構」是替另一方說話（像是：「妳媽是為了妳好」），事實上並不是，而是從不同的觀點來看同樣一件事情，諮商師使用適當的幽默，也是另一種重新架構。

6. 適當運用行為技巧

　　對於青少年族群來說，許多事物光是靠想像、效果不大，若是能夠說服他們做一些體驗式活動、測試新行為，這些都有助於其想法或情緒之

改變。一般說來，最常使用的行為技巧像是測試假設、行為預演或角色扮演、安排活動、認知作業（包括寫日誌或紀錄）、想像、實驗、放鬆練習、冥想、呼吸控制、運動、肯定訓練等，也都可以成為當事人的「家庭作業」，用來造成或維持治療效果。此外，運用「自我對話」(self-talk) 的方式來改變一些不合理的「自我陳述」(self-statement) 也是不錯的方式。例如，自信不足的青少年，常常在發生一些負面或是非自己預期的事件時，可能就會「自動地」在心裡想說「你看，我就是這麼笨」或「我不可能做好」，嘗試用新的、正向的自我陳述（如「做錯一次，不會讓我變笨蛋」或「多試幾次，我就學會了」）來替代舊有的、負面的自我陳述，久而久之，自信心也會適度提升，至少不會每一次都將箭靶指向自己、徒增情緒困擾而已。

二、現實治療

　　現實治療是由葛拉瑟 (William Glasser, 1925-2013) 所創發，「選擇理論」(choice theory) 就是現實治療的骨架，「選擇理論」是一種「內在控制的心理學」(internal control psychology)，解釋了我們為何與如何為自己的生命做決定 (Glasser, 1998)。

　　Glasser (1975) 所創發的現實學派或稱 3R 學派（強調現實、責任、對錯）：「現實」(reality) 包括我們生存世界的限制，對當事人來說現實固然痛苦殘酷，但是會慢慢改變；「責任」(responsibility) 就是需要承擔後果（不能剝奪他人的權利，這就是「道德或對錯」right & wrong），也因為「討論」不負責任的行為無濟於事，因此需要積極「行動」，改變才可能產生。

（一）主要觀點

1. 行為改變的因素

　　現實學派以汽車來描述人類行為的幾個面向。人類的全部行為就像是汽車的四個輪子，前輪是「行動」與「思考」，後輪是「感覺」與「生理

狀態」，前輪的運作可以帶動後輪的傳動，任何一個行為的改變也都可能牽動其他行為之改變（張傳琳，2003）。造成行為的因素有行動、感受、想法與生理等面向，只要啟動「行動」與「思考」就可引發改變，所以讓當事人可以從小的動作或作業開始、願意去嘗試，或者改變他／她的想法，改變就可能產生。

2. 人有五種基本需求

　　人類的五種基本需求為：生存與孕育下一代、愛與隸屬、獲得權力、自由與樂趣，現實學派特別強調其中的「愛與隸屬」，包含人際關係，認為個人失功能或出現問題徵狀主要原因都是不滿意目前的關係 (Corey, 2009; Glasser, 1975)，若關係不能獲得滿足，可能就會用不需要關係或追求「非人」(nonpeople) 的快樂（如嗑藥、上網）來替代 (Glasser, 1998)。對青少年來說，除了生存所需的營養、安全之外，有人愛、知道自己隸屬於家庭或被同儕接納，對生活有若干掌控感、而不是都靠他人決定，得到適度的活動與選擇自由，在生活中有樂趣與快樂，就是滿足其需求、也會朝正向成長。倘若其中有需求未獲得滿足，青少年或許以偏差或危險行為來獲取權力感、他人的憐憫或關愛；青少年的創意與好玩通常是連結在一起的，卻經常被成人視為不成熟或無厘頭的表現。每個人的需求都有其優先次序，像是一般人肚子餓時想要趕快吃到食物，即便朋友邀約要去看喜愛的戲劇，可能也要緩一緩，但是若放在愛戲成癡的人身上，可能次序就不同。從這些需求來看青少年帶來的議題，會讓諮商師有較清楚、明確的假設，隨著治療進展，就可以帶領青少年以更有效、負責的方式滿足其渴望。

3. 行為都經過選擇

　　人的行為是經過自己意識的選擇，因此諮商師的工作是：協助青少年選擇「有效的行為」滿足其需求。「選擇理論」說明我們的需求不是「直接」被滿足的，而是我們自出生開始就注意到做哪些事會讓我們「感覺良好」，然後將這些資訊儲存在大腦裡，於是大腦裡就建立了一個我們「想要」(wants) 的檔案（或稱之為「優質世界」，quality world），優質世界

是我們生活的核心，而「人物」就是我們優質世界裡最重要的元素 (Corey, 2009)。

由於「現實治療」是以「選擇理論」爲基礎，認爲人的每一個行爲都經過自己的選擇，因此也可以在諮商過程中提出「選擇」讓學生自己做決定。像是對於非自願當事人，可能有許多抗拒行爲，那麼不妨讓他／她做一些選擇，如：「你可以不需要在這裡待一節課，如果我們可以在五分鐘之內，把該做的做完，你當然就可以離開，你認爲呢？」或者：「你在這裡可以不說話，或者也可以做一些事情？我這裡有一些繪本、玩具，你要不要試試？」選項中要很明顯地讓當事人可以區辨出哪一個「較喜歡」（通常就是諮商師要他／她做的選擇（待五分鐘或做些事情）），這樣他／她就會更容易做選擇，既然選了，就需要爲自己做的決定負起責任來。因爲現實世界無時無刻不在變動，也因此我們需要學習不同的方法來適應或滿足需求 (Glasser, 1975)，倘若不知變通，也可能採用了目前無效的方式因應或解決問題，因而造成困擾。

（二）治療目標

現實治療的目標有：行爲改變、做更好的決定、增進重要關係、讓生活更好、以及心理需求可以獲得更有效且滿意的結果，換句話說就是可以學習做更好、有效的選擇，對自己對生活更能掌控 (Corey, 2009)。

現實治療學者認爲我們隨時都在「行爲」(behaving)，而現實治療所謂的「全部行爲」(All behavior) 就是我們努力去滿足自己需求的最佳企圖，是由不可分割的四個部分（行爲、思考、感受與生理）所組成 (Glasser, 1998; Glasser, 2000)，這四個部分都是同時發生的，也因此行爲都是目的導向的。Glasser 曾經以憂鬱來舉例，說明人的選擇與背後的目的，他用了 depressing（主動語態）而非 be depressed（被動語態），就是說明了人主動「選擇」憂鬱行爲、而非被動式（受害者），而憂鬱行爲背後可能有想要達成的目的（如受到關切或注意、不想行動或負責），因此若要有所改變，也要意識到採用「憂鬱」並不能有效解決問題，需要思考其他可行之道！

現實學派治療過程 (Glasser, 1972, cited in George & Cristiani, 1995, pp.

95-96) 包括：參與—與當事人建立溫暖與了解的關係；聚焦在行為而非感受上—強調當事人知道自己在做什麼；聚焦在當下—除非過去與現在的行為有關，才需要去探索過去；做價值判斷—協助當事人檢視自己所做的，並檢驗是否為負責的行為？擬定計畫—訂出具體執行計畫、將不負責的行為改為負責任的行為；做出承諾—計畫只有在當事人願意做出執行承諾時才有價值；不接受藉口—不是所有計畫都會成功，但是一旦計畫失敗，就要發展新的計畫，而不是檢討為何會失敗？去除懲罰—計畫失敗無須懲罰，只要繼續執行未來計畫便可。由此可知，治療師始終陪伴在當事人身邊不離不棄，且協助其修正與訂立更有效的解決方式。

此外，現實治療學派還有明確的 WDEP 系統，也是屬於簡單、容易明瞭的治療過程：

現實治療的 WDEP 系統 (Corey, 2001, p. 83; Glasser & Wubbolding, 1995)

意義	目的
W（wants, 想要）	探索當事人想要、需要與覺知的為何？
D（direction, 方向）	探索目前所做的是不是自己想要前往的方向？要如何達到？
E（evaluation, 評估）	評估當事人目前所做的是否協助其往目標邁進？
P（planning, 計畫）	擬定與發展具體現實的計畫來達成目標

（三）治療技術

現實治療學派較少提到「技術」的運用，諮商師會選擇適當的技術做介入（如同理、專注、傾聽、隱喻、適當使用幽默感、自我揭露、摘要與聚焦等），其他則是以「原則」說明較多，如：治療師態度要堅決、公平與友善，不批判、不預設立場，建立界限、遵守專業倫理等，以及一些「必不做」（不要爭辯、不用老闆式管理、不批判或強迫、不貶低自己、不灌輸害怕、不找藉口與不輕言放棄）。治療師主要是讓當事人有「希望感」——這是改變很大的動力（張傳琳，2003；Wubbolding & Brickell, 1999/2003）。

（四）現實學派在青少年諮商的運用

1. 協助當事人做有效的選擇與行動

　　現實治療所謂的 3R 的確也是我們對於青少年族群的期許，期待他們可以認清現實、承擔責任、了解是非對錯，也為自己的選擇負起責任。我們的行為是自己主動的選擇 (Glasser, 1975)，而當事人之所以發生問題，主要是用了無效的方式來滿足其需求，因此諮商師的任務之一就是協助當事人可以採用「有效」的方式滿足他 / 她的需求，或是做更讓其滿意的選擇 (Glasser & Wubbolding, 1995)。像是當事人使用暴力欺負同學、學校就請家長來關切，諮商師可以讓當事人理解怎樣的行為可以獲得家長的「關心」而不是「擔心」，也針對其「可欲行為」（符合社會期待）做讚許與增強，這樣當事人就會持續朝這個方向前進。青少年往往會認為自己無所選擇或被迫做選擇，這樣也逃避了責任，而現實學派治療師會讓當事人看見自己是有選擇的，但是這樣的選擇是否達到自己想要的目標？倘若沒有，可以做更有效的選擇嗎？

　　Glasser 也提到愛與歸屬是需求之源，若此需求未獲滿足，便造成許多心理疾患（張傳琳，2003）。青少年的愛與隸屬需求，會延伸到家庭之外，發展及拓展同儕與親密關係，而同儕與親密關係的基礎，正是在家庭中與主要照顧人的依附關係，人際關係是心理健康最重要的指標，對青少年尤然！青少年想要與人建立有意義、給予與接受相當的良善關係，即便在網路時代的青少年，臉書與 Instagram 等社交媒體，就是與他人聯繫、建立自我認同的重要管道，進而從親子的依附關係拓展到同儕和親密關係。

　　一般人會有想做的重要事項，不做就覺得空虛或無聊（這是所謂的「正向上癮」positive addicting），也從中獲得正向的成功認同；反之，若不願意改變、且持續採用無效的解決方式，可能就會造成惡性循環，個人對自己越來越不滿意，就是負向上癮 (negative addicting)、形成「失敗認同」(Glasser & Wubbolding, 1995, pp. 300-301)。青少年需要被看見自己的價值與成就，因此值得給予第二次機會修正或改善，有時候礙於經驗或能力不足，可能用了錯誤、無效的方式，諮商師協助其看見更多選項，且為

自己的行為負責。負責任是心理健康的指標 (George & Cristiani, 1995)、也是力量的展現 (Lister-Ford, 2002)，因此說明了為自己選擇負責的人是有力量與自信的！

2.適當的計畫與執行

現實治療會協助當事人擬定可行的計畫，並隨時做評估與修正，務必達到目標。倘若學生想要有更多朋友，那麼諮商師就與其一起研擬該怎麼做？也在每次執行之後、評估效果如何，成功的方式就保留下來，較無效的方式就做改進。學生執行計畫需要有人陪伴與鼓勵，才容易堅持下去，諮商師正好可以擔任這樣的角色。有效的計畫是依照個人特質、資源或需求打造的，有具體的目標行為，用正向的語言描述，而且著重過程（非結果）(Wubbolding, 2000, cited in Corey, 2009, p. 328)。

3.永不放棄

現實治療很重要的一個原則是「不放棄」，沒有逼迫的意涵，只有一直陪伴與鼓勵。青少年是很容易被放棄的一群、也容易在沒有持續支持下自我放棄，有時候是因為成人不了解、沒有耐心去探討可能原因，所以連帶地孩子也就自暴自棄了。諮商師不願意接受藉口（當事人用來逃避責任之用），同時也以鼓勵、正向的態度，協助當事人擬訂具體可達成的目標，陪伴當事人，也是當事人願意商量的對象。現實學派治療師掌握現實條件、對錯原則以及負責任的態度，協助當事人過著滿足其需求、卻不妨礙他人權利的有效生活，這其實也是我們希望教育下一代、繼續傳承的重要價值觀。

案例一

大二男生小旭因為自己體重過重、外表不吸引人，屢屢告白也慘遭拒絕，心情鬱悶之下找到學校諮商師。諮商師了解其期待與需求

（愛與隸屬），於是就從他最想要的減重開始、一起擬定計畫。但是小旭很遲疑，他說自己已經不知減重多少回了，效果不彰，很害怕再度失敗！諮商師說小旭要讓自己更具自信的動機很強，因此先評估了他的 WDEP，特別著重在有效可達成的計畫上（包括飲食、運動與靜坐）。為了讓小旭的計畫得以成功，諮商師每天一大清早五點多，就陪小旭去晨跑，兩個人還可以邊跑邊聊；飲食的部分小旭可以控制得很好，也棄絕了高熱量食物、多喝水，同時保持心情愉悅，就不需要以攝取食物為發洩管道。兩個月後，小旭的體重從一百多降到二位數，諮商師已經不需要每天陪跑，但是都持續關注小旭的狀態。結果期末時小旭說，之前他苦苦追求的女生竟然主動邀他參加活動，因為小旭已經是翩翩少年郎，他對自己的自信也洋溢臉上！

案例解析

　　小旭對於自己體型的不滿意，加上被心儀的女性拒絕多次，對自己就越無信心（負向上癮）。諮商師協助他看見更多選項，且共同擬訂較為有效的執行方式，還不離不棄、陪伴他履行計畫 (WDEP) 及做更好的修正，幾個月下來就看見成效，也讓他恢復了對自己的信心。

案例二

　　國二生小傑因為家庭經濟困難，也想為單親母親分攤家計，因此每天放學後就去附近運貨行打工，因為未滿法定年齡、打的是黑工，所以收入少。小傑是因為上課經常精神不濟、作業也忘記交，學業成績直直落，才引發導師的關切、要他來見見輔導老師。小傑見到輔導老師也很直白道：「我覺得這是浪費時間！」老師笑笑說：「即使是浪費時間也只是這一次，我也希望你不必再過來。」輔導老師詢問小傑打工天數與收入，然後將這些資料一一列出，此外，老師另外列了高中／職畢業後可以從事工作的選項及收入，明顯可以看出後者條件較為優厚。數日後，小傑來找輔導老師談高職選擇與錄取分數。

案例解析

　　老師沒有勸小傑辭掉兼差工作，只是讓小傑看見更多、更好的選

項，同時把事實擺在他眼前，讓小傑自己做判斷與決定。當然老師也可以與小傑一起商議其他的選項，只是因為時間不足，可能沒有做到WDEP 的流程，但是老師展現「事實」（國中與高中畢業的收入與工作選擇），讓小傑去思考目前所做的是否為有效方式？可否達成其目的？還是有其他轉圜之道？

案例三

接近畢業前一個月，小珍來到學生諮商中心爆哭，她說同學好像都知道自己接下來要做什麼，也開始做了像是找工作、報考研究所或補習考公職，自己卻不知道要往哪裡去？她說她的一生都毀了，毀在父親當初替她選的學校與科系，她在這裡一點都不快樂。諮商師問小珍：「那妳自己想做什麼？」小珍呆了一下，然後搖搖頭，接著諮商師詢問小珍這四年來的成績，她說都還好、低空飛過。諮商師讚許小珍的聰慧與負責，即便在自己不喜歡的系所，還是可以應付。小珍還是回頭埋怨父親替她做的選擇，諮商師說：「妳父親只是為妳選了學校與系所，但是接下來要怎麼過、還是妳自己的選擇不是嗎？過好過壞，妳父親無法控制。」然後諮商師就與小珍討論接下來畢業前一個多月，她可以為自己做哪些事？

案例解析

諮商師在教導小珍現實學派的選擇理論，要小珍為自己負起責任，而不需要將時間浪費在抱怨與埋怨已逝之過去，然後規劃下一步行動。責怪他人似乎比較容易，但是願意自己承擔責任，也較不會後悔！

第五章
從優勢觀點看青少年的後現代治療

前言

　　本章要介紹的兩個治療取向─敘事治療 (narrative therapy) 與焦點解決短期治療 (Solution-Focused Brief Therapy, SFBT)─都屬於後現代治療 (postmodernism)，其理論是以「後建構主義」(post-structuralism) 為基礎，主要理念有「主體性」（每個人都是主體、都有其價值與觀點）、「意義」（意義是從人的互動中產生、也共創出來），以及「語言」（語言使用的重要性）(Weedon, 1997)。

　　後現代取向重視當事人的觀點與其內在參考架構，將當事人視為自己問題的專家。所謂的「後現代治療」是 (Tarragona, 2008, pp. 172-175)：從不同領域（含括了哲學、人類學、歷史、語言及文學理論）獲得啟示，並採用社會或人際對知識與認同的觀點，注意到環境脈絡，以語言為中心的概念，也重視地方性知識（或個人的知識），相信個人動能（personal agency，能夠自己做決定並採取行動），重視多元觀點與聲音；而對於治療的看法是：治療是夥伴關係，當事人是主角，治療師的公開或透明很重要，同時注重「有效的」方式。每個人都有被看見與認同的需求，青少年當然也不例外！家長與學校師長或是社會人士，往往站在批判、責成的立場看青少年，也就是要求、找缺點多於傾聽、理解及看見優勢，因此後現代的焦點與敘事治療的「賦能」(empowerment) 觀點，最容易讓青少年減少抗拒、找回自身的權力與價值！基本上不管是何種理論取向的諮商師，若是能夠以「正向的意圖」(positive intent) 來看當事人，就可以協助當事人更了解自己，不會加深其挫敗感或無力感，這樣不僅可以讓諮商過程順

利進行，也讓他／她有機會從他人角度來審視自己。換言之，諮商師將當事人行為視為正向動機時，就有機會創造互動機會，也讓孩子了解他們自己、別人怎麼看他們 (Pereira, Smith-Adcock, 2011, cited in Smith-Adcock & Pereira, 2017, p. 115)。

一、敘事治療

　　我們喜歡聽故事，成長之後也開始說自己的故事，我們也從自己的故事中看見自己的模樣，了解自己喜歡與感興趣的為何？什麼對我們來說是重要的？想要成就的又是什麼？說故事也是一種諮商師可以善用的技巧，我們可以從故事中認識一個人、了解什麼對他／她是重要的。有時候青少年不喜歡提自己的事，諮商師不妨說：「那麼就說說隔壁老王的故事吧！」偶爾當事人來是要問自己的事、但是又有顧忌，因此會提到：「這是我朋友的事。」也沒關係，先讚許他／她對朋友的義氣與關心，然後聽聽他／她說什麼。怎麼看出說故事的效果呢？當當事人的語言及情緒表達增加了，表達正向情緒的機會增多了，與諮商師之間的依附關係更深，當事人也表示對正向改變的希望增加了、更願意合作，加上故事中所針對的問題有明顯改善時 (Sommers-Flanagan & Sommers-Flanagan, 2007, p. 117)。

　　敘事治療強調的是諮商師與當事人在持續的敘事中建構意義，個人賦予事件或人物的意義及人際的脈絡是最重要的 (Sexton, 1997, p. 12)。敘事治療是將當事人視為自己與自身問題的專家，將當事人當作最重要的資訊提供者，由他／她來告訴我們他們是誰？他們如何看事情或是人物？對於世界的觀點又如何？想要如何安身立命？治療師像是一個專注的聽眾，偶爾提問重要的問題，或是告訴當事人諮商師看見當事人的優勢與努力為何？持續予以鼓勵及支持。敘事治療從 1980 年早期的紐西蘭與澳洲開始發跡，主要代表人物為 Michael White (1948-2008) 與 David Epston (1944-)。White 不以「病態」觀點來看當事人，同時摒棄治療師的「專家」立場，強調一個人的多元身分與故事，而人的身分、價值觀與信念都因為文化與語言而有不同 (Payne, 2007)。

（一）主要觀點

1. 建構與社會建構理論

　　Michael White 的治療哲學是從「社會建構理論」(social constructism) 而來，個人不只受到文化與環境的影響，而所謂的「事實」也是個人實際體驗之後所發現的真相 (Halbur & Halbur, 2006, pp. 75-76)，我們是藉由創造自己對環境的建構而展現對世界的理解與意義 (Kelly, 1955, cited in Nichols, 2010, p. 94)。建構主義指出個人建構知識是經由主動編碼 (encoding) 或詮釋的過程 (Gonçalves, 1997, p. xiii)，換句話說，就是個人對於自己問題的了解，如何解讀行為並賦予意義 (Nichols, 2010)。

　　因此建構主義是強調個人主觀上對事情的解釋和理解，而社會建構理論則是說明了語言的使用與文化是互相影響的，我們的世界觀是從與他人互動及對話中產生（或建構出來）(Nichols, 2010, pp. 94-95)，語言的形塑也創造了個人在文化中的意義 (Zimmerman & Dickerson, 2001)，因此 White 與 Epston 特別注重語言的使用，甚至強調治療師本身要對語言相當地敏銳、也能夠正確地使用 (Payne, 2007)；既然意義是從人際互動中產生與建構，在治療中自然也可經由「解構」(de-construction) 過程、脫離陷溺中的信念或想法、重新產出意義 (Nichols, 2010, p. 96)。

2. 敘說與解釋形塑了生命意義

　　從敘事的觀點來說，「個人」是由故事所建構而成，治療師邀請當事人決定自己喜愛的故事版本，協助他們留意適合這個版本的生命經驗，讓這些經驗可以更豐富、塑造當事人喜愛的身分。每一個人也是藉由「敘說」來定義自己生活的意義，因此每個人所說的故事也決定了我們是怎樣的人、會有什麼樣的行動 (Halbur & Halbur, 2006, pp. 75-76)。然而我們所敘述的故事，在許多情況下是受到文化或社會價值（「脈絡」）所影響的「主流」故事 (dominant stories)，欠缺個人的主體性，以多數決或是大多數人的看法來看個人、忽略特殊性，也因此加重了「問題」的嚴重性。敘事治療學者認為我們的故事是多面向的 (multistoried)、不限於一個「主流故事」，即便一個事件也可以有不同的故事產生 (Morgan, 2000)。

3. 觀點與多元身分

敘事治療所謂的「觀點」(perspective) 是指看事情的角度、賦予生命意義的方式，同時也是一種生活方式 (Bubenzer, West, & Boughner, 1994, cited in West & Bubenzer, 2002, p. 358)。文化、社會與政治因素會影響在其中生活的人，特別是與權力有關的一切，滲透到個人生活及更廣範圍，因此敘事治療師看見主流社會的觀點對一個人生命與觀點的影響。每一個人有不同的身分（如同時是兒子、兄長、學生、球賽選手等），但是自己會選擇偏重其中一些角色（如兄長或兒子），倘若表現不如自己預期或理想（甚至現在有鄉民或網民的影響），就可能以主流價值觀或標準來定義自己的好壞；治療師將當事人視為自己生活的專家，認為人有技巧、能力、信念、價值觀與承諾等，可協助當事人看見與建立其他身分 / 認同，減少問題對當事人的影響。因此敘事諮商師的功能在於：了解當事人最初所敘述的故事（通常不符合主流社會的標準），然後將問題外化 (externalize the problem)、讓「問題」與「人」分開，使當事人有機會隔一段距離看自己的問題、不會陷溺其中，接著就尋求特殊結果的可能性，隨著解構故事的同時、發展也豐厚新的故事 (Halbur & Halbur, 2006, p. 77)；而在治療過程中，治療師會運用問題來鼓勵當事人去反思不曾注意到（或被忽略）的資源，協助故事的展演（包括使用「外化問題」、深描故事（將故事做更細膩描繪並具體舉證）、了解「特殊結局」（並創造出當事人所喜愛的其他特殊結局），寫信或是給予獎狀激勵（也肯定）當事人的成就，以及邀請與當事人相關的重要他人參與（包括儀式，這些見證人可以讓當事人新的故事浮出檯面），讓當事人新建立的身分更堅實可靠 (Tarragona, 2008, pp. 184-188)。

4. 解構「人」與「問題」的連結

敘事治療最著名的就是「外化問題」。「外化問題」就是不將「人」與「行為」綁在一起（如對「霸凌他人的學生」說：「讓別人不好過這件事對你的影響是什麼？」），可以讓當事人有空間去創思解決之道、不自困於問題當中，甚至是抽離出問題情境，讓當事人脫離「負面身分」，創

造出個人更多元的身分 (White, 2007/2011)。但是要注意的是：治療師並不是協助當事人逃避責任（如霸凌同學），而是讓當事人不會因為無法掙脫某個身分（如霸凌者），而阻礙自己可能有的優勢與問題解決之道。

（二）治療目標

　　敘事治療目標通常由當事人決定，治療師陪同當事人「重寫」他們的生命故事，換句話說，就是協助當事人打破「膚淺描述（繪）」(thin description)，與當事人「共同著作」(re-authoring) 新的、當事人較喜愛的生命（與關係）故事 (Morgan, 2000)，或者說治療就是「關於個人敘事的再開發，以及自我認同的重新建構」(White, 2007/2011, p. 70)。敘事治療讓當事人看見自己在「主流社會（或文化）」所定義的「單一身分」之外，還有其他被忽略、漠視或是刻意壓抑的「非主流」身分 (identities)；例如協助一位「霸凌加害者」（主流社會的觀點）重新看見自己其他的身分（如「會保護妹妹的好哥哥」或「體貼的兒子」），而不是單一、負面的「霸凌加害者」而已。換言之，敘事治療目標不在於解決當前的問題而已，而是協助當事人可以朝往更好生活的目標持續邁進 (Payne, 2007)。

（三）治療技術

1. 問題技巧

　　一般諮商師問問題是以蒐集資料為最先，但是敘事治療師「問問題」是為了要引發經驗而非蒐集資訊，在引發了當事人更多較喜愛的實際經驗時，問的問題就有治療功效。基本上有以下幾種問題 (Freedman & Combs, 1996)：

　　(1)「解構問題」(deconstruction questions)──協助當事人從不同角度看自己的故事，如「與同學對嗆」是「你希望同學尊重你的意見」。

　　(2)「開放空間問題」(open space questions)──一旦問題角度拓寬了，就有許多空間可以容納「特殊結局」，如「當你不是那麼在乎別人的看法時，你想做什麼？」

　　(3)「較喜愛問題」(preference questions)──在與當事人一起共構新的

故事時，要一直反覆確定故事的方向與意義是不是當事人較喜愛的？

　　(4)「故事發展問題」(story development questions)──在空間足夠容納一個特殊結局，或當事人喜愛的發展時，就可以開始詢問讓故事更深描的問題（用經驗來佐證）、鞏固新身分的故事。

　　(5)「意義問題」(meaning questions)──邀請當事人從不同的角度反思自己的故事、自己、以及與他人的關係，可以讓他們重新去思考與體驗特殊結局、較喜愛方向與新建立故事的影響等。

2. 外化問題

　　治療師會詢及「問題」對當事人的「影響」、也會問當事人對「問題」的影響爲何？也是將「人」與「問題」分開，協助當事人從不同角度思考問題。外化問題是「解構」敘事的一種形式，可以用來決定形塑當事人生命的眞正效果 (White, 1991, cited in Becvar & Becvar, 2009, p. 262)，由於「外化問題」是將當事人與問題做切割，不讓「問題」成爲個人內在、不可改變的缺陷，而當事人也可以抽開距離去看自己面臨的困境，比較容易思考出解決之道，如「沒有問同學就拿走她的東西，對你來說有什麼影響？」重點不在於「問題」，而是其背後所持的信念 (Halbur & Halbur, 2006, p. 77)。

　　使用外化問題主要是希望可以 (White, 1989, cited in Payne, 2000, pp. 55-56)：減少人與人之間無建設性的衝突（如手足之間的互相責難）；減少失敗的感受（因爲問題並不代表人本身）；可以爲彼此的合作鋪路、共同對抗問題；打開新的可能性，個人可以採取行動、恢復自己的生活；讓個人可以擺脫壓力與重擔，採取更有效的方式去處理問題；就問題而言，可以打開「對話」的可能性，而不是個人的獨白。然而，外化問題並不一定是適當的，只是在解構某些固定的、積習已久的主流故事時最有效；經由「命名」來做外化，有時候失之過簡或過難，無法眞正協助當事人；當在定義「壓迫」的情境（如被威脅、虐待）時，「外化問題」就不適當，此時要特別注意使用時的態度、信念與策略 (Payne, 2007, pp. 62-64)。

　　諮商師在治療過程中不斷地使用「外化問題」，這樣的作法並不會讓當事人逃避責任，反而會讓當事人更願意承擔責任 (White, 2007/2011)，

然而外化技巧並不是用來解釋破壞性的或凌虐式的行為（如家暴或霸凌），而此類行為所隱含的信念或假設可以用外化方式處理，像是家暴事件中的施暴者其信念可能是「想要家庭更團結」(Payne, 2007)，或霸凌者是「不喜歡對方否定自己」。

3. 解構與重寫

敘事治療師認為可以將經歷過的故事賦予新的意義，而當事人所選用的故事也決定了他／她是怎樣看自己的。大部分當事人可能受限於主流論述的影響，將自己定位為受害者或是無力的弱勢，敘事治療就是要協助當事人看見主流故事之外的「非主流」故事，然後將其強化、成為個人的主流故事。敘事治療運用「解構」的方式，讓當事人不再受到主流文化與論述的影響，擺脫了受文化限制與壓迫的主流故事（或是「浸潤在問題中」的故事），讓當事人有機會去探索某個情境或事件的其他不同面向，重新建構（重寫）一個屬於自己的、可能的其他故事（或身分）(Monk, 1997)。人類是「解釋」的動物，我們會將日常生活中所經歷的合理或意義化，而我們對於自己的故事是將一些事件以特殊方式、透過時空加以連結，然後找到解釋的方式或是讓其對我們而言是有意義的。

4. 治療地圖

治療有所謂的「地圖」(map)，就是新身分可遵循的方向。一般是由當事人仔細描述問題、也為問題「命名」，治療師要有足夠的敏銳度與創意，指出故事中更多可能性的線索，然後依據這些線索問一些問題，可以將原先的故事作修正、開啟改變的可能性 (Payne, 2007)。治療師與當事人在敘事治療過程中，遵循著當事人想要的身分與方向，累積有力的佐證故事（深度描繪）、慢慢將新身分堅固起來，也讓當事人看見了希望、可以繼續努力的路徑。

5. 治療文件

Epston (1994) 認為書寫的文件或紀錄，不會像對話一樣很快就消失，而且還可以在往後重複閱讀，而其影響也可以持續下去 (cited in Becvar &

Becvar, 2009, p. 262)，也提醒當事人曾有過的經驗與領悟，因此敘事治療師會善用其他可以支持新故事或線索的證據與資料，也會提供當事人這些可以保存或重新拿出來見證的素材，用來強化、鞏固與鋪陳當事人新的故事與身分。治療師會將治療過程中的所有一切都記錄下來或蒐集起來，也鼓勵當事人這麼做，主要是因為這些紀錄或是資料都是有關於當事人的想法、發現與成就，都可以作為佐證資料。

不管當事人的年紀與性別，若能善加運用文件或記錄，都可以對當事人未來面對挑戰或遭逢生命困阨之時，重新回味自己曾有過的成功經驗或榮耀，對當事人來說，就是延續諮商療效的一種有效方式。在治療過程或是結束治療關係時，諮商師可以將自己觀察當事人的努力與進步（或是諮商師從了解當事人，或是自其身上所學到的）書寫下來、交給當事人留存，許多當事人都會好好保存，也藉此提醒當事人有過的努力與輝煌成就。如同有些諮商師會將當事人或是參與諮商團體過程中的作品保存下來，最後贈予當事人或個別成員留作紀念一樣，是有意義的成長紀錄，也可以在需要時拿出來重新回味、提醒或惕勵自己。

6. 重新加入會員 (re-membering）

治療師也會邀請與當事人相關的重要他人加入治療（可以是親人或觀眾、目睹當事人的改變與受到的影響，或是其已過世的親友或重要人物，邀請他們「重新加入會員」，這些都是重要的「目擊證人」(external witnesses)，讓當事人新的認同與身分，因為有人目睹作證而更為扎實、可信(Payne, 2007)。重新加入會員的作法讓當事人發現自己不孤單，或是曾有過的被欣賞與喜愛經驗（自己不是「一無是處」），當事人的其他身分／角色被肯定與認同，生命還是有意義和重要使命需要繼續努力。

案例一

小育曾經是中輟生，但是他在輟學近一年之後回到校園，雖然有一段時間不能適應，但是情況慢慢好轉，也得到師長與同學的幫助、

步入正軌。輔導老師邀請小育擔任中輟生顧問，認為他自身的經驗可以做許多人的典範，也很正式地頒給他一份顧問證書。有一回，輔導老師特別邀請其與另一位可能中輟的學弟阿華談談。阿華因為參加宮廟活動、經常不來上課，也不認為國中畢業對自己有什麼好處。小育以自身的經驗與阿華談過之後，阿華願意多來學校上課，輔導老師另外安排同學協助阿華落後的功課，阿華終於能夠順利畢業！

案例解析

將小育列為中輟顧問、讓他能夠分享自身的經驗與智慧給學弟妹們，這也是將當事人當作專家的一種作法，在敘事治療裡會使用不同的證書來證明當事人的能力，況且以同儕及過來人身分分享經驗，其效能較之輔導老師的說教或是晤談更具有效力！

案例二

阿豪剛升上高一、但是有嚴重的適應不良，他先是從請假開始，慢慢地請假次數多了，父母親對他的類似拒學情況很不諒解，也提到他之前其實課業成績不錯，也很有學習動力，但是為什麼一上高中就變了？起初家人將此現象歸因為到新的學校與學級需要花時間適應，但是後來看見阿豪在家無所事事、沉浸在手機與電腦裡，就會有恨鐵不成鋼的想法，與阿豪對話的語氣就較為嚴厲，沒想到阿豪後來連自己房間門也不出了，家長擔心孩子出事，這才緊急聯絡學校！學校輔導老師登門拜訪，先是與阿豪聊在家生活的情況、擅長的網路遊戲，不將阿豪的「拒學」當作話題，後來提到「選擇不去學校一定有很好的理由」，以及不去學校對自己與家人的影響（將問題外化），阿豪說同學都用異樣眼光看自己，讓他不舒服。他也擔心自己一向的好成績無法維持像以往那樣、辜負雙親。老師詢及阿豪崇拜的偶像會怎麼說？阿豪道：「反正每個人都不是一直都表現很好，不要擔心這麼多！」接著與阿豪擬定「進攻計畫」，先是出奇不意出現在班上英文課（這是他最喜歡的課）上，然後用視訊方式在輔導室的「專用空間」上課、順便可以觀察班上其他同學的情況，阿豪發現他可以協助有些

同學的英文疑難，就將其「專用空間」變成「顧問室」、慢慢與同學
拉近距離。

案例解析

　　阿豪的拒學有其原因，輔導老師尊重他的解讀、不強迫他立刻返
回學校「正常上課」，而是以「突襲」方式進入教室，然後再以視訊
方式上課。當然輔導老師需要先取得任課老師的同意，並事先與同學
溝通、邀請他們協助。在輔導室安排「專用空間」是阿豪提出的，他
也從單純的學生變身為「英文顧問」，較無學業壓力、也對自己的學
習更有信心！

（四）敘事治療在青少年諮商的運用

1. 故事的功能

　　敘事治療過程很輕鬆、有目的，治療師採用非專家的「去中心」
(de-centering) 立場，將治療視為「雙向」的過程 (Andersen, 2003; Payne,
2007)，很適合青少年。青少年往往因為自己的年紀與身分，覺得自己不
受到重視，在與成人互動時也有明顯的權位差距，甚至感受到自己沒有主
體性、只有承受的份，同時青少年通常也被成人以主流文化的標準評估好
壞，感覺都是他人「說了算」。敘事治療的諮商師將當事人視為專家、鼓
勵其主動參與、講述自己的故事，就是很棒的賦能動作。雖然敘事治療沒
有特別強調民主平權，但是這樣的晤談就是「互為主體性」的對話，展現
的也是青少年想要並學習的尊重及自主。

　　我們都喜歡聽故事、也喜歡說自己的故事，青少年也是如此。敘事治
療給他們有機會說自己的故事，而且是有力量、以他們為主角的故事，這
樣的立意與做法就是對當事人最好的尊重與重視。以青少年為主角的故
事，更可以讓其發揮想像與創作力，肯定自己的用心、看到可以努力的未
來，而個人也會自故事當中塑造自己與生命意義，這些被強化的故事也是
提點當事人諸多的優勢。我們一般在聽故事當中，會感受到故事的力量，

不僅從故事裡得到啟發或連結，甚至獲得肯定與認同；而在敘說故事的過程中，也會經過自我整理、更認識與了解自己，甚至重新肯認自己的生命意義與目標！每個人所敘說的故事正代表對其重要的價值觀或意義，也突顯了他／她是怎樣的一個人，青少年也不例外。

2. 將人與問題分開

我們的生活受到周遭環境脈絡的影響甚深，包括文化、社會與政治等因素，有權力者通常就是制定規則者，使得青少年族群在社會中屬於較為弱勢的一群，許多好壞的定義都受到主流文化、有權力者左右，喪失或削減了自我的獨特性與優勢。敘事治療師不會以「問題」為焦點，而是從問題去衍生解決方案與意義，這樣的治療是較有深度的、也讓人印象深刻。敘事治療刻意將「人」與「問題」分開的「外化問題」方式，可以讓當事人不受主流文化的壓迫，重新得力、且看見解決之道，這是一般傳統治療師無法做到的。想想看，一位被診斷為「強迫症的學生」，在諮商師口裡是「一直想洗手這件事對你的影響是什麼？」就不會讓當事人有受害、無法改變的無助感，而且隔些距離看問題、減少了許多焦慮，較容易思索出解決方法。青少年一樣不喜歡被貼上標籤，因此將問題外化通常也給了當事人喘息的機會，同時也讓他／她了解事情對他／她和他／她對事情的影響，這也拓展了當事人的思考！

3. 語言使用的重要性

敘事治療以問問題方式來引發經驗與思考，等於是重整資料、從不同面向切入，認知學派提到改變「自我陳述」就會改變感受與行為，同樣地，語言也是傳達認知或想法的一種途徑，人們可以從互動中創發意義，因此當治療師是以正向且多元觀點看事情、問問題，間接引導當事人有不同而開闊的想法，也就開啟了希望。青少年很重視同儕影響力，因此他人對於自己的評價就是重要參考值、影響其對自我的看法，就像是「半杯水」哲學一樣，是「只剩半杯水」、還是「還有半杯水」？兩句話背後的意義是不一樣的！後一句陳述給人較有希望感。當然師長們常常會以一次失誤或錯誤而以偏概全，像是：「怎麼又考不好？你是不是沒救了？」敘

事治療師的說法可能是：「這一次考試與上一次比較，你看到自己進步的地方在哪裡？」同樣一件事情，會因為觀點不同而有不一樣的敘述，我們希望與青少年持續對話，對於青少年次文化的慣用或流行語，以及語言可能產生的影響力，就要特別敏銳。

4.治療文件與見證人

　　每一次諮商過後，當事人會更清楚自己的優勢，而諮商師細心觀察的紀錄或是提供給當事人的證明及獎狀，甚至是自己動手做的作品，這些文件或資料可以長久保存，不僅讓當事人可以隨時回顧，也在生活遭遇困挫、感覺無希望或需要時，可以拿出來回味，因此而重新振作。我記得高雄師範大學張淑美老師分享過一個故事，她說一位學生在出社會之後、屢屢就業失利，最後想到了絕路，在此之前他將自己的一些物品做整理，在抽屜裡看到一條彎曲的鐵絲，那是他在大學時上「生命教育」時有一次老師要他們做的作業—用鐵絲來做一條生命線，看看到目前為止自己生活中的亮點與低谷；當他憶起自己當年的雄心壯志以及老師的話語，發現自己有許多事都還沒有嘗試，於是打消了自戕的念頭，同時還回過頭去感謝老師。一條鐵絲的功效，就如同文字與實際的證書或證明一樣，可以留存的時間較為長久，也可不時拿出來回憶與玩味！

　　頒發證明或證書之外，還可以依據當事人的能項給予「專家」證書，像是「穿垮褲顧問」、「希望專家」之類，稍後若有適當機會，可以商請其參與晤談或是提供意見，效果會比諮商師提供更佳。在實際與青少年晤談過程中，若可以藉由「過來人」的經驗來影響同儕當事人（將其聘為「顧問」），也是很好的一種賦能方式；例如發顧問證書給一位曾輟學又復學的國三學生，在下一次碰到一位有類似經驗的學弟時，特別邀請這位顧問出席，由他與學弟分享自己的經驗與想法，證明這位顧問的說服力甚佳！

　　見證人就是邀請當事人的重要他人參與見證或佐證，可以提供對當事人不同的看見與優勢，也可以一起共享榮耀。見證人不一定是在世者，我們曾經請當事人邀過世的祖母見證他的體貼與善體人意，甚至是在當事人問題獲得解決、重享榮耀時，問他：「若祖母在這裡，她會對你說什麼？」讓祖母共同慶賀其成就。

5. 多元身分與故事

敘事治療看見個人的多重身分（如學生、孩子、兄長、幹部、堂兄、籃球隊員等），也讓當事人看見自己其他重要的身分與能力，有些被社會輕忽的角色（或「身分」），因此得以浮凸與重現。像是主流社會所讚許的「好學生」並不是每個人都辦得到，若不是「好學生」的當事人要如何得到正面認同或肯定？敘事治療師協助當事人看見自己的其他身分（如「照顧弟弟的好姊姊」、「為父母分攤重擔的好女兒」），對當事人來說是很有力量的，也重新塑造了他／她對自己的看法與信心。

敘事治療不是一個短期治療 (Payne, 2007)。敘事治療師通常會從傾聽當事人充滿問題的描述開始，接著就將故事命名或使用外化問題（將人與事／行為分開），然後進一步去發現當事人有能力的線索（建構其他身分的材料），接著建構另一個可能的故事；而在新的故事裡，登錄證據以及加入聽眾，讓這個新的身分與故事更具體可信（Reid, 2011, pp. 154-160）。

6. 治療師的角色與態度

敘事治療師的態度或觀點是諮商過程的關鍵，基本上治療師是站在「不知」(not-knowing)、好奇的立場，同時尊重當事人是自己問題的專家，並且以開放、合作的態度與當事人對談 (Corey, 2009; Morgan, 2000; Nichols, 2010)，這其實也打破了有些人對於敘事治療的誤解—認為諮商師只是問不同的問題，或是說故事而已。治療師的好奇與站在「不知」的立場，也打破了青少年一貫對成人的威權看法，因為其態度真誠（也符合青少年厭惡虛偽的事實），自然較能贏得青少年的尊重與合作。

諮商師在敘事治療裡的角色 (Halbur & Halbur, 2006, p. 76; Nichols, 2010, p. 96; Payne, 2007) 是一位共事者 (collaborator)，也就是與當事人一起工作的人，積極參與治療過程、也問一些必要的問題，與當事人的「敘事對話」是一種互動的合作關係，因此也讓當事人承擔其責任；治療師同時扮演決定敘事方向（發展）的重要角色 (Morgan, 2000)，協助當事人重新檢視自己看事情的方式，也讓當事人可以從不同的角度來探看事物 (Nichols, 2010)。青少年很需要不同角度的觀照與思考，以免陷溺其中或

鑽牛角尖，諮商師尊重多元的態度、欣賞當事人的創意，也拓展了當事人看待事物的範疇與思考。

二、焦點解決短期治療

焦點解決短期治療 (SFBT) 是 1980 年間由 Steve de Shazer (1940-2005)、Insoo Kim Berg (1934-2007) 及同僚在 Milwaukee 的 Brief Family Therapy Center 所發展出來的。

（一）主要觀點

1. 個體的個殊性

SFBT 相信每一位當事人都是特殊的，採用的治療方式也應該是「適合」此當事人的特殊方式（所謂的「客製化」），也就是從當事人帶來的材料或資源開始、與當事人一起打造有效的解決之道。

2. 聚焦在「未來」與「解決之道」

焦點解決治療師認為「解決語言」的發展不同於「問題描述」(Connie, 2009; de Shazer, Dolan, Korman et al., 2007)，一般的諮商師會從當事人對於「問題」的描述開始、容易陷入過去所發生的細節，但是 SFBT 的諮商師則是從「問題解決」開始下手，尊重當事人有解決問題的能力、並且做了嘗試，這也是「解決談話」(solution talk) 的開始 (O'Connell, 2007)，並將目標放在可預見、有希望的未來。

所謂解決的談話類型有：「未來導向」的問題 (future-focused questions)，像是「如果妳今晚睡著後，妳所擔心的問題都消失不見了，當妳睜開眼醒來，妳第一個會發現什麼？」「尋找例外」的問題 (exception-finding questions)，像是「你生活中最快樂的那一段是？」「評量」問題 (assessment questions)，像是「從一到十，表示你的情況從最差到最好，你目前的情況是在哪個位置？」可以讓當事人「具體」看見目前情況與想要發生的下一步為何？讓改變更容易發生；以及「歸因」問題 (attribution questions) 或是「因應」問題 (coping questions)，像是「即使遭遇到這麼多挫

折，你是怎麼撐到現在的？」(Metcalf, 2009, p. 29)。

針對「解決」來作對話，就自然不會受困於「問題」，同時也拓展了當事人問題解決的創意與潛能。治療師不需要去挖掘問題的起源或歷史，把焦點放在「解決之道」上，同時聚焦在「未來」，就是要當事人看到沒有問題困擾的未來、也鼓勵當事人尋思可能的解決之道；此外，治療師認為解決的方法不一定和問題有直接相關 (Connie, 2009; de Shazer et al., 2007)，類似個體心理學派的矛盾意向法或開立處方。

3. 強調小改變

這是從家族治療的觀點而來。一點點的小改變，都可以引起漣漪效應、造成更大的改變（是「系統觀」的一部分，所謂的「牽一髮而動全身」），也就是只要從一個小改變開始，就可以朝目標邁進，小改變意味著不費大力，卻可以引發更大的變動與行動。

4. 當事人是專家

運用當事人帶來諮商場合的任何可用資源，強調當事人就是問題解決專家；把解決問題之鑰放在當事人身上，也肯定當事人為問題所做的努力與嘗試；強調使用當事人所用的語言，也是尊重當事人的一種作法。

5. 無效的方式就不要繼續使用

有效的解決方式就保留，甚至做更多，無效的就停止使用、改用其他方式 (Connie, 2009; de Shazer et al., 2007)。儘管當事人是有能力的個體，也思考過解決的方法，然而有些方法即便無效，當事人可能還是繼續使用、讓問題更糾結，因此應該要尋思其他方式、達成有效結果。

（二）治療目標

焦點解決治療的目標是協助當事人過更平衡的生活，對於未來所關切的議題有更多的資源可以運用 (Seligman, 2006)。目標可以有三種形式──改變對於問題的作為、改變對問題的看法，以及找出資源、解決之道與優勢(O'Hanlon & Weiner-Davis, 1989, cited in Seligman, 2006, p. 417)。

Reid (2011, pp. 133-134) 將焦點解決治療過程分為：定契約，並指出當事人想要優先處理的議題；「無問題」的談話（建立合作關係，也開始看見當事人的優勢與資源）；解釋與探索改變的主題；設定工作目標；繼續指出改變以及找尋「新」的不同解決方式；增強與放大所做的改變以及改變的效果；增強趨近目標的改變；以及使用「尊重的好奇心」、指出當事人其他的改變。一般說來，當事人只要其中一個小地方改變了，也會連帶造成其他地方的改變（所謂的「漣漪效應」）。像是當事人願意改變與家人互動的方式，或許只是從小小一個「不搭理」變成說「嗨」，也會使得對方不得不去因應這樣的變化、做出不同的反應。此外，也有治療師將晤談過程粗分為三個段落：建構解決的對話（了解當事人遭遇的問題、嘗試過的解決方式，十五到二十分鐘）、暫停（休息三至五分鐘，讓諮商師與當事人都喘息一下，思考一下今日晤談的內容，諮商師則是準備接下來結束前要做的事），以及正向回饋（給予當事人今日表現的具體讚許與回饋）及家庭作業。

（三）治療技術

SFBT 的許多技巧會讓人誤解是只有不同的「問法」，但是 SFBT 的諮商師重視語言的功能、創意的發揮與優勢的立場是更重要的。焦點解決所運用的技巧許多是承自「敘事治療」而來，像是「評量問句」、「找尋例外」、「奇蹟式問題」等。強調諮商師正向、和善的焦點解決態度，主要技術如下 (de Shazer et al., 2007, pp. 4-13)：

1. 找尋過去的解決方式：一般人在遭遇問題或困難時，都會想辦法解決，只是解決滿意度不如預期，但是這並無損於當事人的能力，同時治療師也可以從中了解當事人已經試過哪些方式、成功機率如何、有沒有可以加以改善的？也看見當事人的一些優勢（如努力、創意、堅持等）。

2. 找尋例外 (Looking for exceptions)：沒有問題會一直存在，總是有例外的時候 (Connie, 2009; de Shazer et al., 2007)，這是生活的現實。SFBT的治療師認為聚焦在「負面」會讓系統停滯、改變更困難，因此著重在優勢與資源上，更可能引發有利的改變。找尋例外可以讓當事人記

起自己的能力、同時看見希望！

3. 問問題，而不是指導或詮釋：同時聚焦在「當下」與「未來」導向的問題，不同於傳統治療聚焦在過去、不能改變的情況。

4. 讚美：「讚美」是焦點解決治療裡非常重要的一環，讚美不僅傳達了治療師全程仔細聆聽的專注與尊重，而在關切當事人的同時，也認同與指出當事人的優勢和能力。

5. 輕推並鼓勵做更多有效的行動：治療師以溫柔、鼓勵的方式來惕勵當事人朝改變的方向走。

6. 治療前的改變 (pre-session change)：特別是運用「解決談話」。通常當事人在打電話預約諮商時段、到眞正見到治療師之前，其問題大都有一些些的改善，正好運用此作爲「解決談話」的開始。

7. 奇蹟式問句 (miracle questions)：運用奇蹟式問句通常可以讓諮商師看見當事人關切議題的潛在解決方式 (Seligman, 2006, p. 419)，或是描述他／她想要從治療中獲得什麼 (Duncan, Miller, & Sparks, 2003)？如「如果有一天你醒來，發現問題不見了，你會看到什麼？」可以預見沒有問題的未來、同時設立諮商目標。

8. 評量問句 (scaling questions)：聚焦在過去的解決方式與例外情況，並點出新的改變。評量問句可用在評估進度、建立信心與動機、設定小而可辨認的目標，以及發展策略上 (O'Connell, 2007, p. 392)。通常是以 1 到 10 或 0 到 10（最差到最好）的方式來詢問，可以知道當事人所欲目標、達成的程度，以及可以繼續努力的方向。如「如果 1 表示最不困擾、10 表示最困擾，那麼你認爲自己目前的問題困擾程度是落在哪裡？」「如果 6 是目前你認爲的困擾程度，若要減輕到 5，你會看到什麼不同？」

9. 建構解決之道與例外：治療師聚焦在進步的情況與解決之道上，不同於傳統治療師只注意到問題原因與問題持續的情況。

10. 因應問題：如果情況沒有改善，治療師會將焦點放在當事人的優點與力量上，如：「你（妳）怎麼做讓它不變得更糟的？」「你竟然還可以撐住，是怎麼辦到的？」

11.「有沒有什麼我忘了問的？」在「暫停」與商議家庭作業之前，治療師

通常會問這麼一句，以免漏掉一些重要訊息，同時也關切當事人的可能需求或之前沒有機會說出口的話。

12.「暫停」：也就是休息一下然後再晤談。這個「暫停」的動作可以讓當事人回想今天諮商過程中的一切，也讓治療師有機會去思考創意、又有效的家庭作業。諮商師接下來要做的有：讚賞當事人、連結的陳述（bridging statement，任何可以增加當事人的動力去實驗新想法、增加解決問題可能性的說明），以及家庭作業的建議 (Berg & Steiner, 2003, pp. 27-28)。

13. 實驗與家庭作業：「實驗」是讓當事人有機會去嘗試不一樣的，或沒試過的，減少其防衛心與害怕。家庭作業也是讓改變可以持續的重要媒介，家庭作業主要是：有效的方式就持續進行，若無效的、就做不一樣的 (Berg & Steiner, 2003, p. 28)。

14.「所以，自從上次我們碰面之後，事情有沒有變好一點？」這是每一回治療師都會問的話，不管當事人的答案如何（一樣、更差了，或變好一點），都可以提供治療師許多有效的線索，與當事人一起朝向問題解決的方向前進。

15.「總結訊息」(summation message)：諮商師在每一次諮商結束前，都會花個幾分鐘反思此次面談的詢問／回應模式，包括治療師聽到或了解當事人的處境、詢問當事人前項是否正確，以及從不同角度解讀訊息或給予建議 (Lipchik, 2002, pp. 108-109)。

16. 建議：通常用在一次諮商晤談結束前，可以與前面的「實驗與家庭作業」並列。建議依不同當事人而做修正，也根據在晤談過程所蒐集的資訊做邏輯思考，了解當事人是誰、所要的為何？然後運用這些資訊去想像何種經驗可以造成不同 (Lipchik, 2002, p. 114)？

17. 巡迴問句 (circular question) 或是「關係問句」：就是以當事人重要他人的觀點來詢問當事人，可以讓當事人站在他人的立場來思考或感受，是一種藉由「關係」來問的問句，像是：「如果你／妳有一次開口問問題了，老師可能會有什麼想法？」

18. 重新描述 (re-description)：類似重新架構 (reframing)，提供對當事人所提問題的不同觀點與看法，甚至讓當事人意識到自己的正向動機

(Connie, 2009)，像是「聽起來像是你怕媽媽擔心，所以才沒有事前跟她說？」或是「你不是沒有自己的想法，只是怕對方誤會，或怕說出來會影響你們的友誼？」

焦點解決治療師的目標是要尋求問題解決之道，因此不太花時間讓當事人去敘述問題，因為焦點不在此，但是會詢問當事人曾經使用過的「解決方法」、其中利弊與成功率如何？這就是將當事人視為「自己問題的專家」、而且是有能力的人，只是「暫時被卡住」而已。治療師會先從當事人曾經使用過的解決方式開始，也尋求「例外」，讓當事人重溫自己的成功經驗（與能力），以「奇蹟式問句」協助當事人訂立目標、也看見改變後的希望，以「評量問句」讓當事人清楚看見自己的進步與下一個目標，還有用「因應問句」來協助當事人重振精神、願意持續做努力。

（四）焦點解決在青少年諮商的應用

我們通常會從問題下手、找出原因，然後才會思考解決或因應之道。但是，一旦提出問題，往往就讓當事人只看見自己被問題「定義」，很多時候是無法擺脫這些汙名的！每個人都有被認可、看見優點的需求，因此焦點解決就從看見當事人的能力與能量開始，重視過往的成功經驗，讓當事人即便出現在諮商室裡，也會感受到自己是不錯的、可以做更好的改變。學者 Reid (2011) 將「問題導向」與「焦點解決」兩者做了比較，筆者做了簡單整理，也讓讀者可以很輕易就看見兩者的優劣。

「問題導向」與「焦點解決」的比較（整理自 Reid, 2011, p. 132）

問題導向	焦點解決
從問題開始	導向解決方向
聚焦在過去	聚焦在現在與未來
找出問題原因	多元描述問題面向
問「為何」的問題	問「如何」的問題
著重在「發生了什麼事？」	著重在「你想要什麼？」
目標在當事人的頓悟／治癒／成長	目標在當事人的學習／經驗／成功
探討問題深層原因	探討表面呈現的問題

問題導向	焦點解決
治療師的指導取向	治療師與當事人的合作取向
要找出哪裡錯了	要找出哪裡可以改善
當事人從諮商師那裡學習	諮商師從當事人那裡學習
治療是長期且痛苦的	治療是可短期且快樂的
諮商師主導解決方式	解決方案適合當事人
使用專家的語言	使用當事人語言
當事人容易抗拒	取得當事人合作

　　從上表也可以看到焦點解決的特色，包括：視個人與他人是有能力的，接受當事人定義的問題（從當事人角度看事情、重視當事人觀點），治療同盟的形成（有助於接續下來的工作），肯定當事人的成功經驗（並不是從零開始），治療師從當事人身上學習（所以沒有權位高低的問題，當事人也受到尊重），避免與當事人做權力鬥爭（不是我對你錯），以及客觀（不「個人化」）看待當事人的行為 (Reid, 2011, p. 131)。

1. 將青少年視為其問題之專家

　　不將當事人視為無能或無知。將青少年當成專家，也就是認為他 / 她了解自己的問題、也曾試圖去解決，可能是解決方式無效或未達自己期待，因此輔導老師可以與青少年一起去發掘哪些使用過後有效的方式、可以繼續保留與嘗試，倘若無效就摒棄，再一起思考及修正原有方式或商量可以採行的其他方法。青少年也喜歡被當作諮詢對象，畢竟每個人都有自己擅長之處，諮商師在與當事人對話時展現的尊重、接納、真誠與欣賞，不僅建立有效的工作關係，也讓青少年有自信及勇氣去面對挑戰。

2. 善用青少年擁有的資源

　　青少年的資源包括他 / 她的優勢與可能的支持系統，因此要將青少年的家人或朋友也納進來，讓他們參與協助過程，也可以「見識（證）」或目睹當事人的改變。像是可以問青少年：「如果你 / 妳懂得跟朋友好好相處了，誰會最先發現這些改變？」或許青少年認為周遭許多人只看到他 /

她表現不好的部分，也可以請見證過青少年良好行為的相關重要他人（也許是幼稚園老師或祖母）來做證人，敘述他們看到青少年的優點故事，這也是「敘事治療」的一種技巧。

諮商師也要了解青少年的偶像或是喜歡的電腦遊戲人物，可以詢問其偶像會希望他／她如何（如：「如果你／妳的偶像在這裡，他／她會怎麼該跟你／妳說？」），或者是某電腦遊戲人物的優勢為何？如果當事人是那些人物，他／她會如何善用這些優勢？像某位國中輔導主任會定期瀏覽學生的「抖音」，甚至進一步以「中二」現象為參考，藉此了解青春期孩子的流行語、喜好與次文化，青少年希望被貼近與了解，不帶批判、想去了解其所處的世界與想法，正是建立關係的不二法門！

3. 尋找例外

即便青少年目前的表現不孚眾望，但是一定都曾經有過良好的表現或成功經驗，因此提醒當事人有過的光榮時刻（或能力），或是沒有問題的情況，對當事人來說，都是一種鼓勵與燃起希望。我們華人文化較多「責成」，總是看到不夠好或需要改善之處，給人的壓力很大，也較不提「當年勇」，這就是一種「主流文化」的價值—若不符合、就被打壓。青少年希望得到他人之認可、被看見自己的好與價值，「尋找例外」就是一種給予希望、看見優勢的方式。此外，我們一般人喜歡用「概括」（過度類化—一個壞就蓋過了所有的好或是一個好就蓋過了所有的壞）的方式來看成敗或個人，這種「非有即無」的批判方式其實很傷人、也不客觀公平，當一個人失意或是挫敗時，也很容易只看見自己不好或失敗的部分，曾有過的優勢或能力就被蓋過或忽略，因此「尋找例外」可以讓諮商師與當事人共同公正地檢視事實，不會以偏概全、做了錯誤推論。

4. 無效的方法就不要繼續使用

很多時候孩子因為缺乏經驗或是不知道解決問題的有效方法，所以一直採用了無效的策略。像是想要引人注意的孩子，或許用作怪來獲得注意，卻換來不好的結果。也許可以讓青少年試試不同的方式，來獲得想要的注意，同時也請周遭重要他人留意其正向行為、並予以嘉獎，當孩子發

現結果與之前的不一樣—獲得老師的注意、而且得到讚許—可能就會更常出現這樣的正向行爲。另外，「因應」問題傳達了希望，可以讓青少年不只看見結果，還看到自己的能力與改善之道，同時也會重視過程中所付出的努力，這一點是其他諮商學派較少注意的一點。

5. 小改變可以促成大改變

只要有一個行動開始，就可以產生漣漪效應。青少年有時候不願意有所行動，因爲「不做不錯」，或是擔心結果不如預期，只要輔導教師可以說服其做一個小小動作，或只是觀察也好，就開啟了改變的可能性。像是讓青少年去請教人脈廣的同學平日如何與人互動，自己可以慢慢練習或效仿，因而改善了與同儕的關係；甚至只是一個小動作，都可以引發不一樣的反應及改變。

6. 重新架構技巧

換個角度來看問題或事件，或是以正向的觀點來重新解讀事件，這也是焦點解決用來找當事人優勢的方法之一。像是學生說謊，諮商師可以說：「你知道要怎麼樣保護自己，讓自己不受傷害。有沒有一種情況，你可以說眞話，也可以保護自己呢？」這當然不是爲犯錯者找推託之詞，要特別注意，因爲接下來還有工作要做。有時候不要只是看重結果，而是去注意過程，也會讓當事人有不同的領悟，像是：「雖然這一次沒有得到你想要的名次，但是從你一路這麼跑下來、卻不肯放棄的情況看來，你是一個會堅持下去的人，我很佩服！」。

7. 一次或短期諮商效果

焦點解決治療甚至認爲只要治療師與當事人有機會接觸，都要讓這個短暫接觸有其功效，至少讓當事人感覺良好。在學校場域，尤其對於轉介過來的青少年來說，許多的情況下，輔導老師往往只有機會與潛在當事人見過一次面或有一次晤談機會而已；另外，除非有重大或緊急事件，要不然要諮商師長期與某位學生晤談，在資源與時間分配上會有困難，因此需要把握與潛在當事人的第一次或爲時甚短的交會時間。諮商師或輔導教師

要讓當事人在這唯一一次晤談或接觸時間，有良好的感受或經驗，為未來的接觸鋪下可能性與合作機會，特別是求助或諮商尚未普羅化、被大家接受的現在，讓潛在當事人有美好經驗，也是突破其心防或減少諮商被汙名化的絕佳機會！

案例

　　念國一的阿欽被導師轉介過來輔導室，老師的轉介單上寫著阿欽對學習無興趣、有時候還會擾亂班上秩序。輔導老師先問阿欽為何出現在這裡？阿欽抱怨老師對他有成見、總是瞧不起他，輔導老師要他舉一些實際的例子，阿欽就提到舉手發問時，老師都叫別的同學回答、不叫他，好像他是笨蛋、什麼都不會！輔導老師讚揚阿欽積極的學習態度、也同理阿欽的委屈。與阿欽談過之後，輔導老師去拜訪導師，也順便提到阿欽很重視導師對他的看法，很希望自己可以更努力、贏得導師的讚許。接著，輔導老師請導師幫忙：如果上課時看到阿欽專注的眼神，就請導師回看他或是點頭示意一下。結果兩週之後，阿欽出現在輔導室時，整個人神情都不一樣了！他說老師在上課時偶爾與他眼神接觸、還會對他微笑，他覺得國文不是那麼辛苦的科目了！而無獨有偶，導師也告訴輔導老師說，她發現阿欽的學習態度變得很積極、成績也有進步！

案例解析

　　輔導老師注意到阿欽在學校，需要環境中其他重要他人的協助，才可能讓諮商收到更好的效果，於是將導師納入。既然阿欽很重視導師對他的看法，於是輔導老師先教阿欽上課時要與導師眼神接觸、展現自己的專注，同時也在導師那裡下功夫─請導師特別留意阿欽的表現。結果不僅是阿欽得到了想要的注意，導師也發現阿欽的進步，這就是「雙贏」的策略！

第六章
注意環境與生態脈絡的家庭／族治療

前言

　　之前介紹的幾個諮商學派（除了敘事治療）都著重在個人身上、同時將問題視爲個人的，沒有特別留意到個人周邊的脈絡（包括環境、人文、社會等因素），以這樣的觀點出發很容易「入人於罪」、無法掙脫負面標籤或做改變。

　　一般輔導教師與諮商師的訓練裡較缺乏生態脈絡這一塊，然而在實務工作時，卻發現有其重要性。輔導教師在接觸青少年族群時，要時時刻刻提醒自己：許多孩子的行爲問題不在孩子本身，而是呈現家庭或社區問題的徵象而已，因此要將眼光放大、放遠，從孩子所處的環境與脈絡去進行了解（生態系統觀），可以較容易發現問題的源頭、周邊可以運用的資源，以及有效的處理方式。

　　家庭是一個人的最初與最終，即便是成長中的青少年，似乎在竭盡全力努力認識、拓展與發展自我，但是家長的愛與意見依然是青少年所看重！現今全球性的少子化與人口老化趨勢，自然也衝擊著家庭，許多育有青少年子女的家長，正處於「三明治」世代（上有老、下有小），加上經濟不景氣的變動，的確難爲！因爲生育子女數少的緣故，所謂的「直升機家長」(helicopter parents) 就應運而生，指的是極度重視孩子成功與失敗、且極力阻擋負面經驗對孩子影響的家長們 (Smetana, 2011, p. 6)。不管家長活得多長壽，還是只能陪孩子走一段路，倘若家長太「全能」，就會培養出「無能」、無法在社會中生活的孩子！家長可以給予孩子最大的禮物，除了生命之外，就是如何在社會中生存、並對人類族群或生存的世界有正向貢獻。

　　沒有一個問題是單一的原因造成，很多時候是許多因素糾結的結果。家庭需要維持其平衡，因此只要有新的資訊或情況出現，就會經過一些震盪與調整，以恢復之前的狀態，這是「系統觀」的理念。孩子年紀小受到環境的影響大，特別是家庭的影響力，也因為自己能力不足、卻又身為家庭的一份子，倘若家中出現問題（如父母爭吵），孩子會認為自己「應該」出點力、協助解決，然而他們可能嘗試某些行為（如在學校打架的宣洩行為），卻亂槍打鳥、意外發現結果不錯（彼此爭吵的父母親一起前來關心），他／她可能就誤以為自己替家庭解決了問題，於是就繼續使用，殊不知這樣可能只是轉移了焦點，真正的問題還是沒有解決，這裡的孩子只是家庭問題的「代罪羔羊」（或「被認定病人」，identified patient, or IP）而已，除非真正的家庭問題獲得解決，要不然孩子就會持續這樣的「生病」行為。以前的家族治療師多半是精神科醫師，他們在臨床過程中，發現許多孩子在醫院已經獲得很好的進步、可以返家過正常日子了，但是孩子不久就又住院，百般不得其解，後來深刨挖根，才找到家庭這個因素。

　　青少年孩子受到家庭的影響甚鉅，當他們開始「長自己」的同時，會使用許多策略來保護自己的隱私與權利（如說謊），也開始會逃避家庭裡的議題，或是怕家長追問而逃離，況且青少年常以「向外宣洩」(acting-out) 的方式來表達自己的情緒或壓力，因此還是要注意青少年較不尋常的行為（如沉默的孩子突然發飆、常常爭論的孩子變得安靜），倘若這些徵象家長沒有留意，導師或是科任老師可能會發現。

　　學校是青春期孩子待得最久的一個處所，如果孩子在家裡不順意，學校或許可以補足這一塊，但是如果兩個地方都不是孩子認為可以融入的地方，他們就可能向外發展、去找尋可以庇蔭的所在。家長在孩子小學時可能關注最多，也較清楚孩子的喜好或是交遊圈，但是當孩子進入國中之後，家長本身也在事業上努力衝刺，加上孩子已經不像小學時那般需要保護（孩子也企圖掙脫家長的保護圈），因此似乎除了接送上下學或補習班外，可以著力的不多；此外，孩子也開始有自己的想法與友群，更不是家長可以掌控，因此呈現「半放牛」狀態也是家長的不得不！但是家依然是孩子最後的避風港或是療傷之處，儘管孩子的表現不如家長預期，家長對孩子的愛與支持依舊是最重要的！

（一）主要觀點

1. 生態系統觀

　　家庭不能自外於周遭的環境（鄰里、社區、學校、社會、國家與世界），況且現在科技進步、天涯咫尺，像是最近的 COVID-19 與猴痘的流行，已經造成人心惶惶，簡直是二十一世紀的黑死病，加上俄烏戰爭、中美關係緊張、氣候異常，經濟、能源與糧食問題就可能是下一波全球需要面對的議題，最近在熱議的臺海問題，也隨著將臨的選舉更是沸沸揚揚！沒有人可以置身事外，正說明了人是活在環境中，受到環境影響，相對地也可以影響環境。

　　家庭在這樣的大系統之中，因此有時候輔導教師面對年輕族群，也要將這些大脈絡的變數考量在內。許多孩子因為家長工作關係，不是常搬家、無法交到朋友，就是家長無業或被資遣在家，孩子成為家長情緒的出氣筒，導致家暴產生；特別是在疫情期間，全球經濟受到嚴重影響，到底是要「存活」還是「生活」，就變成許多人的壓力，有統計發現疫情期間，離婚率與家暴劇增，當然也影響著生活在其中的人們。「家庭暴力」往往是持續最久、最難被發現的，一旦發現可能就非死即傷！「家暴」是「控制」與「權力」的問題，牽涉到傳統的性別關係與位階；遭受或目睹家暴的青少年，男性容易淪為「加害者」、女性容易成為未來的「受害者」，而暴力也會因為模仿而傳承下去，影響其一生 (Jankowski, Leitenberg, Henning, & Coffey, 1999)。

　　家族治療師之所以喜歡「系統觀」，主要是見到當事人無力控制家庭中發生的狀況，常常淪為受害者。「系統觀」強調「牽一髮而動全身」（與「焦點解決」的「小改變促成大改變」同）的「漣漪效應」，因此只要家中有人發生問題，不一定是個人因素所造成，而是需要將整個家庭系統納入考量；同樣的，若家中有一位成員發生問題，只要有其他家人參與治療，就有機會將所學或是有效的方法回家執行、促成改變，而這樣的改變也會牽動其他人的改變。

　　穩定的家庭是生活在其中成員最大的安全保障，身心安頓最關鍵因素。有學者 (Becvar & Becvar, 1998, cited in Taylor, 2004/2007, p. 9) 歸納穩

定的家庭系統需要：能夠改變或有彈性，而非一成不變或僵化；家庭如同個人一般，也會經歷發展階段（家庭週期），因此也有一些危機需要處理；家庭要同時是開放與閉鎖的系統，才可以有效管控，有時讓新資訊進來產生一些變動，有時不讓新的資訊進來、以免影響家庭之穩定；家庭成員應被視為獨立的個體，但同時也需要歸屬感（自主與隸屬的平衡）；溝通就是回饋，家人互動與訊息的交換，可以維持系統的能量；由許多次系統（如夫妻、親子、手足）所組成，也要靠彼此間的互補與支持。

　　此外，家庭有生命週期（家庭成形、小孩幼年時、學齡孩子、青少年孩子、成年孩子、家人生病或是失業等生命事件發生時），所以要發展不同的新功能來因應不同發展階段的變化 (Mitrani & Perez, 2003)。孩子進入青春期時，家長也正值盛年、事業最高峰期，彼此都有生命階段的任務要達成，或許因而減少了相處時間或溝通不那麼頻繁，日積月累也可能造成許多徵狀浮現。

　　家族治療師認為孩子出現問題或徵狀可能是：為了家庭而有其功能與目的（如希望父母親不要再爭吵）；家庭不小心讓這個徵狀持續下來（可能孩子的行為或疾病讓其誤以為是解決問題的方式）；家庭無法有效運作，特別是在轉換期時發生；以及可能是世代傳承下來的失功能模式（所謂的「代間傳遞」）(Corey, 2009, p. 412)。研究指出：長期生活在父母親矛盾之中的孩子，在個性發展、社交與學習能力上都受到重大影響，成年之後罹患心臟疾病與癌症的機率亦增（李維榕，2018a，頁 144），而結構家族治療師李維榕（2012，頁 113）也提到：「所有偏差問題都可以說是基於個人心態停留在某個發展階段」，特別是一些遭遇重大創傷者，經常會退化到嬰幼兒期；而孩子之所以讓自己停留在某個發展階段，可能原因就是滿足自己未竟的需求（像是依賴母親）。華人家庭裡的夫妻或配偶，往往在結婚後就以子女為重，忘了經營彼此的親密關係，自然也容易出現齟齬或矛盾，但是問題卻會展現在子女身上，因此家族或家庭治療就是最基本且重要的，最新版的 DSM-5 將「受父母關係影響困擾」(Child affected by parental relationship distress, CAPRD)（李維榕，2018b，頁 11）也列入其中，正說明了家長關係對孩子的影響力道！

　　有些情況下使用家庭治療效果更佳，像是有中輟可能性的學生、壓力

或抑鬱、家暴或有偏差行為、霸凌之加害或受害者、生涯選擇等，雖然諮商許多是針對個人，但是當個人的改變可能引起家庭的抗拒，或者是個人無法抵擋周遭環境的影響力，此時就需要青少年家庭或重要他人的加入，讓改變更可行或有效。像是中輟生可能是對學習沒有興趣，可以做家長諮詢、一起找出對孩子更有益的學習方式或方向；倘若中輟是因為家庭因素（如財務不佳、家庭無法提供資源、親職功能失衡等），就可以結合其他資源或管道（如社會福利、延伸家庭、法律扶助）一起來做改善；若是家人關係可能是肇因，那麼家族治療可能收效較佳。只是學校輔導教師可能在時間與心力上較無法兼顧家庭這一塊，諮商師或社工就可以協助處理。

案例一

　　林小姐來電話說，自己一雙念專科四年級的女兒突然都不去上學了。妹妹的情況很嚴重，不能離開父母親，所以他們夫妻倆就輪流請假陪孩子，但畢竟不是長久之計，所以來請教。諮商師請她帶女兒來先看看情況。第一次晤談時，林小姐說女兒在學校上游泳課時，突然墊在泳衣內的衛生紙浮出來（是用來襯托胸部的），結果全班同學大笑，女兒急急跑回家，一路上都覺得路人在笑她，所以就決定不上學了！沒想到在同一學校就讀的姊姊，第二天也不去學校了。諮商師請林小姐第二次帶全家來出席晤談，說這樣對妹妹的幫助較大。夫妻倆真的帶妹妹來了，但姊姊不願意出席。諮商師在門口等待時，看見夫妻倆走在妹妹兩側，妹妹手上的衛生紙突然掉落，夫妻倆都俯下身要去撿，但是彼此卻很客氣地讓來讓去，諮商師看到這一幕，心裡有了盤算。一家三口坐定之後，諮商師提到孩子行為與家庭的關係，然後說妹妹很希望看到一家和樂，然後提及媽媽與妹妹上次來晤談的情況，詢及妹妹的現況有無變化，接著諮商師轉向父親：「你們夫妻的關係如何？」頓時這位父親惱羞成怒、突然站起來指著妻子大聲說：「是不是她上次來說了什麼？」諮商師瞥見妹妹眼裡驚恐的情緒，試著安撫父親，但對方下一刻已揚長而去！

案例解析

　　諮商師猜測妹妹突然不去上學應該有其目的，而這位父親的反應似乎證實了治療師的假設。妹妹或許因為自己不去上學的行為，導致雙親輪流請假、在家陪伴，而他們為了協調陪伴女兒的時間，所呈現出來的和諧相處情況，正是她所期待的，因此寧可繼續生病、犧牲自己。諮商師有生態脈絡的思考，所以看到了問題的癥結，儘管父親退出晤談，諮商師依然可以有所作為。

案例二

　　唸國二的小南由母親陪同來見諮商師，原因是老師快受不了他了，他老是在學校鬧事，小南聽著母親敘說、頭越來越低，母親說自己也學輔導，但是卻拿自己的孩子沒辦法。諮商師請母親出去一下，然後單獨與小南說話。小南說自己的確是個「搗蛋鬼」，他說唸高中的哥哥幾乎都不管事，每天回到家就窩在自己房間打電動，晚上或是假日都是他跟媽媽吃飯，爸爸在中國大陸設廠，常常大半年不在家，上一次他寒假去中國大陸，看到一個小孩大概 7、8 歲，小南認為是爸爸的孩子，只是他回來都不敢說，問哥哥等於沒問。「以前媽媽是不是精力充沛？」諮商師問，小南瞪大了眼睛：「妳怎麼知道？」諮商師說：「你不是一個搗蛋鬼，你是一個問題解決專家，只是有時候太囂張、搞得老師火大！」小南摸一下鼻子笑了！「雖然你希望看到媽媽有活力的樣子，但是她並不想要看到你闖禍，你雖然拯救了媽媽、讓她不會憂鬱，但是也犧牲了你自己。我們一起來想想，有沒有其他辦法讓媽媽還是原來的媽媽，還有你要怎麼做一個有效率的解決問題專家？」

案例解析

　　小南是很貼心的孩子，目睹雙親婚姻不睦、母親情緒低落，很擔心自己的家會因此分崩離析，意外地有一回在學校出事（其實他只是嫌學校營養午餐難吃，於是自己帶罐頭來配飯，卻造成全班搶食的局面），母親氣急敗壞趕來了解，他彷彿看到媽媽以前精力充沛的樣

子，認為犧牲自己可以讓媽媽好，於是就三不五時鬧個事、讓媽媽為他出面處理。這個案例中小南是雙親問題的「代罪羔羊」，苦於自己是家中一份子、卻無力解決這個問題，不小心歪打正著，卻使用了不正確的方式。

2. 界限與結構

　　家族治療裡面「自我分化」(self-differentiation) 的概念—家庭需要著重在個體有「連結／歸屬」及「自主／獨立」的能力，自我分化就是可以讓個人之理性與情緒得到平衡，這也是個人成熟的最佳指標。家人因為血緣及情感的關係，也造成家庭的主要問題是情緒融合或糾結 (emotional fusion)，常常無法釐清自己與他人的情緒、缺少了自主性，因此家庭的功能是要讓子女從與家庭融合慢慢成熟到可自主獨立、又不失與人連結（所謂的「自我分化」過程），自我分化成熟的個人能夠有自主性、可以抗拒情緒的衝動，而自我分化不足的人就會很直接地做反應（不管是屈服或者是抗拒）(Nichols, 2010)，通常是無效或錯誤的反應。

　　每一種關係之間都有一條隱形（或是心理）的界限 (boundary)，用來區分與人的遠近，就像是個人的房間只允許哪些人進入，這個界限是可以維持與人的親密，同時保有個人的自主性。人與人之間即使再親密，也都有其界限，而這個界限的彈性程度則是由互相所認定的關係來決定，是很主觀的。中國家庭一般情況下是母親與子女關係較親、也就是說界限較為彈性（或謂「可滲透性較高」），而子女與父親之間的界限就較為僵化（或謂「可滲透性較低」）。界限的兩個極端是「僵化」與「糾結」，前者指人與人間界限清楚分明，可以維持個人的獨立性，但是卻犧牲了彼此的親密，後者指人與人間的界限模糊，雖然保持了親密、卻犧牲掉了個人的獨立性，一般的家庭都介於兩者之間 (Nichols, 1992)。當然要親密或是獨立，也會因為彼此關係或是時機而有不同，像是準備考試的青少年不喜歡家長常常來囉嗦或干涉念書時間，即便平日與雙親關係良好，但此時可能需要更多自己的空間。

　　家人之間的關係界限不清楚或是僵化，也會讓孩童無所適從，可能產

生問題行為。像是父母親經常爭吵的家庭，家長會刻意拉攏某個孩子（可能形成「三角關係」(triangulation)）以對抗另一方，這就是親子之間界限模糊所致；或者有孩子認為父母親不愛他／她（界限太僵化），也可能向外尋求關注、流連到深夜不歸營。有些父母親將自身的婚姻問題與孩子分享，孩子會覺得無法同時對雙親忠誠，同時他們也沒有處理雙親問題的能力，因而倍感焦慮，從而出現徵狀或問題。策略家族治療學者認為問題之所以出現主要是因為：(1) 不適當的解決方式形成「正向回饋圈」，讓困難變成慢性問題；(2) 不一致、不相合的位階；(3) 因為家人試圖在暗地裡保護或控制另一人，因此徵狀或問題是有其功能的 (Haley & Richeport-Haley, 2007, cited in Nichols, 2010, p. 147)。

　　儘管青少年開始「長自己」，也是在時間與空間上開始與家長拉開距離的時期，但是他們依然有歸屬與愛的需求，若是家長之一與配偶之間的關係有問題，可能就會將孩子或是家族成員（如婆婆）拉進來形成所謂的「三角關係」，其目的原本是希望平衡權力，偶爾使用或許有效，卻因為經常如此運用變成慣性，反而讓彼此關係嚴重失衡！家族治療的許多案例是協助家長更有效處理孩子的問題，而非「改造人」（李維榕，2012，頁109）；不少家長來求助，是希望可以改變配偶或孩子，而家族治療師著眼的可能是恢復家長的倫常位置與功能，並策動與協助家人間的有效溝通。

　　「界限」也可以指家庭與外面世界的關係。開放系統 (open system) 是持續與外在環境互動的，會因刺激而反應、也會主動創造改變，這也說明了家庭系統需要持續不斷變化與做調整，健康的家庭系統不僅維持平衡、也尋求改變的必要性；倘若家庭是一個閉鎖系統 (closed system)，拒絕任何新資訊的流入或做適當改變，最後可能淪為滅絕，然而若是全然開放，也會一團混亂 (Goldenberg & Goldenberg, 1998; Nichols, 2010)，因此，一般的家庭都是介於以上兩個極端之間。父母親愛孩子，卻常流於掌控或不信任；孩子需要有自己的空間，可以思考與成長（李維榕，2012，頁 75)，倘若家長監控太過，反而容易讓孩子窒息或逃離，甚至放棄努力！

　　結構是看不見的一套功能，是家庭經過長時間的發展而成，其目的是要求與組織家庭成員互動的方式，或是家人一致、重複、有組織、可預測

的行為模式 (Becvar & Becvar, 2009; Mitrani & Perez, 2003)。「家庭結構」指的是家庭次系統的組成方式、以及受到界限規範的次系統間的互動如何。家長有時候忙於彼此之間的爭鬥，卻嚴重忽略了身邊的孩子，孩子因此而感到失落，但是師長可能只看見了孩子的偏差行為（李維榕，2012，頁 80)，而有些家長甚至以孩子為籌碼、犧牲了親情。諮商師適時以家庭為單位來介入，或許先找家長來談，情況或許可改觀。

3. 次系統

　　既然家庭是一個系統，底下自然有不同的「次系統」（subsystems，如夫妻、親子、手足）。「次系統」是整個系統的一部分，可以在系統內執行特殊功能與過程，以維持系統的整體性；次系統間也會彼此影響，而每一個家庭成員都分屬於不同的次系統（如夫妻、親子），這些次系統可能是依其在家庭內不同代間、性別、興趣、角色或功能而組成，如果任何一個次系統失功能，就會引發整個家庭系統的反應。次系統之間要有適當的界限，可以用來維持次系統間的聯繫與保持次系統的獨立。理想上每個次系統的自主性都需要尊重，同時也兼顧不同次系統間的聯繫與支持，才是健康家庭 (Goldenberg & Goldenberg, 1998; Nichols, 2010)。

4. 平衡

　　家庭是一個系統，有自我調節 (self-regulation) 的功能，即便在一個家庭裡，也不是只看見所有成員而已，還包括個人的經驗、彼此之間的關係，即使是個人的心理問題，也是在與人互動中呈現出來，因此只要系統中任何一個環節出了問題，都會影響整個系統的運作 (Nichols, 2010)。系統會發揮「平衡」(homeostasis) 的功能，讓系統回復到之前的狀態，就像家人間的互動、會依循一些慣例或規範，其目的就是要維持可以預測的穩定狀態 (Nichols, 1992)。系統觀強調家庭有「平衡」的傾向與功能，同時也意味著家庭會抗拒改變，畢竟維持現狀可以減少許多焦慮或不確定，甚至是時間與或精力，但是家庭還是會改變、不再原地踏步，至少家庭週期（隨著家庭與家庭成員的發展階段）是如此，再則就是每位成員帶入新的資訊（如入學、同儕互動或教育）或是周遭環境的變動，也讓家庭不得不

面對。

5. 三角關係

　　一旦家中若有一方權力較大，或兩人衝突或卻又無法解決時，就很自然會將第三者拉進來、以減少壓力，形成所謂的「三角關係」以穩定家庭關係或權力。「三角關係」不一定是壞的，因為有時候的確可以平衡一下權力、解除當下的緊張關係，有問題的是將「三角關係」變成一種慣例，卻因此損毀了彼此原來的關係，問題也沒有獲得解決。

　　家庭中有人覺得自己的力量小、常居於劣勢，於是就會找另一位家人來對抗有力量的另一方。像是母親如果認為自己影響力小、父親總是主導，因此吵架時就會拉大女兒一起對抗父親（「妳看妳爸是怎麼對我的！」），形成一種類似的權力平衡，久而久之，就形成一種關係的連結（稱之為「同盟」）。大女兒是孩子輩，不應該主、被動地介入雙親的爭戰之中，這不僅踰越了親子關係的界限，也讓大女兒受到「忠誠度」的拉扯（不知道該向著母親還是父親），而且也無法真正解決問題（夫妻之衝突）。

（二）治療技術

1. 家族／系的使用

　　家族圖 (genogram) 可以用來協助諮商師與當事人了解其原生家庭與目前（「立即」）家庭之間的關係與異同。由於目前臺灣還是男權至上的社會，父親的原生家庭影響力較大（當然也有例外的），因此在繪製家族圖時，通常回溯至父親這邊的祖父母。一般的家族圖是看三代間彼此的關係，包括配偶、親代、手足與延伸家庭成員，另外還會將家族生心理上的遺傳（如疾病、精神狀況）或性格也做描述，可以讓諮商師與當事人家庭都明顯洞察到其特殊性和關聯。

2. 加入與了解

　　家族治療師基本上較為主動、也具權威性，除了積極加入家庭、了解家人互動情況外，有時還會故意偏袒某人、企圖鬆動家庭原來的互動模

式。治療師的加入是與家庭成員建立關係、企圖融入家庭，以獲得更詳實的互動情況與歷史，在更確切掌握相關資訊之後，才可能有下一步的處理與解決方案和行動。家庭中出現最大的問題還是「溝通」，如何兼顧歸屬與自主、親密與獨立、誠實與關切等等，都可能是主要的議題，但是家人之間彼此還有面子或自尊的問題、也擔心傷害到關係，所以許多事都不處理或是沿襲舊制不敢改變，卻讓問題更形嚴重、全家人都陷溺其中，因此有第三位專家（諮商師）的介入，或許可以有機會鬆動這樣的緊扣環結，甚至讓家庭成員有機會嘗試新行為，達成每個人企想的目標，換言之，就是讓個人可以同時擁有其獨立自主性與家庭歸屬感。

3. 處置方式各有不同、視目的而定

家族治療視其學派或目的不同（將家庭做基本系統的改變，或改善其中某位成員的徵狀），除了使用一般的諮商技巧外，也研發許多具創意的介入方式，像是「重建」(enact) 家人互動的模式、「靠邊站」(take side with)（故意與其中一位家人結成同盟，主要目的是撼動此家庭慣有的互動方式或位階）、開立處方的「矛盾意象法」(paradoxical interventions)、另有他意的「苦刑治療」(ordeal therapy)，或別具一格的「家庭作業」等，都是常用的技巧。

主要的家族治療學派與其觀點

家族治療學派	主要觀點
經驗家族治療	·奠基於人本取向的立論。 ·相信人有選擇的自由、是自我決定的。 ·治療師聚焦在當下（此時此刻）。 ·留意家中個別成員的主觀需求與情感經驗，同時也催化家庭過程。 ·聚焦在家庭中個人的個別性、同時讓家人可以更有效溝通。
結構家族治療	·家庭是一系統，其下有不同的「次系統」（如配偶、親子、手足等），這些次系統間有其權力位階。 ·運用「家族圖」(geometric map) 來看每個人的行為與其全家族結構及關係，每位家庭成員的行為影響家庭中其他人的行為、也受其影響。 ·個人的問題植基於家庭互動模式。

家族治療學派	主要觀點
策略家族治療	・治療師研發不同策略減輕當事人的徵狀或是問題。 ・聚焦在當下、認為當前的問題是家中成員持續重複的行為而產生的。 ・「徵狀」代表問題的一種解決方式（生病或出現問題的人並不是「非自願性的受害者」）。

（三）家族治療在青少年諮商的應用

　　孩子通常是家裡最無力的弱勢，因此許多孩子會成為家庭問題的「代罪羔羊」，所以要解決真正的問題還是要讓父母親或其他重要他人出席，讓他們看到孩子的情況。然而，我國雖然家人關係緊密，但是有倫常與家族觀念的規範，家長常常礙於「面子」或「家醜」的問題，不願意承認問題的存在，甚至會認為只是學校老師多事！有時候即便孩子已經產生極為嚴重的問題（例如「憂鬱症」或「思覺失調」），父母親卻還是堅持己見、不願意出席，也許承認自己有錯是很難的，只是因此卻讓孩子受罪，真是於心何忍？倘若不能讓全家出席，家中若干人出席也可以進行治療，因為只要其中有人願意做改變、解決或舒緩問題就更容易。諮商師碰到家人不願出席做治療也無可奈何，退而求其次的方式就是邀請家長出席，以諮詢者的方式提供意見、與家長合作，至少大家有共同的關切目標─孩子─就有合作與改善之可能。

　　青少年與家人之間的關係最常出現的問題為：被動─攻擊、低成就（對父母親未能直接表達的敵意、害怕失敗，而以被動攻擊方式因應）；獨立自主的掙扎（想要表現獨立成熟，卻又得仰賴父母）；過度保護（父母親凡事代勞或是為孩子挺身而出，導致孩子的無能感）(Micucci, 1998, pp. 236-237)。由此可看出其問題並不是個體自身所產生，而是受到所處脈絡或環境的影響、加上自身的發展任務使然。夫妻多多少少都會有矛盾或意見不同之處，這是自然情況，畢竟結婚是背負著兩個家族與歷史的淵源，但是解決矛盾的能力卻影響家庭和孩子的身心及福祉（李維榕，2018b，頁11）。國人常說造成婚姻解體的主要原因是金錢、孩子與性，這三個理由都過度簡化了家庭關係，即便是夫妻離異，但影響最大的不是

離異這件事實，而是伴侶在整個離異過程到結束之後的處理方式（李維榕，2018a，頁 13）。也因為孩子通常是家庭問題的「代罪羔羊」，不是真正的問題本身，因此輔導教師或諮商師要解決根本的問題，還是需要追本溯源、協助家庭處理問題，這樣子才能真正有效解決出現在孩子身上的困擾（包括生病）或偏差行為。當然這也不是將所有孩子問題都推到家長身上或家庭本身，孩子依然有需要自我負責的部分，但是家族治療的觀點是有助於釐清許多病因背後的因素的。

要家庭改變不容易，畢竟家庭成立與運作已經有一段時間，許多家族治療師也已不將「抗拒改變」當作議題，因為這是人情之常（人有安全、穩定的需求，因而不想改變），反而將抗拒視為具有「保護」的功能（家庭抗拒改變以維持原先之平衡狀態），但同時也提醒家族治療師要注意到性別議題與文化脈絡，不要輕忽了性別可能涉及家庭權力與位階的問題，而文化的潛隱影響力是一直存在的 (Nichols, 2010, pp. 103-109)。以我國華人社會來說，五常倫理的規範還在，對於長輩、家長還是有尊重的規矩，這就是權力位階，加上真正的性別平等仍待許多努力，基本上女性、孩子還是處於弱勢立場，還有「家醜不外揚」、個人與家族是連動的關係，許多祕密可能就隱藏很久、造成更大的傷害。

家族治療的理論還給了治療師一項很有趣的思考：不要那壺不開提那壺。兒童或青少年被轉介來見諮商師時，心理上其實已經有一些假設（像是認為自己已經是「不好的」或「有嚴重問題的」，認為諮商師跟其他成人一樣要對自己說教或指責），倘若諮商師真的如其所願地表現了這些預期的行為，對於了解當事人的感受與想法、問題的解決可能於事無補。諮商師的角色不是以「達成轉介人的目標」為依歸，而是需要多從當事人的角度來感受與思考，進一步解決問題，或改變現狀，因此建議諮商師或輔導老師還是留意自己的位置與專業角色，不要重蹈前人腳步、成為「另一位」譴責者。諮商師帶著系統觀的思考，會願意去了解當事人所遭遇的情況、貼近當事人，著力於治療關係的經營，看見當事人的優勢，或許在當事人被了解與認可的同時，他／她的行為與態度已經開始改變、也有意願去解決目前的困境。

諮商師對家庭進行治療，不是說這個家庭有問題，而是將焦點放在協

助家長以更有效的方式來因應或增進孩子的功能（不管是學習、生活或人際）。家庭可能是造成或讓孩子問題持續的主要原因，以青少年而言，雖然較之兒童要更有能力與自主性，然而一個人的力量畢竟有限、無法改變許多既存的現狀，因此可能就會以偏差或違抗行為、自傷或自我攻擊，甚至是展現情緒上（如低落或暴怒）或生理上（如生病或過敏）問題的方式來求助。

案例一

　　這一天一大早張老師剛到學校，就接到一個危急個案。阿宏的父親今天一早緊急來電找教官，說自己在阿宏的抽屜裡發現二十來封遺書，他真是驚慌了！要教官確認兒子是否已經到了學校？教官確認無誤，接著請阿宏到輔導室找張老師。張老師先確認阿宏的危機情況有多高，甚至清楚他最後要寫幾封信，然後與阿宏訂立一份安全契約。阿宏覺得這樣的契約很無聊，但是張老師還是希望與他簽契約，同時約好下午再來談。危機情況算是解除了，阿宏也認真準備將臨的大考，張老師與阿宏雖然已經不再簽訂安全契約，但是仍固定會找阿宏聊聊，有時候只是到教室前面看他一下也好，阿宏有一回還笑張老師「偷看」他！張老師後來與阿宏有較深入的談話，了解阿宏有一陣子沒有回家了，晚上都睡在一間全天候的店裡，於是問他：「家對你來說像什麼？」阿宏想也不想就說：「像冰窖。」張老師心理一驚，接著問為什麼？阿宏說自己的雙親都是專業的高階經理人，他還有一個念小四的妹妹，只是後來妹妹也上安親班了，他回去家裡都沒有人，所以乾脆就不回家！張老師找來阿宏的雙親、與他們懇談，讓他們清楚孩子的情況，不是因為高三的大考壓力而已！家人的支持還是最重要！阿宏媽媽因此辭掉了全職工作改為兼職，她希望孩子一回到家就看到她，因為許多事是喚不回親情的。

案例二

　　阿立已經大四，卻沒有朋友。同學嫌他身上有臭味、他也不洗澡，有時候想法很怪異，導師找學校諮商師談到阿立的問題，希望能夠給予協助。諮商中心主任偕同駐校身心科醫生、負責的諮商師與導師，成立一個工作團隊來幫助阿立。阿立有思覺失調症，從高二發病至今已有多年，但是母親卻不願意承認這個事實，不僅未帶阿立去就醫，還積極掩飾阿立的病情，甚至也不參加諮商中心主任發出的會議邀請，即便如此，協助團隊還是盡心盡力，至少讓阿立按時就診服藥，並且協助他的日常生活與學習，所以阿立的情況有很大改善。但是只要阿立在連續假日回家，再回到學校時情況就變得很糟，老師們發現阿立的母親會將其藥物丟棄，甚至譴責阿立不聽話！現在阿立即將進入實習階段，他將成為教師，校長還打電話請家長出席，希望可以一起商議阿立的未來與協助方式，但是阿立的家長卻認為學校多事，阿立的母親甚至說已經安排好讓阿立到自己任教的學校實習、她會照看他，但是未來呢？實習之後呢？總不能一直仰仗母親吧？越接近阿立離校的時間，團隊的人越焦慮。

第七章
表達性藝術與遊戲治療釋放青少年的情緒與創意

前言

　　表達性藝術治療 (art therapy) 也是諮商師經常使用的一種媒介與治療方式，可以藉由許多不同的媒材（遊戲、肢體動作或舞蹈、繪畫、音樂、剪紙、黏土創作、纏繞畫、演戲、寫作等），達到讓當事人表達情緒或事件和治療的目的。遊戲治療也可以是表達性藝術治療中的一環，較常用在兒童、發展遲緩者或是老年人身上，但通常將其單獨討論。遊戲治療師 Landreth (1993) 認為 11 歲以下的孩子很難用語言表達自己的情緒、感受及想法，因此若能夠注意到孩子非語言方式的溝通，可以提供不同模式或機會讓他們表達的話，更能有助於諮商師協助孩子的工作 (cited in Coker, 2001, p. 47)，因此表達性治療就應運而生。再則，遊戲是人類的本能，我們也經常在遊戲之中得到紓壓或創發，況且人生任務裡還有「好玩」或「樂趣」(fun) 這一區塊，西諺有云：「All work and no play makes Jack a dull boy.」人類生活也需要有娛樂，因此自然也會將遊戲納入諮商之中。青少年當然是喜歡遊戲與好玩的一群，也是創意勃發的年紀，況且現在網路科技發達，線上與手機遊戲推陳出新，諮商師除了學習正統的遊戲治療之外，還需要別具創新地將科技與遊戲做結合，讓遊戲更能發揮其效能。以下會簡單介紹遊戲與表達性治療用在青少年族群諮商的意圖與效果。

一、遊戲治療

（一）主要觀點

遊戲是一種象徵性語言，藉由遊戲可讓個人表達自我與情緒、及體驗的經驗，甚至做自我療癒，遊戲也是兒童成長與發展的必需。遊戲是兒童發展過程中社會化的環節之一，藉遊戲來認識世界、體驗生活，也學習未來進入社會的準備。總括而言，遊戲是有趣、愉快的活動，是自由的選擇、沒有束縛，可以提升靈性並活絡思考，喚起自我表達、自我知識、自我實現和自我效能，可以釋放壓力、排遣寂寞，增進與人的互動，刺激創造性思考，還可以鼓勵探索、調整情緒、提升自我感，是一種學習和成長的方式 (Henderson & Thompson, 2011/2015, p. 17-1)。

美國遊戲治療協會將遊戲治療 (play therapy) 定義爲「系統化地使用理論模式來建立人際互動的過程，在此過程中，受過訓練的遊戲治療師使用遊戲治療的力量，來幫助當事人預防或解決心理社會的問題，並且達到最佳的成長與發展。」(Henderson & Thompson, 2011/2015, p. 17-3) 遊戲治療依照不同理論有不同做法，基本上許多諮商師與輔導教師若未受過遊戲治療的專業訓練，不能執行遊戲治療之實務，一般諮商師較常使用以遊戲爲媒介做治療，也就是以遊戲方式與當事人建立關係，或是以遊戲方式達成資訊蒐集的目的，而不是以治療爲目的。

以遊戲爲媒介，可以讓青少年免於與權威人士或成人直接面對面接觸或說話，也就是可以讓他們的焦慮或防衛鬆懈下來的方式，同時增加趣味性，遊戲也可以是溝通互動的媒介（像是藉由遊戲來溝通或增進彼此的認識），以青少年來說，手上若可以玩弄筆或是進行一些活動，也比較容易對諮商師或輔導教師的問題作回應。一般而言，男性及女性的社會化方式與結果不同，我們鼓勵女性多說話、多表達，對男性則是不鼓勵言語表達，也較允許男性沉默，因此在諮商或輔導過程中，當事人若是女性，或許坐下來談話較容易，然而若當事人爲男性，在許多情況下直接面對面說話會讓他們覺得不自在，因此透過遊戲或活動，可以讓當事人更容易開口、也減少焦慮感，而青少年還可從遊戲中探索與挑戰自我、學習如何做

有效溝通、達成共同目標，也可以學習與他人分工合作的智慧與能力。

　　使用遊戲的種類有許多，像是想像、說故事、戲劇、音樂、藝術、玩偶等方式，都可以做適當的使用與介入 (Henderson & Thompson, 2011/2015)。遊戲治療的功能有許多，像是可以克服抗拒，協助溝通，滿足孩子探索及掌控的需求，建立自尊與能力，鼓勵孩子有創造性思考、解決問題，宣洩情緒，發洩與釋放一些負向經驗與感受，角色扮演學習新的行為以及發展對他人的同理心，用想像力去理解痛苦的現實、以遊戲來實驗改變的可能性，在遊戲中形成隱喻、學習如何面對自己的矛盾與害怕、從不同的觀點看事情，與諮商師形成正向依附關係、學習增進與他人的連結，促進人際關係技巧，享受遊戲樂趣、擁有正向情緒，征服發展過程中的恐懼，而競賽式的遊戲可以幫助孩子社會化和發展自我強度 (Henderson & Thompson, 2011/2015, p. 5-19, p. 17-4)。

（二）治療目標

　　遊戲固然可以協助個人表達自我與情緒，或是體驗與自我療癒，不同學派對遊戲治療的目標也有不同，像是精神分析的遊戲治療是要去解決孩子內在的矛盾與衝突，以及展現出來的徵狀；個人中心遊戲治療協助兒童發展自我內在評價以及解決問題的能力；阿德勒學派的遊戲治療強調減少沮喪、增加社會興趣、認識自己的長處並改善行為；認知行為遊戲治療的目的是將非理性想法轉變成理性的；完形遊戲治療嘗試讓孩子復原、以整體的方式來成長 (Henderson & Thompson, 2011/2015, p. 5-19, p. 17-4)。

（三）治療技巧

　　傳統的遊戲治療的基本技巧包括：使用簡潔、適合孩子年紀的語言與其互動，使用「追蹤」來反應孩子的非語言行為（藉由傳達孩子正在做什麼來保持與孩子的連結），內容重述（檢視孩子所說的內容以表達對其之關心及了解），把責任交回給孩子的策略（如：「你覺得……」，可以建立其自我信賴、自信、責任感、成就以及掌控感，協助其做決定），鼓勵孩子去嘗試，使用適合其年齡的隱喻（保持孩子故事的原貌，沒有加入諮商師的意義解釋），用關係式回應來確認孩子想和諮商師接觸的意圖

（如：「你正在猜想我在想什麼？」），設定限制的技巧（是爲了當事人的安全、增加其自控感及自我責任）。適當的限制包括：保護孩子不傷害自己或他人，避免孩子在遊戲情境中遭受危險，維護遊戲情境的玩具和遊戲媒材，以及在排定的時間內待在遊戲治療室 (Henderson & Thompson, 2011/2015, p. 17-16)。在青少年身上使用遊戲治療，必須要做一些調整，像是不喜歡有人在一旁囉嗦（「追蹤」），娃娃屋之類的器材也需要摒棄，青少年的遊戲或許用活動、探險、挑戰、競爭意味較濃厚者爲佳，但是也要注意適當的輸贏，畢竟諮商師不是藉由競賽遊戲來贏得當事人的信賴、崇拜或討好當事人，要謹記使用這些媒介的目的爲何最重要。

（四）注意事項

有效能的遊戲治療師必須接受適當的專業訓練、了解孩子發展階段與任務，欣賞並以尊重禮貌的方式對待，具幽默感且懂得自嘲，開朗及喜歡樂趣，自信、獨立、自主、開放、誠實，願意接納，願意使用遊戲和隱喻的方式做溝通工具，有彈性、且有能力處理模糊狀態，和孩子互動時感到自在舒坦，有能力設定限制及維持個人界限，以及自我覺察能力 (Kottman, 2001, cited in Henderson & Thompson, 2011/2015, p. 17-7)。諮商師若沒有遊戲治療的訓練背景，仍然可以使用遊戲或者其他創意性的媒材，來與年輕當事人建立關係，甚至可以從遊戲來教導孩子（潛在教育）一些規則以及行爲的方式，像是下棋必須要遵守一些規矩、才可以繼續玩下去，對於一些不願意遵守常規或行爲規則的孩子，就可以發揮極大的功效。另外，很簡單的「屋、樹、人」或是隨手的塗鴉，也可以協助諮商師進一步診斷或了解孩子的情況或議題。

諮商師可以在遊戲室裡佈置很好的環境，讓孩子可以用不同的玩具或媒材來表達他們自己。像是「玩偶角落」，使用不同的玩偶來描述或象徵孩子們不同的情緒，如鯊魚、鱷魚、恐龍、烏龜、綿羊等，以及不同種族的人形玩偶，還有可以引導想像的像是巫婆、龍等，可以用來表現他們的幻想、希望與夢境，而不同尺寸的玩偶也可以用來表達不同的力道以及重要關係裡的權力位階，當然也可以讓孩子自己製作自己喜歡的玩偶。「沙堆藝術或者黏土的角落」可以讓他們繪畫和創造，鼓勵自我表達及感受的

東西，也可與同儕互動。「幻想假裝的角落」像是擺放萬聖節的服裝、面具、魔棒、塑膠刀具、玩具手銬、電話、醫生使用的器具等。「書本以及遊戲的角落」可以讓一些有特殊需求（像是悲傷／失落經驗、父母離異、自尊、如何跟朋友相處等）的資訊，藉由相關書籍的內容來提供；故事本身可以讓孩子與自己的問題暫時分開來（將其「外化」），讓他們更容易處理自己所關切的議題，另外，還可以提供一些像大富翁、象棋、五子棋等的坊間遊戲 (Coker, 2001, pp. 52-57)。

　　當然，並不是所有的孩子都適合接受遊戲治療。一般說來，若孩子能夠忍受／建立／運用與成人的關係，能夠忍受／接納一個保護的環境，能夠學習新的因應技巧，獲得新的領悟、具有嘗試動機的潛能，而其注意力和認知結構可以參與遊戲治療，符合這些條件的孩子才適合做遊戲治療 (Anderson & Richards, 1995, cited in Henderson & Thompson, 2011/2015, p. 17-7)。

二、表達性藝術治療

（一）治療目標

　　表達性藝術治療目標有 (Kottman, 2001, cited in Henderson & Thompson, 2011/2015, p. 17-3)：增加自我接納、自信和自我信賴，促進關於自我和他人的學習，探索與表達情感，鼓勵做出好決定，讓當事人有機會去練習控制和負責，探索對問題和關係的另一種觀點，還可以學習和練習問題解決及人際關係技巧，以及增加情緒字彙和情緒概念。

　　表達性藝術治療常用在有創傷（如賴念華用於 921 地震存活者、楊淑貞用於創傷復原團體）、疾病（郭惠貞、尹順君用於白血症病患）或是特殊群族（如盧鴻文用在安置機構青少女團體，蘇芸仙、劉嘉蕙用於自尊成長團體）身上，達成的效果包括：在處理悲傷失落上增加安全感受、讓自我內外經驗得以連結、有重新出發的能量、可將創作視為未來自我的提醒與激勵、可以面對生命限制與恐懼，並完成與亡者間的未竟事務（賴念華，2009）；對於創傷倖存者，協助其宣洩情緒找回自主性，將創傷記憶

轉化為更有意義與價值，得以重建生活（楊淑貞，2010）；針對安置機構內青少女進行藝術治療團體，成員對自我的看法提升，焦慮、憂鬱、憤怒與違規行為減少，並能轉化情緒與認知，創傷獲得修復與療癒（盧鴻文，2015）；針對一位 15 歲罹患急性淋巴性白血病之青少女做藝術治療，引導做深入自我探索，看見生命經驗的不同面向，調整負面情緒，並改變對自己的看法、提升生活品質（郭惠貞、尹順君，2016）；以自我探索為主題，成員得以建構正向自我，進而提升自尊（蘇芸仙、劉嘉蕙，2008）。

（二）注意事項

　　使用表達性藝術治療也要注意「意圖」與「彈性」兩個原則。「意圖」就是要將孩子的需求與自己的介入方式做配合，了解使用的介入方式可以協助治療的過程、而不只是畫畫或玩玩而已；此外，學校諮商師需要彈性地使用一些表達性的藝術或媒材，甚至配合孩子的學習型態（像有些孩子較擅長動手做，或善於聆聽、看人做示範等不同學習方式）來進行，當然使用創意的藝術有時需要跳出框架做思考以及行動 (Coker, 2001, pp. 50-51)。使用表達性藝術治療需要注意：不要使用一種創意媒材直接詮釋孩子的感受、意義或者世界觀，也不要使用一種創意媒材來對孩子做臨床診斷，以及不要使用一種創意媒材對孩子問題的本質下結論 (Coker, 2001, p. 50)，就如同我們對於測驗的態度一樣。使用表達性藝術治療還是要先聽聽當事人如何解釋自己的成品或過程，雖然很主觀，但是會讓青少年進一步去思索自己的行為、思考與感受，甚至藉由遊戲對重建的事件有新的頓悟或領會。

　　使用表達性治療讓許多諮商師與當事人會訝於其效果，傳統的諮商方式還是以「對話」為主（所謂的「talk therapy」），因此諮商師若運用不同方式或媒材，當事人會有驚豔、意外的感受，或許會帶著好奇與質疑的心態，對於青少年而言就是滿足其好奇心與新鮮感。

　　同樣地，雖然使用表達性藝術治療，可以讓許多語言能力欠缺或不喜愛表達情緒的青少年開始與諮商師合作，但是也要注意：不是每一位青少年都喜歡繪畫，或是順從諮商師的請求的。目前不少創新的桌遊或是遊戲卡，可以讓諮商師有更多元的資源加以運用，有些治療師本身也會開發一

些新的桌遊或卡片，來因應自己工作所需。在電子玩具、暴力遊戲、電腦與手機的普遍使用情況下，學校諮商師必須要增加自己的技能及策略，來與孩子們做有效的工作。諮商師需要學會使用不同的策略、從事更多的團體工作、具體的諮商技巧、短期治療以及以遊戲爲媒介，才能因應學校孩子的需求 (Siehl, 2001, p. 37 & p. 40)。

（三）表達性藝術治療在青少年諮商的運用

　　表達性藝術治療通常會打破青少年對於藝術的刻板印象，協助其打開眼界與觀點，儘管有些青少年還是不願意相信其所表達出來的內容或含意被猜中，但是至少不會排斥非傳統的互動與諮商方式。表達性藝術治療協助不敢直接表達自己感受與想法的青少年，可以藉由藝術的偽裝、看見自己隱藏的情緒和信念，也就是藉由藝術或創作的投射、更深一層地與內在眞實自我連結，讓青少年有所頓悟或成長。至少至少，會讓青少年覺得有趣又好玩，顛覆了諮商或治療的刻板印象。

　　心理劇是行動治療的一環，與完形學派結合，也有意想不到的療效，一般說來心理劇有情緒疏導、獲得心理支持、發展內省、再充電，與建立新行爲（盧鐵榮、何詠儀，2012）等療效。許多學生在體驗過不同的表達性媒材之後，都會感受到預料之外的效果，像是情緒得以表現或抒發，重建一些事件脈絡，或是感受到平靜與療癒。

案例一

　　小玉是國中二年級學生，但是因為經常更換寄養家庭，無法持續有效學習，寄養人認為小玉的許多行為不可接受，且難有所改變，似乎都放棄她了。在與諮商師的第一次晤談，小玉根本不理會對方，環抱手臂在胸前、一副不願意妥協模樣，諮商師告訴小玉她很高興小玉依約前來，也了解她的困惑與抗拒，儘管如此，她還是準備了一些活動想與小玉互動，但是小玉根本不買帳。諮商師在第二次與小玉晤談前，也準備了一些音樂、藝術媒材與遊戲，小玉還是表示沒興趣、兀

自坐在那裡發呆，諮商師先讚許她依約前來，然後就說：「如果妳想參與，隨時都可以。」接著諮商師就開始在圖畫紙上作畫，她畫的是屋樹人，然後道：「有時候我們可以從一個人的繪畫中看到線索。」小玉靠近來，指著諮商師的畫說：「妳的樹都沒有樹枝、只有樹幹，是不是有問題？」

諮商師回道：「哇！妳好厲害！」她順便將一張紙推到小玉眼前，小玉就順勢畫了起來，諮商師看到小玉的畫──沒煙的煙囪、高高的圍牆、緊閉的窗戶，還有樹下一個瘦削、孤單的人影，她真的看到了小玉的內在──清冷的家、孤單又想維護自我的心情。

案例二

大二的阿宏參加了一個心理劇研習，有機會擔任主角。在老師的引領下，重演家中的一幕場景，他當場哭了！最後在觀眾給予回饋之後，他受到鼓勵與安慰，他也坦承自己當初來參加只是好奇，沒想到一個心理劇可以觸動自己最深沉的情結，讓他有機會重新體驗與看待那個事件，也了解到父母親對他的愛是如此周全而細微。

第八章

親子 / 師諮詢

前言

　　因為家族治療是將當事人的重要他人（特別是家人）納入，即便諮商師不常與家庭建立治療關係，但是親子諮詢或是親師諮詢卻是常有的，尤其是在學校機構或是社區諮商中心任職的諮商師，因此本章會針對親子 / 師諮詢的部分做說明。

　　與青少年做諮商，不能只以當事人為單一對象，而是需要有生態系統觀，將其生活的環境（包括人事物）與影響力納入考量，因此還需要具備系統合作及諮詢（類似「顧問」）的能力，因為經常會需要與家長或老師做諮詢工作。諮詢就是諮商師或輔導老師與師長 / 家長一起合作商議、共同協助第三者（通常是學生或子女）。

　　「諮詢」指的是諮商師與教師 / 家長（或社工等）兩方為第三者（如學生）提供協助與服務。例如導師發現班上有一名學生經常無法繳納營養午餐費，擔心其餓肚子影響學習，後來發現學生目前監護的家長是祖母，且家庭經濟窘困，又無延伸家庭成員伸手協助，因此請教輔導教師協助找尋資源，除了透過教師們協力繳納午餐費用之外，也就其實際上的經濟援助找負責社工幫忙、確保孩子無須擔憂生存問題，同時協請不同科目教師協助其學習上的困難，也找祖母商議，看能否讓孫兒參與附近免費課輔活動，輔導教師也將學生納入關懷對象，固定與其會談並注意其情緒和學習狀態。在這個「諮詢」過程中，求助對象是導師（直接服務對象），而共同協助的對象是學生（共同關注的第三者），屬於親師諮詢。另外，倘若是家長（直接服務對象）來請教輔導老師關於孩子學習或是行為問題，然

後一起研擬對策、協助該生，也是輔導教師所做的「諮詢」服務，屬於親子諮詢；當然，若有學生來求助（直接服務對象），希望可以協助班上某位同學（如被霸凌或轉學生），也是諮詢服務的一種。

　　家長擔心孩子的發展或是學習，經常會就教於導師或是輔導教師／諮商師，這種諮詢服務常出現在企業界，企業或公司會因為機構或公司裡的員工或是管理問題，而請教顧問或是資深的員工，企圖商議及研擬有效策略、解決問題。家長關心孩子是天經地義，許多家長在孩子進入學齡期開始，就與學校常聯繫，而當孩子年紀漸長，所需要的親職就不是隨時隨地的呵護，而是家長可以適時放手、讓孩子長自己！孩子進入國中後，其本身有更多能力、還有同儕夥伴相邀，家長的管束力自然慢慢失效，因此有些家長在時間或能力不逮的條件下，會無奈放棄，只有在校方打電話，或通知有重要事項時，才會出面，卻也發現與孩子的關係漸行漸遠，也不太了解孩子了，家長的焦慮與束手無策是可以想見的！

　　目前因為網路科技發達，加上少子化趨勢，校方也極力想要有更多學生入學或是留住學生，因此幾乎從小學到高中，許多班級導師都需要有不同的 LINE 族群（導生班、社團、學習群組、家長群組等），也因此若臨時有緊急事務，學校輔導教師或諮商師也需要與導師密切聯繫、承接家長的憂心與關切，一起協助孩子學習及生活更適意！

　　諮商師需要擔任教育者、專業助人者或是顧問的角色。家長最常因為孩子的議題或是擔心而前來請教導師，倘若導師認為自己能力不足，或是對某個議題欠缺了解，或許就會與學校輔導老師或諮商師商議，有時候導師或教師也會邀請家長一起與諮商師討論，諮商師需要明白事情發展的脈絡、影響因素、已用過的解決方案及成效，然後與家長、教師共同商討可能的解決之道，甚至求助或連結外在資源（如縣市的學生諮商中心、身心科醫師、警政單位，或是社工人員）。

　　許多學校輔導教師，因為一人要負責全校的心理衛生、教育及輔導相關事宜，往往心力不足，倘若遭遇較為棘手、需要長期關注的個案，或許就需要與當地的醫療院所、身心科醫師、社工、教會牧師、社區有力人士（如里長），或是準專業人員（如慈濟或義工）等資源聯繫，獲得其合作或資源挹注，讓當事人可以得到充分有效的協助、輔導工作才更完善！像

是當有學生有情緒上的障礙，學校諮商師與導師合作，看看學生的需求為何？在學習或是人際關係上如何做有效協助？倘若學生還需要更多的資源，諮商師就可以聯繫家長、帶孩子到醫療院所做進一步診斷，同時可以讓更多資源（如特教或資源教室老師、身心科醫師、縣市學生諮商中心，或是社會補助）進來，讓孩子得到更好的照顧和發展！諮商師資源的連結能力，一般說來不如社工人員，因此在許多情況下，很需要社工人員的協助，若諮商師或輔導教師有幾位固定可以諮詢的社工或社工督導，自然有助於助人工作的效能。

孩子若處於危機（如自傷、自殺或暴力）狀況，當然要取得家長的協助與合作，若家長是關係人（如家暴受害者或加害者），處理的方式要有變通。對於危機情況的覺察、認定（是否是危急狀態？誰處於危險中？）與反應是最重要的 (Berman et al., 2006, p. 333)，家長或師長也需要有一些訓練與準備。倘若是班上有學生自殺成功，班上同學／自殺者認識的人或家長親友就是「倖存者」(survivors)，校方或是輔導教師可以協助處理相關議題（包括悲傷輔導、轉介或是個別和團體諮商）。學校與家長間的會議（如家長會、親師會），進行訊息交換、問題解決，或擬訂孩子／家庭的教育計畫，都可以加強家庭與學校之間的關係(Thompson, 2002, p. 162)。

諮詢的步驟通常是 (Thompson, 2002, pp. 155-158)：建立關係→認出與澄清問題情境→決定想要的結果→發想與思考策略→發展計畫→擬定計畫細節（包括執行步驟、進行時間、評估）→確定諮詢關係（討論問題解決過程、追蹤、督導）。諮詢通常可以增進師生、親師、教師之間或處室合作及學生與學校的關係，增進不同組織或提供服務機構的轉介與連結，還可以運用具體的策略增進個人的發展 (Thompson, 2002, p. 158)。

親子諮詢

父母親將孩子送到學校來接受教育，如果孩子碰到一些問題，家長一定很想要知道到底是怎麼一回事？孩子不管在家裡還是學校遭遇到一些困擾，家長其中的一個諮詢對象可能就是導師或輔導老師。孩子在家庭中成

長與生活，學校教師不一定清楚家人的結構與互動關係，況且孩子基本上在家的時間遠遠超過在學校，因此親師諮詢往往可以獲得更有用的資訊來了解孩子。家庭長期的混亂與無法解決的矛盾，對孩子發展最不利（李維榕，2018b，頁 11），青春期的孩子無法傾訴自己的擔心或憂懼，往往採取向內攻擊（壓抑而造成情緒抑鬱或自傷）或向外宣洩（衝動、攻擊或偏差行為）來表現，這些也都是求助的訊號，倘若直接找孩子一起做家庭治療，孩子不一定願意、也覺得沒面子，不妨就先邀請家長或重要他人前來商談，看看能否尋找出有效策略、共同合作？

　　青少年家長最憂心的仍然是孩子的學業、交友與上網／手機使用問題，雖然家長們不若孩子上小學時那般與師長有較頻繁的聯繫，但是因為自己較難掌握孩子的情況，因此仰賴學校老師們的就很多。學校輔導教師有些是初出校門、年紀尚輕，可能也未婚或尚未為人父母，不免在接親師或親子諮詢案子時會有一點自信不足或怯場，這也是可以理解的，只要能夠同理家長的擔心與動機，然後說明接觸過許多家長，或許以這些家長的經驗或智慧分享，可以讓諮詢的家長們較有底氣。

　　有些家長對於自己孩子的一些特殊行為或者是狀況不太了解，但是又擔心他人對孩子做了錯誤標籤（汙名化），因此即便孩子有過動或者是情緒障礙，卻不願意帶他／她去就醫或診斷，這時候輔導老師或諮商師就可以發揮功能，邀請家長來一起討論孩子的情況、以及可以得到的資源與協助，只要家長本身了解孩子的情況、不是家長所造成（減少其罪責感），或許有現存的許多管道可以協助孩子更能適應學校生活、學習得更快樂，家長通常也願意與學校合作。這裡其實也點明了學校輔導老師或諮商師，對於特殊孩子與其需求也要了解，才能提供適當的支援。目前一般國高中或設置有特教班、資源班，或是巡迴的特教老師，但是基本上接受特殊教育的孩子，在行為與情緒上還是需要諮商方面的專業協助，因此特教與輔導是不可二分的，許多公私立大學將諮商中心與資源教室合併就是一例。

　　遇到孩子是過動兒、違抗性行為（孩子在學校有紀律問題），甚至有特殊學習障礙的家長，諮商師有時候都先需要處理父母親的失落經驗（因為自己的孩子特殊，對許多家長來說是不能接受的），接下來可能在整個教養、以及孩子學習的過程當中，家長也必須付出極大的心力和財力，諮

商師需要提供一些資源與支持，甚至有時候要針對親子關係或家庭關係做一些諮詢與建議。孩子有違抗性行為是因為他／她部分的額葉皮質（有關情緒調節與衝動控制的部分）比一般的孩子要小一些，而部分的額葉皮質（與攻擊及反社會行為有關的部分）比一般孩子要大，如果違抗性行為的孩子受到父母親嚴格的管教，可能情況會更嚴重 (Tucker, 2017, p. 280)。目前聯合國倡導的「正向管教」與諮商理論的阿德勒個體心理學派、後現代治療理念有許多共通之處，輔導教師也可以加以熟悉、有利於諮詢業務之執行。

　　當然，許多家長不願意承認自己的孩子生病或是需要特殊協助，主要是因為擔心他人怎麼看待自己（社會汙名），或是自己也不願意這樣（個人汙名），這些認知上的障礙也可以由教師或諮商師協助釐清或說明，因此在若干情境下，諮商師也需要與家長有晤談的機會，協助其了解事情始末、釐清可能的誤解或是同理家長的情緒等。有時候導師因為教育對象是學生，較不會與個別家長有較緊密的互動，因此有些家長或許自身或其家庭有難處，間接影響到學生的學習或是行為表現，也都無法找人說說，學校的輔導老師或諮商師若行有餘力，或許可以多盡一份心力，倘若真的分身乏術，手邊要有可用的轉介資源（如衛生所、社區諮商中心或私人心衛中心）。諮詢與諮商是不一樣的，學校輔導教師無法提供家長諮商服務，但是可以轉介附近可用資源（如醫院或合作的身心科醫師、大學諮商中心、社區諮商中心、衛生局／所等）給家長，讓家長自行前往。

　　輔導老師或諮商師是受過訓練的專業人員，對於青少年的發展及需求會比較了解，有關這一方面的資訊和知識，也可以提供給家長，或者與家長共同討論孩子需要的是什麼？該如何做？有些父母親可能會將孩子明顯表達情緒或意見的方式視為不尊敬或不服從，也可能會處罰孩子，這些都可以在家長諮詢時讓家長知道孩子這個發展階段的特色，甚至跟家長討論如何與孩子好好相處、溝通是很重要的，當然另一方面也可以跟孩子說明家長們的擔心為何、可以怎麼做？讓親子可以雙贏。Vicario 與 Hudgins-Mitchell (2017, p. 84) 曾指出不良的童年經驗導致的長期健康問題有：抽菸－骨折，重複受害－慢性肺阻塞，青少女懷孕－心臟病，不良工作表現－糖尿病，暴力關係－肥胖，酗酒／嗑藥－肺炎，憂鬱－性病，自殺－

早夭。這也提醒家長們要對自己孩子的一些生活與健康習慣多盡點力，畢竟小時候養成的習慣是要跟一輩子的。

　　學校輔導教師或諮商師也需要將家長納進來，成為孩子的支持網絡與堅強後盾，因此擔任家長諮詢之外，可能還要進行系統性或主題式的家長教育或效能訓練，其目的就是要增進家庭與親職功能，何時可舉辦家長座談或教育呢？像是當孩子出現情緒問題（如喜愛爭論、易怒或攻擊性強時），或是家長覺得自己不安全、缺乏自信或壓力過重時，家長正經歷管教問題時，或是對子女管教過於嚴厲、忽略孩子的正向表現，甚至是情緒或身體上過度投入或漠不關心孩子時，以及家長願意參與父母教育的機會或表達願意與其他家長交流時 (Sommers-Flanagan & Sommers-Flanagan, 2007, p. 136)。很重要的是：將家長們聚集在一起，藉由分享可以更清楚自己不孤單或孩子的問題不是特殊的（普同感），還可以得知不同的處理方式、成功或失敗經驗（人際學習），獲得支持（歸屬感與利他性），就有更多機會做改變行動。

諮商與諮詢的異同

項目	諮商	諮詢
對象	當事人本身	關切的第三者（如家長或老師）
進行目的	協助自我整理或問題解決、重視當事人之內在需求（是直接助人的過程）	協助第三者解決問題（是間接助人的過程）
功能	讓當事人更有能力去面對自己、解決問題	讓求詢者更有能力去了解關心的現象、解決問題
目標	目標依當事人決定，不一定只有一個或很明確	焦點在問題本身、目標明確
關係建立	信任與合作	同儕合作
資料蒐集方式	透過直接觀察與其他相關管道了解當事人	透過觀察與深入了解求詢者之服務對象或機構
方式	面對面直接協助，以了解當事人優先	面對面直接協助，以問題討論為主
次數	可能一次以上	可能一次以上
結束情況	當事人的關切議題可能復發	問題解決就結束

正向管教與情緒教育

　　在進行家長諮詢的過程中，諮商師或輔導教師除了聆聽、給予適度同理、自我揭露或給予建議之外，有時候也需要教育家長，畢竟有些資訊家長並不熟悉，輔導教師可以提供書面資料或網路資源，但是以面對面說明方式進行（畢竟「見面三分情」、也較有溫度），效果通常較佳！許多家長認為對於青春期的孩子較難善盡管教之責，國小階段尚可做較多約束與要求，孩子也願意聽從，但是一旦進入國中，孩子彷彿似脫韁野馬、不可掌控！青少年的情緒發展與家長的管教也有相關，倘若家長會依照青少年不同個性與發展階段，做適當的教育與約束，甚至是不同角色輕重的調整（如較多陪伴與諮詢、較少訓斥與規定），其情緒管理與智慧當會順利發展；但若家長管教過於嚴峻或放任，未適時適性，孩子年幼時或基於家長威嚴與懲罰不敢造次，但年長之後，可能就容易無法養成自律的習慣，甚至行為偏差，導致不可收拾的後果！聯合國針對正向管教祭出了幾個重要原則，這也是諮商師可以運用在親職諮詢及青少年情緒議題的部分，而將正向管教與諮商結合，也是諮商師或學校輔導教師在面對青少年族群時可以運用的策略。

　　正向管教結合了諮商學派的後現代精神─看見孩子的優勢、並將人與問題分開。家長希望養成孩子自律，負責的習慣，就是將一些重要規範做內化管理的一項；針對青少年的行為、而不要以標籤或是批判眼光來看青少年個人，就是將人與問題分開（不讓問題黏在身上、擺脫不了），讓孩子隔一段距離來看自己與問題，會有較多改善的空間；與上項連結，就會注意到孩子的優勢與強項，從「肯定」孩子的這些個人特質（尊重與認可當事人）開始，自然就可以讓其願意開口，甚至進一步做改變。親職在某方面來說也是合作的關係，因此最後的責任要還諸於孩子，孩子參與越多、其改變可能性就越高，也更願意承擔起行為的責任；家長以平等、尊重的態度對待孩子，並與孩子商議，展現的態度和對待前後一致（包括不嘮叨、不批判、不使用暴力），除了讓孩子信任、覺得可靠外，最重要的是讓孩子經歷真誠的人際關係、更了解自己。家長面對青少年孩子時，給予尊重與肯定，這樣的身教及示範自然有助於親子關係，同時也賦能孩

子、讓他／她更相信自己也更有自信,這是親職的關鍵;家長以客觀及合邏輯的方式、主動回應孩子的疑問或困惑,同時以傾聽、陪伴,讓孩子感覺不孤單、願意做更多自我揭露;此外,家長也會給予孩子適當試驗與犯錯機會,同時與其討論如何修正或做更好決定等。

「正向管教」的原則與重點(引自鄔佩麗、陳麗英,2011,p. 235)

原則	理由
目的在於讓孩子學習自我內化管理	「自律」行為不需要藉外力約束,效果較持久。
針對行為而非個人	將「人」與「問題」分開,較容易改善。
注意正向、可欲的行為	看見也肯定個體的優勢,因為每個人都需要被看見、被認可。
與孩子共同討論要遵守的規則	一起商議的結果較容易遵守、也將孩子的意見納入考慮。
前後一致、堅定的引導	一致的態度才能奏效,堅定而不需要「嚴厲」。
肯定也尊重孩子	每個人都需要被認同,語氣要特別注意。
非暴力的語言與行為	做最佳行為示範,也展現了情緒智商。
回應方式直接且符合邏輯	這是與處罰最大的區別。
傾聽與示範	最基本的尊重就是從傾聽表現出來,孩子被聽見、了解之後,才有可能接受建議。「不教而成謂之虐」,適當的教導與說明,孩子才會學得正確、又有自信。
不當行為若造成損失,應有適當之補償動作	這是教會孩子「負責」的表現。
將錯誤當成學習的機會	許多學習都應該有「第二次」機會,而不是一次就要求完美。

師長諮詢

一般教師是站在教育的立場,同時也需要輔導的知能、才能夠讓教學更順暢有效,而輔導老師的工作可以補足、並協助讓教育功能的發揮更全

面。一般說來，輔導老師的立場與教師不同，教師可能是站在比較威權的位置、面對的是一個班級內許多位不同的學生，因此可能會比較用一統的方式來做管教與教學，在因材施教的部分能夠著力的不多。輔導老師在班級或科任老師的觀察之後，對學生做進一步評估與診斷，就可以依照孩子的需求來客製化、打造符合孩子的學習計畫與進行方式，甚至轉介給適當單位（如資源教室）或專業人員（如醫師），給予孩子適當的診斷與協助。此外，一般導師或科任老師儘管想要協助學生，但是因為自己時間有限，因此認為將輔導工作交給專業人員處理會較完善。

也因為輔導老師的立場與一般教師不同，比較站在學生、平權的立場，因此在與學生談話的過程中，可能會讓學生比較放心、不需要害怕，以這樣的關係為基礎，輔導老師就可以更了解孩子所關切的議題是什麼？可以尋求什麼樣的資源來協助孩子？班級或科任老師如果對於班上某些學生的行為不了解，即便用盡了規勸與管教的方式，還沒有收到預期的效果時，也可以找輔導老師，一起商議該做哪些動作，才能夠讓教學更順利、讓學生能夠有更佳學習？有時候會碰到班級老師的經營方式與學生不合，甚至引起師生的嚴重對立，此時輔導老師也可以作為中間協調者、介入處理，或許會有不同的效果。

一般任課教師是教學者加上評分者，較需要有職責上的威權、才得以訓誡或要求學生，輔導教師不同。儘管國中或高中輔導教師偶爾還會上一些課，但是基本上仍以輔導工作優先，其立足點與一般教師不同。班級導師或任課教師仍是第一線的輔導人員，畢竟對班上孩子認識較深、較容易觀察到不同或異狀，輔導教師雖然是站在第二線，但是與其他教職員需要有和諧、良好的合作關係，只是要注意一下保密與學生的隱私權。若發現有需要關注的學生，輔導老師最先會取得導師或科任老師的協助，導師或科任教師對於學生學習與交遊情況，甚至是家庭狀況會較輔導教師熟悉，因此他們都是學生資料蒐集的優先對象。

當然，輔導教師身為學校的一員，若教職員工或是行政人員遭遇到工作上的挑戰或個人／家庭議題，有時候也可以與輔導老師商議，倘若不方便，也可請輔導教師轉介適當機構或資源；教職員工的身心健康關乎工作效率，也可以是輔導教師的倡議工作之一。當然同樣是老師，說到就教或

求助會有點為難，彷彿自己是較為弱勢、無能的角色，不妨將其視為同儕間本應有的互通與互助，畢竟專業領域不同、但是彼此可以相輔相成，其實就不會有本位主義或一些個人意識作祟，況且人類社會本來就是需要彼此協助合作，才可以成就更好的生活與未來，不是嗎？

案例一

　　林老師接下國二這個班級以來，發現自己每天回到家都精疲力竭！班上學生之前換過幾位導師，其中一位還因為過度懲罰學生、遭到處分，林老師了解班上同學的不安全感，因此也對學生很容忍。但是，這週連續有學生在她授課的課堂上與另兩位老師的課堂上作怪，英文老師被學生罵髒話，數學老師轉過身寫字時會被學生用物品丟擲，林老師自己則是碰到幾位帶頭的學生叫囂喧鬧，讓她無法好好上課。林老師曉以大義，希望少數同學不要妨礙其他同學的受教權，她也看到多數學生的擔心與害怕，但是相信才國二的孩子應該不會太惡劣。週五放學時，她擔任導護，看到班上那幾位帶頭鬧的孩子走過她身邊，竟然吐痰、飆了國罵，林老師幾乎要崩潰了，她說自己任教十幾年來，第一次碰到這樣的學生，也去找了校長與教學主任，他們頂多是到班上教訓或威脅一下學生而已，根本起不了什麼作用，最後還是回到她身上。

　　林老師找輔導老師曾老師協助，曾老師進一步去了解其他老師上課的情形，以及他們的感受，然後將幾位老師聚在一起討論，同時也請校長、處室主任、幾位教學資深的老師與學年主任列席，聽取他們的意見，然後依序進行了班級輔導、與學生對話，和幾位常在班上起鬧的同學會談。曾老師發現並不是所有的學生都同意少數幾位起鬧的同學，但是他們不敢吭聲、怕被霸凌，接著請校長與學務主任，在林老師與另兩位老師的課堂上「坐鎮」，並協助觀察學生的反應；同時曾老師也與幾位較勇敢正義的學生做「肯定訓練」，教導他們如何因應少數學生的無理要求或行為、危機徵象為何？如何檢舉或通報等。曾老師也取得幾位學生家長們的同意，做了幾次簡單的正向管教教

育、並將其運用在家中協助孩子；在與幾位學生個別諮商時間，曾老師也看見學生的優勢，並協助他們表現在正面的用途上。雖然效果沒有立刻展現，但是老師與同學們都看到學習氛圍的改進，曾老師也持續做了幾次的霸凌防治班級輔導，同時持續追蹤。

案例二

　　蔡老師班上剛進來一位自閉症孩子小天，他之前轉學過兩次，因為行為特殊、無法交到朋友，有時候他就一個人躲在教室後面。蔡老師請教過資源教師，資源教室的老師說小天智能正常，而且記憶力超強，媽媽是小天最信賴的人，但是小天上國中時母親病逝，對小天是很大的打擊，他幾乎退縮回去。蔡老師找來輔導室的秦老師，說自己希望小天可以不必再轉學，但是她不知道要怎麼做？秦老師了解了小天的學校生活後，也邀請蔡老師一起來想辦法並執行計畫。

　　秦老師請蔡老師安排一個時段，讓同學分享自己的故事，小天很擔心自己無法當著班上同學的面說自己的故事，蔡老師安慰他說沒關係、她與秦老師會在現場幫忙，她要小天以 PPT 的方式呈現自己的故事。小天用五分鐘的時間將自己從小到大的經歷（包括作品與相片）展現在同學面前，提到了母親的辛苦與他遭受的對待，兩位老師也做了故事的補充。許多同學都掉眼淚，有些還走過來鼓勵小天，要他放心。接著蔡老師讓小天表演一個拿手絕活，要他把班上二十幾位的同學名字都背出來，小天背完之後，大家鼓掌叫好！然後蔡老師要班上同學自動說出自己可以協助小天的部分，有一半以上的同學都說了，但是小天說：「我也要幫你們啊，不是你們幫我而已！」他列出了一些他可以協助班上同學的事，全班大聲叫好！

學生諮詢

　　有些學生在生活中遭遇困難，或許看到同儕被霸凌、情緒爆發或課業學習落後等情況，會想要了解與協助，因此擔任學生的諮詢也是輔導教師

與諮商師的工作項目之一。以美國為例，在中小學階段有所謂的「仲裁者」(mediator) 的訓練課程，若輔導老師可以訓練班上幾名學生學習如何調節同儕間的紛爭（類似輔導股長），不僅讓學生可以參與第一線的協調與協助工作（類似「同儕諮商」），同時增進了學生很重要的人際關係技巧。擔任仲裁的學生若是遭遇困難，也可以請教輔導教師或諮商師，商議進一步的改進或行動方案。讓學生習得能力，也是輔導教師的重點工作之一。國中或高中階段的學生還可以訓練其辨識危機情況，甚至是危機處理的一些必要行動，近年來不少國高中教師要因應學生可能情緒不穩、隨時有暴衝之可能，甚至有些會做出自殺企圖或動作（像是直接翻過女兒牆而躍下），此時單靠教師一人之力無法遏止危機，也要有其他班上同學有能力、知道如何協助。

　　一般說來，願意做學生諮詢的通常是班上較熱心的同學，或許是幾位同學共同想關切某一位特定同學、予以實質的協助，這些樂善好施、利他的行為，都應予以鼓勵，當然最好讓想協助的同學也有能力協助才是重點，要不然徒增他們的無力感而已！學生若有輔導教師在背後支持，既有可以商議對策的人，也有實際協助行動展開並討論其成效，可以讓學生對自己更具信心！

　　學生諮詢的範疇有許多，像是學業、生活、生涯發展、交友或親密關係，甚至是家庭議題，輔導老師必須抱持著「兵來將擋、水來土掩」的態度，先聽聽學生關切的主題為何？然後與學生成為一個團隊（類似「任務團隊」），大家一起想辦法、評估優劣、執行並修正，類似行動研究那樣，讓彼此生活的空間或氛圍獲得改善。

案例一

　　國中二年級的小琪與小芊與輔導老師約見面，她們說班上一位女同學小趙，經常在班上男同學說她什麼之後就用美工刀威脅、說要他們付出代價。小琪有一次跟小趙在實驗室裡是一組，不小心看到小趙的兩隻手臂上有一些斜斜的疤痕、好像是刀傷，有些已經結疤，但是有些好像有血跡，她們嚇到了，很怕小趙有一天如果男同學欺負太

過，她會自殺，小琪說的時候差點要哭了！陳老師感謝小琪的敏銳與熱心，也說她有一顆善良心腸、見不得別人受苦，於是就約略介紹一下自傷的情況。陳老師與小琪、小芊商量，看能不能請小趙也一起來輔導室晤談？如果不行，她們兩個可以是很好的觀察助手，可以做些什麼？危機警訊又有哪些？接著，陳老師也提到學校這學期會就霸凌行為做一些介紹，她會特別將語言奚落或調侃的情況與因應之道，在他們班上做說明舉例。

案例二

　　念高一的小強來找輔導老師，他說班上的一位阿俊同學因為父親意外喪生，他跟阿俊國中是同學，雖然兩人不是很熟，但至少現在在同一班，他很難想像自己若是處在阿俊的立場會怎麼做？小強說阿俊是單親爸爸養大的孩子，下面還有一個差他兩歲的妹妹，現在頓失依靠，一定很難過、很辛苦，小強希望能夠幫一些忙。葉老師雖然在阿俊父親過世的一段時間，曾與阿俊談過話，阿俊很保留，所以正在愁要怎麼進行下一步？正好小強找來，他們就一起商議可以如何在學校協助阿俊、讓阿俊覺得自己不孤單？葉老師還請小強私底下找些與阿俊還不錯的同學，大家一起來做些事，同時也邀請班導參與。葉老師知道阿俊可以請領一些補助金，也有一些獎助學金可以幫忙，這些社工與教務處老師都出手協助了，但是最重要的是：有無其他延伸家庭成員可以協助？有哪些資源可以進入？除了財務上的，其他關係連結以及心理上的調適等，可以讓哪些資源投入？葉老師奔走其中，也得到許多機構與人員的協助。

諮商師需要熟悉相關法令與通報規定

　　學校輔導教師或諮商師，或是服務對象為青少年的諮商師，需要熟悉一些重要通報規定（如所謂的「高風險／脆弱家庭」）以及我國的一些相

關法令，像是性別平等法、家暴法、兒少保護法、少年事件處理法等，一則可以做為教育或教學之用（如性侵或「兩小無猜」條款），在與家長、教師或學生做諮詢時也可能需要。

校園安全事件需要通報的有：學生意外事件、校園安全維護事件、學生暴力與不當行為、輔導衝突事件、兒童與少年保護違反事件、性侵害、性騷擾、性霸凌、中輟生、吸食毒品、少女未婚懷孕及愛滋病毒感染（整理自林家興，2014，頁209）。儘管有相關規定，但是關於通報與否，輔導教師考慮的與一般行政人員可能有不同，因為絕大部分的行政人員可能站在「法」或「規定」的立場，反正事情發生了就通報；另外，通報有時間限制（如二十四小時以內），倘若錯過，校方會被罰款或有紀錄；輔導教師會較站在學生的立場思考，看看在通報之前有沒有轉圜餘地，或者是讓傷害減低到最小。

舉例來說，倘若輔導教師懷疑學生可能有受到家暴／傷害跡象，該不該按照規定通報？如果這個通報會影響到學生權益（如讓受暴情況更嚴重、影響親子及治療關係），輔導教師該如何處理？暫緩通報也會涉及一些危險性，諮商師需要承擔後果。最好還是先徵詢其他資深諮商師、行政人員或法律人的意見，將通報、延緩通報或不通報的優劣點，以及可能的處理方式臚列出來，協助自己做較為明智的決定（也不要單獨做決定）。通報的配套措施，如向當事人與監護人說明法律責任、後續處理方式（洪莉竹，2013，頁142），以及持續追蹤當事人的進展，都是非常重要的。

遇到危機情況，輔導老師或諮商師要確定做到以下幾個動作、並完整保留紀錄：證明執行了合理的評估與介入、尋求過專業諮詢、在適當時機做好臨床轉介，以及有近期完整的紀錄（Jobes & O'Connor, 2009, cited in Corey et al., 2011/2014, p. 225），以免萬一被訴訟或有執業不當之疏失，尤其是學生自殺已遂的情況。

教育部規定的學校輔導工作項目包括：衡鑑與評估（了解學生個性與潛能、學習困擾、個別差異）、定向服務（新生輔導、適應新環境）、安置服務（安排至適合其能力與需求的班級或教材學習）、生涯輔導（興趣、性向與未來志業）、諮詢服務（對第三人的服務；教師、行政人員、家長等）、諮商服務（個別與團體）、追蹤服務（了解處理學生後的發展

與情況）與評鑑服務（輔導需求與績效，以作為未來計畫參考），而這些項目也都列入學校的評鑑，因此輔導教師的行政工作很大的部分是要「做出業績來」。如果只是記錄或拚業績，可能耗掉輔導老師許多的心力，不妨隨時做紀錄（含拍照或成果統計）、整理，而不是等到評鑑時再花大把時間做，或許可以省些精力，也展現了實際的服務情況，尤其是危機處理詳細始末都要記載，其他像是做班輔、個別諮商與團體諮商，往往因為事務繁忙、無法立即將紀錄或是相關資料處理完成，最好是每隔一段時間就做統整（包括統計數據、活動照片等）；有時候當轉介的老師想知道諮商進度時，往往會較模糊，因此有經驗的輔導教師提到：不妨將學生的進度情況做書面匯報，一份交給轉介老師，一份留存，而留存這一份正好是存檔或做業績之用，對於危機情況的處理與紀錄，更是要審慎存檔。

第九章

青少年班級輔導與團體諮商

前言

　　青少年是最重視同儕團體的時期，不僅對於自我的認同或是價值，也都攸關其人際關係的良窳！因為重視同儕團體，青少年會有從眾與否的議題：到底自己應該聽從其他人的意見，還是可以勇敢提出自己不同的看法？需不需要諮詢成人？不管是在學校或是家庭，青少年從人際互動中學習最多，因此善用團體力量或影響，不僅符合經濟效益，也吻合青少年階段的發展特色。

　　一般所知的「一對一」輔導，需要耗費的時間與人力相對較多，因此若可以定期就該校學生特性與需求，舉辦班級輔導或團體諮商，對於學校三級預防（「初級預防」（一般預防）、「次級預防」（早發現早治療）與「診斷治療」（危機調適）等）工作特別有效。倘若有必／重要事項或突發事件需要宣導與提醒（如校園霸凌、生命教育、網路或藥物上癮知識），通常會先進行全校宣導工作（在朝會或班會時間，屬第一級預防），接著就依不同年級與班級做班級輔導，最後則是就特別需要輔導與協助的對象做團體諮商和個別諮商。班級輔導與團體諮商都是「一對多」，在經濟效益上是優於一對一的個別諮商的；再則，團體諮商重在人際互動與學習，且將社會情境帶入團體中，讓成員可以更容易將在團體中所學、遷移運用在團體外的日常生活中！

　　本章會針對青少年族群的班級輔導與團體諮商做較詳細的解說。

一、班級輔導

（一）班級輔導的功能

　　班級輔導（以下稱「班輔」）就是針對整個班級做輔導的教學活動，其主要關注的主題是教育（教導學生必要的知能）、發展（針對學生發展需要做事先預備的動作，如進入青春期）與預防（防治問題產生，如霸凌防治），其次則是教導與矯治（如加強社交技巧、導正霸凌行為或情緒管理）。善用班級輔導不僅可以減少預期的問題（如協助轉學生融入班級），也可以進一步讓班上同學更團結、班風更為和諧。

　　班級輔導可以是一次性的，也可以是多次的預防宣導與教育活動（有系統或由淺入深），通常較少政令式的宣導、因為效果不彰，而是將重點與相關活動作結合，讓學生對某議題有更深入及透徹的了解，並能將所學運用在日常生活裡。

　　針對不同層級學校，教育部每學期／年可能有例行性的主題需要宣導，像是生命教育、性別教育、友善校園等等，每個學校可以依據該校的學生生態、資源與需求，做切題的班級輔導。若學校臨時發生一些重要事件（如學生突然死亡或意外，或是有喪親），輔導教師首先以全校師生為對象做安撫與教育（全校宣導），接著可以針對發生事件的班級做較多次的班級輔導（如哀傷教育），接下來（可先做篩選動作）則就反應較大、受到影響較多的學生與當事人，做小團體諮商或個別諮商。

（二）班級輔導進行方式

　　班級輔導顧名思義是以「班級」為單位，有時則是以班上大多數的同學為對象（因為不一定人數到齊，或是有特殊目的）。班級輔導進行方式很多元，主要視其目的而定。使用繪本、影片、遊戲或演劇方式，以及設計有目的的活動，讓全班可以輪流或共同參與，並有機會讓學生討論或發表意見，都是班輔可以採用的方式，切忌說教成分太濃，降低了學生學習的動機或意願。班級輔導可以針對重要議題（如霸凌、特殊疾病、校園安全）做初步宣導（至少比全校宣導要更深入一些），班級輔導也可視教育

之必要（如友善校園、性別平等）或學生之需求（如班上有人被孤立、師生關係緊張），進行一次或多次的深入宣導活動。

有時候將班上同學事先分組，然後進行班輔，也是不錯的做法，可以進行團隊合作事宜。分組時要注意將班上較被排擠或孤單的學生安排到較歡迎或不討厭他（們）的組別，或是在討論時、將班上同學做不固定分組（如兩人、三人），這樣可以讓不熟悉的同學有更進一步認識彼此與合作的機會，同時也可以暫時拆開一些固定的小團體、讓學生有機會拓展社交圈或釐清一些對彼此的錯誤觀念。在進行班輔時，輔導老師會依據主題／活動設計一些相關問題讓學生回答，也需要注意公平性（不要讓若干學生霸占發言權，也要給些機會讓較害羞、沒有機會舉手的學生可以表達意見或說話）。許多新手輔導教師在帶領班輔時，會較在意秩序的維持或是活動進行的完整流程，反而忘了最重要的班輔目標是教育與預防—要讓學生學習到什麼是最重要的，而不是流程有沒有走完？

許多學校的班級輔導，通常是班級發生特殊事情（如有同學被霸凌）之後，或班上有特殊需求學生（如過動、妥瑞氏症或選擇性緘默）需要被了解與照顧才進行，許多情況下是一次性的，對於其效果較缺乏評估，不過至少看出班級導師的需求與動機。

班級輔導主題設計內容示例

主題	相關議題
性別教育	・性別的不同面向（生理、社會、心理） ・什麼是性傾向 ・多元性別是什麼 ・尊重自己也尊重他人 ・性騷擾與性侵害 ・愛自己、做自己
生命教育	・我的生命線 ・人為什麼要活著 ・我想要成就／貢獻的是…… ・預立遺囑 ・如何表達關心與愛 ・失去與悲傷教育 ・情緒問題與調適

主題	相關議題
友善校園	·霸凌防治 ·人際關係 ·每個人都不一樣，都需要愛與尊重 ·家庭與我 ·危機處理

（三）如何進行班級輔導

　　班級輔導活動主要目的是發展性、預防性與教育性的，因此正確資訊的傳達與確認很重要。進行班級輔導之初，首先要考量班級輔導的目標為何？然後依據這個目標來設計課程內容與進行方式。因為班輔是針對整個班級來設計、進行的，因此其設計需要符合班級成員的發展程度與需求。

　　班級輔導有些是一次性的（如霸凌防治宣導），也可以是一連串系統性的、由淺入深（如「如何辨識與防治霸凌」），端視班級需要或是輔導老師評估情況而定。班級輔導如同團體諮商的情況一樣，是基於經濟效率的原則，設計相關主題的活動，讓學生可以進一步體驗與討論、更深入了解某些議題，而不是像全校性的朝會宣導那樣淺顯與表面。

　　進行班級輔導時要注意學生座位的安排（讓每一位學生都可以清楚看到老師或進行的說明及活動）、設計內容的適當性（是否容易被理解、合乎主題）以及安全性（維護學生之身心安全）。班級輔導可以採用多媒體或媒材來協助進行，包括電腦、繪本或影片播放（要讓全班都看得到）等等，也可以安插一些活動（如小組討論），或是以發表、繪畫、演戲與遊戲等方式進行或競賽。當然，為了讓學生更專注或覺得有趣，班級輔導在進行時可以做分組計分，有助於同儕之間的良性競爭，但是要注意到秩序與「公平性」；另外，祭出的獎品要有吸引力或是實用的學用品，也可以用嘉獎或是給予特權（如到操場打球十分鐘、午休時間的使用）的方式做獎勵。班級輔導時，輔導教師固然站在講台的時間較多，但是在學生做活動或是討論時，最好可以走動一下、回應學生可能有的疑問、順便巡視學生進行的情況，同時也可以關注到較多學生。

（四）班級輔導的設計

　　班級輔導的設計要注意實施對象的發展階段與特色，才能夠設計有效的活動、眞正傳達教育目標，也就是同一主題可能會依照不同發展階段而有不同的設計。例如「性別教育」，在國中階段七年級可能是「認識自己」（包括自己的性別、生理特徵、長相與特色），八年級可能是「認識身體與保健」（了解不同性別的生、心理特色，但也注意性別的刻板化），九年級可能主題就是「人際關係」（包含親密關係、同異性關係、多元性別、性騷擾與法律等）；再則，同一個年級的班級輔導設計，也可能因爲班級氣氛與經營情況不同，而需要做適度的修改、調整。

　　班級輔導的設計最好維持彈性、有趣，而且儘量讓所有學生都願意參與，即便是同一年級的不同班級，也可能因爲班級氛圍、學生積極度不同，需要做一些調整或改變，最好在 A 計畫之外、還有 B 計畫做備胎，這也考驗了帶領班級輔導教師的創意與因應能力。倘若全校只有一位專任輔導教師，要跑遍所有班級有其難處，時間與心力上負擔太大，有時候就可以將幾個班級置於同一空間來進行；班級輔導有時候會碰上班級導師不願意配合（尤其是時間的磋商），更會增加其執行的困難，因此溝通與協調就很重要，輔導教師平日也要與不同處室同仁維持正向、溫暖的關係，爲共同的教育目標與關切對象而努力。

　　除了學校例行性的班輔主題之外，有些班級若是發現有特殊議題（像是女性情誼、異性交往），也可以請輔導老師協助，讓學生有更深入的了解與體會。在國中階段的女生關係與男生顯著不同，女生彼此之間關係較爲緊密、但「排他性」很強，常常會有紛爭或是關係霸凌產生，像是甲跟乙是好友，若丙的加入，就可能引起吃醋或忠誠度的問題，這種情況就可以安排幾個班輔重點，例如「我的好朋友」（著重在朋友的定義與社交技巧）、「有人欺負我」（關係霸凌與防治）、「每個人都需要朋友」（可以從不同朋友身上的學習，寬容與接納與我不一樣的人）。校園霸凌的防治隨著網路與科技的發達，更顯現其重要性，輔導教師針對霸凌相關主題的系統性教育很重要，可將其列爲每學期的重點工作之一，也要讓教師同仁知道如何辨識霸凌及處理方式，並將不同年級的輔導目標做適當連結與設

計，千萬不要等到發現問題嚴重了才介入，通常事倍功半、爲時已晚！

目前國中班級輔導最常見主題

主題	內容說明
認識自己	了解自己的優勢與挑戰。
如何交朋友	同理心與社交技巧的教導與訓練。
誰被欺負了	認識、預防與防治霸凌（特別是關係霸凌）。
性別平等教育	認識自己性別與發展、接納與尊重他人。
生命教育	愛惜生命、協助他人與合作。
感恩的功課	懂得感謝家長或教養人，並做好自己的本分與責任。
認識生涯	了解自己能力、希望從事對社會有益的工作。
學習習慣與策略	知道如何做有效學習、尋找適當資源與評估。
時間管理	知道如何安排自己作息的時間，包括運動、休閒及與家人相處。

（五）班級輔導一般注意事項

進行班級輔導之前，首先要考量班級輔導的目標爲何？然後依據這個目標來設計輔導內容。因爲班輔是針對整個班級來設計、進行的，因此其設計需要符合班級成員的需求與程度，因此有些情況需要注意。

1. 可用時間與次數：班輔主題可能需要進行次數多少次、時間多長。

2. 實施班輔對象：年齡層、發展階段與任務的考量。

3. 計畫或設計考量：國中生可能以活動來帶領討論，高中階段就可減少活動，或是以靜態的資料及影片呈現方式來引導討論，活動與要討論的主題密切相關。

4. 設計班輔活動必須要有預先的設計與準備，設計內容還要有 A 計畫與 B 計畫（萬一 A 計畫行不通，就要趕快採行 B 計畫），因此多準備相關的備份活動也是必要的。輔導教師通常經驗值多了，就可以隨時因應情境、做適當的變通與創發。另外，班輔雖然以上課課程時間爲單位（四十五至五十分鐘），但是設計時不要將時間用滿（設計三十五到

四十分鐘就可以），而是前後預留三到五分鐘（學生可能因為打掃，或是從操場跑回來，或許上洗手間，或要準備下一堂課），這樣較不急迫，也不會讓輔導教師有壓力要跑完所設計的流程。

5. 每一班級之班級氣氛不同（與導師的班級管理較有相關），因此也要讓班輔設計更具彈性。

6. 許多輔導教師或諮商師沒有班級經營的理念或教育背景，在真正執行班輔時最大的阻力總是在班級秩序的維持以及如何讓學生專心、聚焦，也因此無法專注於班輔進行的過程。

7. 每一次班輔最後最好有一個小活動（如問答或學習單），用來檢視此次班輔之成效或目標達成程度，檢視的方式最好要多變化，不要老是用一種（如學習單，尤其現在孩子不喜歡寫字），容易引起學生的反抗、不合作或敷衍。

8. 適當採用行為主義的代幣或是增強方式，可以維持秩序，也鼓勵同學參與（要注意發言次數的公平性）。

9. 班級輔導通常是輔導老師進入班級去進行，但是有時候也可能因為教室場地的限制，會將學生移到適當的場所來進行（像是團體諮商室或者是體育館），若空間太大，學生可能會打鬧或玩耍，甚至翻滾，若空間太小、許多動態活動進行不易，另外也要注意減少讓學生分心的事物（如玩具、體育器材）。

10. 班級輔導有時候可以善用青少年本身的創意、邀請其主動參與活動的設計和進行，「主席排」的運用就是其一。請班上同學輪流以「排」為單位，與輔導教師一起合作進行一堂課，通常是前一堂課由教師主導設計與帶領，第二堂課就可以讓學生團隊負責。若一排學生有七位，就可以分別擔任主席、司儀、活動帶領人、計分者等角色，教師與學生需要就活動設計及流程做充分討論，因為主要負責的是學生，因此輔導教師是站在輔佐與諮詢的立場，監督學生設計的活動、協助進行順暢，另外也提供必要的器／媒材或獎品。學生帶領學生進行班輔，全班同學都有機會負責，這不僅讓學生可以學習負責、體驗與創新，還可以讓班級合作氣氛更佳！

（六）教師進行班級輔導的一些提醒

　　目前國中小已經將輔導課程改為綜合活動課程，國中階段甚至與家政、童軍等放入綜合課程內，不像以往是純粹的輔導課程，因此有些學校的輔導教師需要十八般武藝都行，好處是可以將不同課程做統整、融合，但是也因為輔導課程分散、要與其他課程做搭配，反而失去其重要性與專業度。當然，也有一些學校是外放給其他機構人員擔任，校方就較難掌握師資或學生學習情況等。班級輔導有其重要性與欲達成之目標，因此總希望司其職者有足夠的能力做有效的引導，況且在進行班級輔導之際，還可以針對該班級特性或是議題做進一步釐清及協助，甚至發現一些潛在的個案。一般說來擔任班級輔導之教師若能注意以下幾點，當可應對裕如。

1. 教師需要具備團體輔導相關知能：領導者受過團體相關專業訓練，也獨自帶過團體，了解團體動力結構、如何運作，有哪些重要因素必須注意，也都是在執行班級輔導之前必備的基本條件。

2. 教師需要有班級經營技巧：因為做班輔面對的是一群人，成長中的孩子不是那麼容易管理，倘若不明白如何約束學生、維持適當之班級秩序，可能班上鬧哄哄一片，或是各自做自己的事，就無法有效進行班輔，自然也無法達成預設的目標。

3. 教師需要對主題有了解或有專業背景：做班級輔導必須要對所欲宣導的主題（如霸凌、性別平等、時間管理等）有相當了解，才可以進一步設計與執行方案，要不然很容易在進行中有左支右絀的感受，甚至只是將流程跑完、沒有預期的效益產生。

4. 教師需要對服務對象的發展階段與需求有所了解：這樣才知道服務對象的需求為何？有哪些發展特色必須留意？學生的次級文化與使用的語言如何？

5. 教師具備與學生互動的能力：帶班級輔導需要具備與學生互動的能力，不僅要了解他們發展的情況、使用的語言，也要清楚此班的班風與特色，甚至有彈性與變通能力，就更能融入其中、讓學生更有意願參與。

6. 可以用分組競賽方式進行：因為班級人數眾多，若是要邀請他們發表意見，可能只限於若干較願意發言者，相對的就減少了全班的參與

度，因此可以適當使用分組方式，儘量讓全員參與。

7. 教師了解與善用增強原則和代幣制度：既然是以分組方式競賽，在決定計分制度時就要注意正確性與公平性，同時善用社會性增強與代幣制度的優勢。

8. 教師要注意執行時的公平性：若以競賽方式進行搶答或是表演，也要注意公平性、允許學生有相等的機會發言／表現，有時候也要注意一些較為「慢熟」（要經過一段時間才敢舉手發言）的學生、以及發言頻率較多的學生（必要時得以忽視的方式處理）。

9. 運用不同媒介吸引學生注意：現在有電腦科技的輔佐，容易取得資訊與相關影片來協助說明，也要注意螢幕是否夠大，在實際做班級輔導之前，要先確定這些設備都無問題、且操作順利，要不然容易耽擱大家時間。

10. 相關活動之後進行分組討論最佳：單向宣導方式效果最差，除非有很好的媒介（如影片或新聞畫面），以及有趣的活動連結，加上班上人數通常超過二十位，要請他們分享會有難度，因此，若在相關活動之後，讓成員進行分組討論是最有效的方式，然後請各組選取一名或若干名代表發言。

二、團體諮商

（一）何謂團體諮商

　　諮商以團體的方式應用在青少年身上效能很高、也具有經濟效益，因為青少年是以同儕為重、且一天大部分時間是一起相處的，因此將他們聚集在一起，可以達到團體諮商「人際學習」的目的，他們也較容易彼此支持與模仿。

　　所謂的「團體」基本上 (Forsyth, 1999; Johnson & Johnson, 1994)：是一個有建構的社會組織、且可以「滿足個人需求的動機」，而團體成員有「共同目的」、彼此溝通互動且互相影響，成員彼此互相依賴且有關連，成員對彼此來說是有心理上的顯著意義 (psychologically significant)，或擁

有互相分享的身分（如同學、共同議題或背景）。簡單說來，團體是兩人以上的人所組成的社群，彼此有共同目的或目標，成員是同質或異質性，端賴團體所欲達的目的而定。

要將符合與團體目標的青少年聚集起來並不容易，一來諮商團體是用來治療的成分多一些，因此許多家長會因為害怕自己孩子被標籤、而不願意讓孩子參與；其二，有些教師對於諮商功能誤解，或是想要擺脫某些他／她不喜歡的學生，就不理會團體諮商之目的，而將孩子送到團體中；第三，孩子本身也不喜歡被排擠出一般的班級活動（感覺像是被懲罰或疏離），因此要讓孩子歡喜進入團體，會有其難度；第四，孩子雖然熟悉團體活動，但是並未參與過團體諮商，因此對於參加團體之目的、自己該如何在團體中表現，會有許多疑問要先釐清；此外，基於學生受教權，許多學校無法另外挪出時間讓孩子參與團體，因此輔導教師或諮商師只能利用早修或中午休息時間，在時間上的控制與運用就有更多挑戰。儘管進行青少年團體諮商有諸多挑戰，但是根據許多輔導教師的實務經驗，他們發現：只要學生有過參與的經驗，基本上再度參與的機率很高，而且還會延攬好友或同學一起參與，也因此每學期的團體潛在參與者往往需要做篩選，甚至需要同時進行幾個團體。

團體是成員們的團體，不是諮商師或輔導教師的，這一點要特別提醒。諮商師或輔導教師只是擔任團體的設計與領導（或團體催化員），但是團體本身有其生命與特殊形態，這些都是成員們所營造出來的團體氛圍所致，隨著團體進行（特別是較長期的團體），團體就會慢慢發展出自己的樣子。當然，不同的團體領導者也會影響團體進行的方式與氛圍，在青少年團體裡較容易看出領導者的領導風格，因此團體領導者的主要工作是要讓成員都能夠互相學習。

簡單說來，團體諮商目標有 (Corder, Whiteside, & Haizlip, 1981, cited in Berg, Landreth, & Fall, 2006, p. 267)：學習表達自己的感受；學習為自己的生命負責任；學習彼此真誠互動；學習了解自己（也知道他人怎麼看自己）；從團體經驗中體會到家人的感受，可以更了解與接受自己的家庭；有歸屬感，找到了解與接受自己的團體；學習如何與他人靠近；了解自己與他人一樣；協助他人，了解自己在他人生命中的分量。

Yalom (1995) 歸納出團體諮商的療效因子

療效因子	說明
普同性	發現自己並不孤單，因為有其他人遇到同樣的困境或問題，因此也不需要獨自掙扎。
注入希望	同樣的問題，別人可以解決，也許我也可以找到方法來解決。
資訊分享	有效的資訊可以彼此分享。
利他性	可以互相協助、為他人的福祉貢獻己力，也發現自己的力量。
原生家庭的情緒修正經驗	從原生家庭帶來的情緒或創傷，可以在團體中做修復。
發展社交技巧	在團體中不僅會看到自己的人際模式，團體成員也提供了其他的人際互動方式、可供學習或練習。
模仿行為	成員中有些人的行為可以做為典範、以茲效仿或學習。
人際學習	人都是互相學習的，不管是行為、理念，或是技術，也都彼此影響、學習與效仿。
團體凝聚力	團體像一個大家庭，可以讓人有歸屬感、有極強烈的情感連結，彼此會互相支持打氣。
情緒宣洩	可以自由發洩自己的情緒，不必因為擔心而壓抑。
存在因子	人類生存的現實與思考，像是生老病死或生活瑣事及人性。

注：這些療效因子彼此不可切割，可以同時存在。

（二）團體諮商效益

團體諮商與個別諮商最大的不同就是經濟實惠（省人力與時間，且效果佳）—是「一對多」的服務，青少年藉由彼此互動的人際學習、觀摩、仿效，學習較為迅速且道地。青少年會將在團體外的人際互動模式帶進團體中，諮商師或輔導教師可以藉此了解孩子與人互動的情況及可以修正的部分。此外，大家在同一團體裡分享經驗，發現並不是只有自己有這樣的擔心、不會孤單（普同感）、有歸屬感等都是屬於團體的療癒因子。團體也提供青少年一個可以自由表達自己想法與感受的安全處所，學習到被肯

定、了解他人的優點，同時可以去實驗、嘗試新的行為與不同的問題解決方式，將在團體中所學運用到日常生活中（所謂的「遷移」效果）。此外，團體也讓青少年有機會去認識不同的人，從他人的身上與經驗裡，學會不同技巧或能力，也因為團體需要有效運作、會有一些規定需要全體成員遵守，也藉此讓青少年學會自律、遵守團體公約及了解分工合作的重要性。

團體諮商具有經濟（諮商師一人對多位成員）實惠（人際的互動與學習效果更佳）的效益，尤其是對於正在成長中、需要同儕認可、同時質疑權威成人的青少年來說很重要，他們可以將在團體中彼此互相學習的知能運用到日常生活裡，也因為在團體中得到支持而增加自信。目前許多學校或機構都廣為利用團體諮商。

為何需要團體 (Jacob, Masson, & Harvill, 2009, pp. 2-5)

團體功能	說明
經濟效益	就時間與需要投注的心力來說，比較有經濟效益。因為個別諮商是一對一，團體諮商是一對多，在人力不足的情況下（特別是學校單位），團體諮商是最符合經濟效益的，不管是在建議或諮詢、價值澄清、個人成長、支持與問題解決議題上都是如此。
共同經驗	發現自己不孤單，因為其他人也有相似的經驗或關注議題。
更多樣的資源與意見	若有許多人在團體中，自然可以提供的資源或意見就更多，使得團體經驗更有趣、更有價值。
歸屬感	團體成員因此而認為自己是團體中的一員、有個屬於自己與依附的團體。
技巧練習	團體可以是一個安全與支持的場域，讓成員們練習新的技巧與行為，然後將其遷移到團體外的日常生活中。
回饋	團體成員間彼此可以接受回饋及回饋給對方。
替代學習	成員之間有類似經驗或議題分享，包括成功與失敗的經驗，從他人的經驗中可以間接學習到許多知識與技巧。
真實生活的情況	團體像一個社會縮影，也較貼近真實的生活情況，可以暫時性地取代所生活的社區。
承諾	團體成員也會因為團體的期許與同儕壓力，更願意承諾做改變，像是減重、時間管理或考前衝刺團體等。

（三）招募團體諮商成員

　　諮商團體成員的招募需要宣傳。宣傳方式有多樣，可以到班級宣導招募、張貼廣告與報名方式、藉由網路或由教師轉介等，最好同時以多樣方式廣招潛在參與者。當然因爲青少年未成年，要其參與團體有時候不是班級導師可以自行做決定，需要得到家長或監護人的同意，不過目前許多中學以上學校招徠團體成員，不需要經過家長這一關，而是以學生之意願爲主，倘若該校或機構的團體諮商經營有成，通常要參加的人數是遠遠多過想招徠的人數，當然也有少數孩子怕被汙名化（擔心他人或同儕對自己的看法），可能會有一些障礙需要克服。另外，若是請班導轉介，輔導教師或諮商師就要很清楚說明團體目的與參與人條件，就不會將老師不喜歡的同學或是無法在團體中獲益的學生延攬進來，當然，最好有篩選機制則更佳。

　　團體成員的同、異質性，也要視設計者或帶領者的定義，性別、年級、障礙程度、背景、學習能力、社交技巧等，都是可以作爲決定團體性質的標準，不管同質或異質性的團體，都以團體目標（看團體要達成的目標而定）爲主要考量。青少年團體要特別注意性別分配，除非有特殊目的（如女性受暴或性侵受害），否則一般之諮商團體最好納入不同性別的成員，可以互相學習，甚至打破一些可能的迷思。之前提過青春期是性別刻板化很明顯的階段，青少年又在乎他人眼光或評價，因此性別人數平均是最好的（如十人的團體男女各五人），倘若過度失衡（如男性三人女性七人，或反之），可能會限制男性（男性占少數的團體，男性可能少發表意見）或女性發言（女性在男性較多的團體中會較安靜，或希望引起注意而刻意表現），就較難達成團體諮商之目標。

　　一般說來，招募團體成員有一些注意事項：(1) 注意廣告宣傳的表面效度。要在宣傳品上載明團體目標或成效、以及成員參與資格或條件。如果是要增進霸凌加害者與人互動的技巧，千萬不要將團體命名爲「減少暴力」團體，表面上就不能說服潛在的參與者，最好用正向的描述，如「人氣爆表」團體；(2) 若要教導成員社交或溝通技巧，最好也納入一些模範成員（至少占團體人數之一半），因爲有示範與人際學習的功能，成員之

間彼此效仿成效很大；(3) 若成員無法先經過篩選（可以採用個別訪談或團體訪談的方式進行）程序，也要清楚告知潛在成員可以在團體中的學習與收益，以及基本的團體規範；(4) 在正式團體進行之前，若可以與各個參與者先建立關係（甚至熟記其姓名或想要使用的暱稱），這樣成員較容易在團體進行時與領導者合作，也願意多做自我揭露和對話；(5) 團體成員以六到八人最佳，但要考慮一次團體可以使用的時間，在學校中進行可能需要配合節次與時間，因此可以一次進行團體五十分鐘左右，一週進行兩次，或可以讓團體效果更佳；因為即便在學校內進行團體，還是有成員可能會缺席，最好團體出席人數大於四人（不包含領導者），這樣的互動才較有效，輔導教師或諮商師也可以祭出全勤的獎勵、鼓勵成員積極參與。

通常青少年參與諮商團體的意願會高於國小學童，除了喜愛同儕活動之外，可能是可以逃掉一堂不喜歡上的課，或是找一個聽聽他人意見的機會，不管其參與動機為何，只要參加過團體一次、感受還不錯，他們持續參與的動機是很高的！這也給諮商師一個很好的想法：針對青少年的團體，可以設計深淺不一的進階版，讓討論的議題更深入、更有效果！

（四）準備團體諮商注意事項

1. 進行地點

進行團體的地點很重要，最好是固定一個場所（成員容易記住、找得到、也較有安全感）、不要有一些容易讓學生分心的物品（如運動器材）或玩具擺放在那裡，會干擾團體的進行，因為會有學生去玩弄玩具或器材，不可能專注在團體活動上；若是無他處可放，也要適當地遮蓋或隱藏起來。團體進行的場地也不宜太寬廣，音量較無法控制，或是聽不清楚領導者或成員說話，其他情況也考驗領導者的「班級經營」技巧。

2. 篩選成員

最好是在團體進行之前就可以做個別篩選或團體說明，若時間上不允許，則可以在第一次團體進行前段來做，另外要了解潛在成員所關切的議

題、願意合作與遵守團體規約（如準時出席、聆聽與尊重發言者、守密、不能使用不雅語言或攻擊成員等）、在團體中的要求與角色要明白告知。

3.團體設計

團體諮商通常可以設計六至八次的活動，參與的成員不超過八至十人。在國中階段，團體諮商可以安排一次四十至五十分鐘，一週一至二次。若有一些書寫的活動或是回饋單要填寫，儘量採用簡單勾選／簡答方式或運用手機平板較受歡迎，現在許多青少年不喜歡寫字。在每跑完一次團體之後，都需要針對此次團體進行情況、成員特性或是進度，做一些修正，若有未竟事宜，也要在下一次團體時間做適當解決，有時候還會因為團體出現的某些情況（如衝突或是有人被不當對待），需要在下一次團體做較完整的處理，若是這種突發狀況與團體主題（如社交技巧）有關，或是原本計畫中也包括、但是時間序上可能安排在稍晚的團體進程，諮商師或輔導教師就需要提前拿到團體中運作和討論。

如同班級輔導一樣，團體設計通常不是「一魚多吃」的型態，而是需要依據實施對象（團體成員）的反應做適度的修正，像是許多學校每學期會有例行性的團體諮商主題（如認識自我、生涯或生命教育），儘管輔導教師會設計出一套團體計畫，但是這個計畫也會因應每一回參與的成員而做變動及修正。團體的內容不是重點，過程才是重點；領導者不要急著要把自己設計好的「行程」跑完，反而忽略了成員的感受與想法，因為團體不是「領導者」的，而是屬於團體「全部成員」的，而且成員間的交流與互動才是主軸。

固然領導者要負責活動的安排，但是若一個主活動跑不好、沒有達到預計的效果，可能就需要臨時變動、改用另一個活動替代，這就是「計畫趕不上變化」，領導者需要擬定至少兩個（A 與 B）計畫的原因。規劃團體計畫時，除了對於主題要有深入了解之外，也要先將流程在想像中跑一遍，看看過程中可能會有什麼問題出現、要如何解決，甚至對於一個問題成員可能會有哪些答案都要預想一下，增強自己的應變能力。

4. 進行時間與方式

　　青少年基本上可以較坐得住、坐得久，但是也要注意成員的專注力情況（通常注意力一次可專注十到十五分鐘），搭配適當的活動，可以刺激其參與興趣及延長其專注力；有些主題式的青少年團體（如霸凌、多元性別），一次可安排二小時至三小時、較可充分討論；另外，安排的座位要較為舒適，團體進行中間有休息時段或做彈性調整，並提供水或飲料，在學校裡面，通常不能夠做這樣的時段安排，不妨一次進行六十分鐘到一個半小時。團體時間基本上的計算方式以「人數」×「20 分鐘」，這樣的安排可以讓參與成員都有發表的空間，也較能將一主題做徹底充分之討論。在國高中，有時候因為平日上課時間較難安排團體，也可採一次性的團體（像是利用週末），一次進行四小時以上，這樣的安排可以讓青少年因為長時間相處、彼此更熟悉，而在團體設計上需要更費心。

5. 團體的表面效度

　　針對不同議題的族群所做的團體諮商，像是父母離異或單親家庭中適應有問題的學生、孤立沒有朋友的或害羞退縮的學生，前者可以讓同樣來自單親家庭的學生一起參與，大家分享共同的經驗與感受，後者不宜只是讓這些孤單的學生參與，他們可能缺乏的是社交技巧，團體中需要安插一些人脈廣、熱心助人的學生做為模仿的典範，才可以竟其功，要不然容易變成「汙名」團體（參加的人都被冠上「有問題」標籤），不僅難以得到家長的同意，團體效果也不彰。也因此，要注意團體的「表面效度」，尤其是在製作團體宣傳單 (DM) 時要特別注意，名稱可以讓家長與學生都很放心，像是社交技巧團體就可以命名為「我要成為『人氣夯』」的團體，處理霸凌受害者的團體可以命名為「自信高飛」團體等，加上簡單說明團體的目的就可以。

給家長的團體說明書示例

「表面效度」的部分，特別要將團體名稱朝正向的標題思考，不要讓
閱聽者誤會。像是上述的「社交技能」團體，主要是增進若干成員與
人互動的技巧與能力，而在發給師長的宣傳單裡可以命名爲「我們都
是人氣王」，在團體目的部分也以正向陳述爲佳，如：

(1) 讓同學更了解與人互動的技巧與方式。

(2) 學習與人合作技巧。

(3) 讓同學彼此學習如何增進情誼的策略與方法。

(4) 讓同學在校與日常生活都可以更快樂。

不同形式的團體諮商（不限於此）

類型	說明	舉例	注意事項
依照不同理論區分	可以按照諮商師的專長理論設計團體	阿德勒自信提升團體、夢的解析團體	治療師需要對該理論、運作與議題非常熟悉，不能只以技巧取勝。
依照不同議題區分	視需要達成的目的而定	霸凌受害者社交技巧團體、雙親離異生活適應團體	最常見的團體，因為較容易計畫、也有彈性。
依照不同目的區分	視其以「教育」或是「治療」為目的而設	認識霸凌（教育）、拒絕成為霸凌受害者（治療）	不同目的設計內容與進行方式或有不同。
依照人員加入或退出區分	「開放」與「封閉」性團體，開放性程度不同	一般團體較屬於「封閉性」，而醫院裡的門診團體治療常常是開放性	固定成員或是可以讓成員持續加入團體。
依照成員組成性質區分	同質性或異質性團體	可以依照年齡、性別、族群等所關注的議題做區分	同質性團體會有較多相似處，但也可能侷限了討論的範疇。事實上少有真正的「同質性團體」。

類型	說明	舉例	注意事項
依照時間長短期區分	可分一週一次、共八至十二週的團體，也可以進行一次（如三天兩夜）的馬拉松形態	親密關係團體、悲傷團體	密集式的團體容易在短時間內成員彼此認識、培養出團體凝聚力，但是不適合年幼的成員（容易疲累）。
依照結構性區分	團體進行方式與內容為有目標或無目標、預先設計好或沒有	成長團體	初入門的團體較多結構性高者，成員知道團體流程會較為安心。
依照成員專業度區分	可以是促進專業成長或以分享為主	同儕成長或督導團體、自助式團體	自助式團體通常沒有固定的或專業訓練背景的領導人。

注：以上只是粗分團體形式，其實團體基本上是混搭的，像是「異質性」「成長」「短期」「女性」團體。

6. 活動安排

　　青少年的團體當然不是團康活動，而是重在互相討論及學習，因此團體領導者除了安排一兩個與主題相關的主要活動，讓參與成員即時做討論，較容易達成團體目標。這些設計的主要活動都要與主題有關，每個活動最好都可以讓全部成員都參與，同時也要注意討論與發言的公平性。另外，若要讓學生做書寫動作，最好簡單一些，或改用其他勾選或是表演方式替代，新新一代的電腦族非常不喜歡動手寫字。有時候在同一團體討論，因為人數較多，可能只有少數敢發言的人會發表，這樣效果不彰，偶爾可視情況，分成兩人或三人小組做討論，但是團體即便分組，裡面的成員也不要總是固定，要讓所有成員都有機會可以在不同組別分享與聆聽彼此的想法或感受；當然，有時候若是同一組成員不喜歡彼此，領導者也要注意該如何處理。在成員討論時，領導者可以走動巡視，必要時給予催化或協助，也就是一定要關照到所有成員。讓成員帶作業回家做、可以延伸諮商效果，也讓家人知道其進度與學習；此外，讓成員在每一次團體結束時，輪流或自發性地做摘要，也可以做為「評估」之參考。

7. 注意力要做適度分配

　　團體基本上會讓成員坐成一圈、較容易專注與投入，彼此也可以環顧到彼此、領導者也較能關注到所有成員，必要時領導者可以輪流坐在不同成員身邊、讓他們都得到注意。新手諮商師容易將團體諮商變成「在團體中做個人諮商」，忽略了其他成員被注意與認可的需求，也沒有催化成員之間的互動與交流，這樣的團體是失敗的，因為團體主要目的是讓成員互相學習，這一點要切記。

　　當然，輔導教師若碰到某位成員的特殊議題（如失落經驗），或認為需要做一些處理，可能就多花了許多時間，也要先做說明或是注意處理的時間，並且讓其他成員可以參與討論或貢獻意見，要不然等於是將其他成員「晾」在那裡，容易造成成員流失或不想參與。團體成員若是青少年，更容易在感受到被忽視或無聊時，對於團體失去興趣，也較不能從團體經驗中學習到預設的目標，因此團體領導的注意力要做適度分配，這也得靠經驗值的累積。

　　團體中分配給發表人或談話者的時間也要注意，一個團體中總是有人願意分享更多、有人卻遲遲不敢冒險，事後卻又抱怨領導不公平。當然，有些成員會考驗領導者可能的「威權」，因此「耐性」與「同理」能力非常重要，不需要正面衝突或訓誡，而以反問或幽默帶過，或是連結其他成員進來發表自己的看法。每個人的專注時間都有限制，青少年的專注力或許較之兒童要長一些，但是基本上一次可專注十五至二十分鐘，因此在活動的安排上也要留意，可能在討論分享之後，做些活動，或是休息一下，就可以再度專注。

8. 團體中成員個性或是參與團體之動機不同表現亦異

　　團體裡的成員因為性格不同或者是來到團體的目的不一樣，會影響其表現或參與程度。團體中會有「救火員」（積極參與討論或是首先發言者），「沉默者」（很少主動發言或者受邀請也不會發言）、觀察者（往往是經過一段時間後，才較自在加入討論）等。團體領導者雖然會感謝救火員的協助，但不能老是依賴這幾位成員，因為也可能剝奪了其他成員貢獻

團體的機會，因此領導者也要在適當時間讓救火員退場；領導者會邀請沉默的成員發言，有時候可以用非語言性質的活動來替代發言、給對方緩衝的時間，要注意友善堅定的態度，而不是脅迫或是略過，領導者可強調大家是來學習的、因此分享很重要；多數的成員是觀察者（慢熱者），總是要知道怎麼進行才會參與，此時領導者的示範說明和鼓勵就很重要。當然青少年成員也容易離題，或是討論到某一個點會較嗨、收不回來，領導者不需要太嚴厲，偶爾展現彈性或幽默，看看成員的話題會到哪裡？有時候做適當切入與連結，反而可以讓討論更深入。團體成員是很大的一個變數，加上成員在團體中互動的多樣化，這也是考驗團體領導者（諮商師或老師）最重要的關鍵。

9. 如何處理小團體並給予適當自由度

　　青少年參與團體有時候是結伴而來，或是彼此熟識，也因此經常會有所謂「小團體」(subgroup) 出現，在團體中有時候會帶來一些干擾或阻礙，像是走出團體之後會彼此談論，或是有些想法不願意在團體中分享，團體成員也慢慢知覺到這些情況、彼此之間會因此而有距離，阻礙了團體的凝聚力。諮商師除了在團體進行中，經常提醒成員要如何在團體外分享心得的原則（如可以談論自己的領悟與學習，但是不可提個別的人或事件）之外，也要說明小團體對於整個大團體可能造成的傷害，若是傷害已造成，或是很嚴重，可能就必須請若干成員離開團體。

10. 團體中的議題在團體中解決

　　領導者固然要將團體目標放在心上，但是真正有效的團體不是領導者跑完設計的流程就算了事，而是需要因應實際團體情況而有彈性與變通，倘若團體內出現一些議題，最好在團體中解決，而不是按下不表、忽略，或是草草作結。如果團體中有人意見不合，甚至有爭執出現，領導者的目的不是息事寧人，而是將此情況視為一個機會、展現有效的處理方式，若團體主題正好是人際溝通或互動，就將此情況納入、與主題做連結（如「我們團體的主題是溝通，溝通不免會有意見不同或是爭執，當我們遭遇這樣的情況時，用過什麼方式試圖解決？」），就是一個讓成員學習的最

好良機！若主題與此無關，還是要花時間做暫時處理，同時邀請其他成員貢獻感受或意見。如果處理時間不足，而又與主題有關，不妨移至下一次團體時間做處置，同時也預告給成員，甚至編派一個相關的家庭作業，就可以在下回團體做較好的處理。

偶爾會碰到成員互不相讓、衝突嚴重，領導者或許就需要請其中一位成員離開團體，做這個處置之前要有詳細說明、並讓成員都有機會表達自己的意見，若成員離開已是定局，也順便處理「說再見」的議題。團體中的議題，小的像是團體開始時間，若成員無法在預定時間到齊，是否需要將時間挪後，這些也都要與所有成員商議再做決定；大一點的像是有成員抱怨某些人都不說話，領導者就要協助做說明、給予沉默者有機會加入，不要讓情況變得具攻擊性或不可收拾。

11. 使用媒材與活動都要與主題相關

領導者使用任何媒材或是活動，都要注意與主題有密切關聯，而不是自己方便就好！像是有領導者喜歡使用牌卡，一套牌卡可以依據不同目的來使用，領導者要很清楚自己為何要使用牌卡、以及如何有效運用。有領導者從頭到尾都使用牌卡，除非他／她的主題就是牌卡（如「從牌卡探索自我」），一般的團體領導者會依據每一次的小主題安排適當活動或不同媒材。

此外，若要連結團體諮商效果，或是驗證此次團體所學，甚至是開啟下一次的主題，都可以善用適當的家庭作業。有些領導者會將成員在團體過程中的所有作業或成果都留下來，等到最後一次團體時作為回顧之用，甚至發還給成員留作紀念，都是不錯的做法。

12. 團體規範可以隨著團體進行而做適當修正

在成員的第一次團體時間，通常會讓成員彼此熟悉，同時也要訂立一些基本規則讓成員遵守，主要目的就是讓團體進行有效益。成員若是初次參與團體，可能不太清楚要訂哪些規矩，領導者可以舉例說明（像是尊重發言者就需要傾聽、不插嘴；要鼓勵成員分享就要保密，保密的例外情況與處理；準時出席，或若需缺席需要注意什麼，可缺席幾次等），然後隨

著團體進行，可能需要偶爾提醒成員重要規範，另外有一些狀況或許需要修正規則（如有人在團體外討論團體之事、有洩密之虞，應如何處理），都可以保持彈性與變通。

13. 每一次團體都要好好開始好好結束

　　團體進行的次數雖然不多，但是隨著團體的進程、成員付出的努力與彼此間的連結，團體就開始有自己的生命，由於團體結合了教育、發展與治療等因素，因此學生也會從團體中學習到許多生命的現實與道理（包括潛在或隱藏的學習）。每一次團體若是都可以好好開始、好好結束，少留下未竟事務或遺憾，對每位成員來說都是很重要的學習功課，同時也爲未來團體的結束鋪下很好的前奏與道路，成員學會說再見、處理未竟事宜與失落感受，也是關鍵的成長。

個別諮商與團體諮商的差異

諮商形態／特點	個別諮商	團體諮商	注意事項
人數	一人	四人以上至十二人（或以上）（視主題或時間而定）	資訊分享方面，團諮有更多人參與，保密就更不容易。
對象與進行方式	一對一、面對面	一對多、直接	若只專注於若干成員，就容易忽略到其他成員。
動力不同	當事人與諮商師二人	諮商師和所有參與成員，就經濟與人際層面來說效果較佳，也容易獲得支持。	有人較不習慣在他人面前說話或發表不同意見。
諮商室外的掌控	較容易掌握	較難掌控	因為成員較多，保密較難，也可能影響成員在團體外的表現。
效果	較不易評估	效果較佳	團體彼此會有歸屬感、獲得支持，也可以將在團體中所學運用在團體外的生活上。

諮商形態／特點	個別諮商	團體諮商	注意事項
時間	較固定，一次可以四十分鐘到一小時（必要時可延長）。	若以每人二十分鐘來計，可能一次團體就需要一小時以上。	團體中若有人缺席，動力就受到影響。

團體諮商與團康活動之區別

	團體諮商	團康活動
目的	教育與治療	娛樂
功能	讓成員彼此學習，並將所學運用在自己生活中。	好玩、抒發情緒。
意義	一群有共同目的者聚集在一起互相學習與支持。	一群人一起參與活動，彼此沒有心靈上的互動或交流。
領導者角色	設計團體、進行流程並催化討論，團體計畫有邏輯、由淺入深。	設計與規劃團體活動方式和內容，內容以創新、好玩、娛樂大家為主。
進行方式	基本上有時間與次數的限制，以達成目標。	可能是單次方式進行。

三、帶領青少年諮商團體注意事項

Corey 等人 (2014) 認為有效能團體領導的條件有以下幾點 (Corey, Corey, & Corey, 2014, pp. 28-36)，本書作者特別針對青少年族群，在後面做更多說明：

1. 勇氣：願意冒險、承認錯誤與不完美；青少年不喜歡虛偽，因此諮商師若是發現錯誤、坦承不諱，反而更能贏得信任。

2. 願意示範行為與態度：展現出態度與典範，創造團體的開放度、認真、尊重與接納他人；諮商師的言行舉止表現都可能是青少年的效法對象，除了展現出開放與尊重態度外，也要提醒團體成員要拿出這樣的態度。

3. 同在 (presence)：對於團體當下的專注與涉入；諮商師願意專注於當下、

仔細聆聽成員的故事與看法，這樣的專心陪伴也是青少年所需要的。

4. 善意、真誠與關心：展現出裡外一致、協助的熱誠；青少年族群有時候會懷疑成人的關心或善意是裝出來的，只要諮商師持之以恆、以同樣一致的態度對待，青少年會漸漸卸下心防。

5. 相信團體歷程：相信團體工作的功效；諮商師之所以願意投身於團體運作，主要就是相信團體動力與其效能，並且不是只注重團體的結果，而是挹注在整個團體進行過程，看見成員之間的人際互動與學習，還有每位成員的進展與貢獻，並善盡催化員之責。

6. 開放：寬容與接納不同成員與其背景；青少年或許會有「我群」與「你群」之分，還有對同一群組的忠誠度，諮商師不是要讓他們不分你我，而是協助他們看見差異的同時、也看見彼此的共通處，甚至從彼此的差異與不同中互相學習、拓展視野。

7. 以不防衛態度因應批評：不將成員的反應「個人化」；青少年會對成人作批評，這些不是針對個人，而是他們展現自我的方式之一，同理的了解與願意傾聽他們、可以解開防衛。

8. 覺察文化上的隱微議題：文化敏銳度夠、能夠覺察差異並做適當反映與同理；青少年除了有其次文化之外，不要忘記每個人也都是一個文化（有不同的背景、成長經驗、價值觀與喜惡等），因此不要以「文化簡約」（以自己的文化為主要評估標準或是概括所有人）的方式來看當事人。

9. 能夠同理與認同當事人的痛：同理能力佳、感受到成員的感受卻不被情緒淹沒；當事人為了掩飾自己的脆弱，通常會反其道而行，有時候諮商師的同理是正確的，但是青少年不一定會認可，因此不必要去確認當事人的感受與想法是否如此，而是適當表達出同理就可以，他們會記得你／妳的努力。

10. 相信個人力量：知道自己是誰、要的是什麼，包括自己的限制；諮商師要了解自己，甚至是自己在青春期時候有過的經驗或感受，儘管諮商師是助人專業之一，但是每個人都有其能力與限制，在每一次與青少年進行團體時都勉力為之，不須假裝或牽強，承認自己的不能需要勇氣，同時也給了青少年很好的示範。

11. 有活力：展現在成員面前的就是一個準備好的狀態；不管是在一對一的個別諮商或是一對多的團體中，諮商師都要有備而來、全力以赴，展現出來的肢體動作或是說話聲量，都讓人感受到力量，這樣的活力自然能夠感染給團體中成員，大家共同專注於團體。

12. 自我照顧：有具體行動做好自我照顧；助人者在面對當事人時，都要展現出充分準備好的狀態，要助人之前，諮商師要先照顧好自己的身心靈，才會有源泉活水、關注到他人。

13. 自我覺察：對生命經驗開放；除了了解自我與限制，甚至是自我議題部分，諮商師的自我覺察還包括對自身生活的觀察與敏銳度，這些也都可以是思以改善或成為諮商師的「資產」或資源。

14. 幽默感：自發性的幽默感、欣賞生命；雖然不是每位諮商師都有自嘲的天分，然而從不同的角度看事情，或提供當事人另一個思考的窗口（如「重新架構」），也是諮商師可以發揮的能力，同時也要記得幽默是「兩個巴掌」的事（諮商師與當事人都同感有趣、好玩），而不是諮商師單方面認為如此。

15. 有創意的：對不同團體會有新鮮感與建設性的創意，也願意做實驗；不少諮商師會隨著臨床經驗或是閱讀，創發出屬於自己特有的創意（可以是實質的或是想法），而這些創意也可適度運用在當事人身上、發揮效果；諮商師面對不同議題的團體或是族群，有時不免生出疲態，更需要繼續教育與進修，活絡自己的創意與彈性。

16. 個人的努力與承諾：保持好奇心、也在專業上努力；諮商師本身要相信團體的力量與功效，才會持之以恆、提供相關的服務，而諮商師的繼續進修與努力，更能嘉惠當事人；諮商師對於生活中的許多人事物保持好奇心、願意進一步去了解或做研究，在自我與專業成長上裨益最多！

　　因此基本上擔任青少年諮商團體領導的基本配備是：

（一）配合青少年發展特色與重要議題

　　青少年處於衝突、質疑價值觀，對選擇與身體改變困惑，亟需同儕贊同的階段，有許多的自我懷疑，在獨立與依賴之間掙扎，他們會尋求同儕

的認同，因此團體諮商很適合他們。青少年是面臨許多發展議題的徬徨期，也是他們極力要「長自己」關鍵期，雖然同儕的意見很重要，但是他們依然是依賴父母親的，只是要如何在「學習獨立」與「仰賴父母親」之間取得平衡，還需要時間與經驗的淬煉。青少年重視同儕，因此自人際互動中，他們可以學習了解自己、世界與他人，所以團體諮商是相當有效的方式。青少年會因為反對而反對，也會挑戰權威，但是他們彼此之間的交談是更容易的，因此若能善加使用，青少年的諮商團體效益會更高！此外，領導者對於青少年相關議題（如同儕關係、親子互動、人際關係、親密關係、霸凌議題、學業與生涯等）要相當了解，除了近身接觸的經驗，還需要多多閱讀相關書籍與研究，這樣在引導討論或是做歸納、摘要時都會更深入。可能的團體主題有：聆聽與溝通、認識與處理情緒、社會技巧與友誼、學業成就與學習方式、自我概念與自信、問題解決與如何做決定、失落與哀傷（危機處理的一部分）、孤單感受，校園暴力（欺凌與受害者，或兩者）等。此外，不同學校或許會有其他與在地文化的相關議題（如勞工階級子女、新住民子女、原民、隔代教養家庭、宮廟或民俗信仰），有時候以團體諮商方式進行會較有效果，畢竟團體諮商有教育、發展與治療等功能。

（二）團體領導的養成不易

　　團體領導要相信團體的力量、也願意持續學習，通常一位有效能的團體領導需要經過多年的經驗值累積與淬煉。諮商師若可參與不同團體、成為團體觀察員、經過系統的課程訓練、擔任協同領導、最後獨立進行團體計畫與執行，也就是透過專業訓練及理論基礎外，了解不同主題或議題，培養自己的彈性與創意，同時有固定的督導可以請益或同儕間的互相督導，會讓自己的領導知能更精進。一般輔導學系畢業的老師或許較少帶領團體的實務經驗，碩班畢業的諮商師儘管有碩二兼職和碩三全職實習的歷練，但帶領團體時數仍嫌少、也不一定有與青少年相處或帶領團體經驗；如果說教師養成需時十年，團體領導者的培養也是如此，需要經過刻意的學習、累積臨床經驗，讓自己成為更有效能的團體領導者。

　　雖然許多團體主要是「領導者取向」，也就是領導人要做許多規劃與

介入，「結構」要嚴謹，但同時也要在設計和進行團體時，將成員的次文化或喜愛的活動／方式納入，以較爲平權民主方式對待，他們的參與度會更高。諮商團體是全體成員的團體，因此通常會隨著團體的進程，領導者會慢慢將責任釋回到成員身上，團體領導者就如同在個別諮商過程中一樣，需要慢慢將責任回歸給成員；團體初期或許是領導者催化或引導的成分多一些，但是隨著團體進行，成員也開始分攤責任，就可以慢慢轉移。成員必須要負起責任，這樣才容易將在團體中所學遷移到生活當中。

（三）團體領導者或許基於自己個性與訓練背景，帶領團體的方式或風格不同

有些領導者一直居於領導與主導地位，不放手讓成員接手或運作，舉凡團體內容規劃或進行、評估，都一手操辦，成員只是報名參與團體，較少主動性與自主性；有些團體領導會隨著團體進程與成熟度，慢慢將責任下放、讓團體長出自己的模樣。儘管青少年還在成長階段，或許是初次參與團體，但是不要忘了青少年有其自主性，也需要給予適當的信心與嘗試機會，他們的自我強度就建立得更厚實。

（四）評估與追蹤團體效果

這一點可能是許多輔導教師較忽略的一環，其實很重要。雖然在學校或是機構內，「業績」很重要，有時也需要申請補助款，而諮商團體的立即性效果評估（通常是正式團體結束當天）是一般較常見的，但是後續的追蹤與評估往往不被重視，這些追蹤評估其實就是作爲修正計畫最好的指標！

（五）利用多種媒體輔助

輔導教師利用多種媒體輔助（手偶、遊戲、音樂、繪畫、繪本、影片等），並將活動（包括演戲、情況劇、動作、問「如果你是他，你會怎樣做」之類問題）與討論做穿插運用，也因此，輔導教師的創意、科技連結相關資源的知能就很重要。

青少年團體諮商領導者須具備能力（不限於此）

- 團體理論、實務與督導基礎及體驗。
- 與學校或機構人員做有效溝通與協調、維持合作關係，並讓諮商服務功能有清楚了解。
- 團體計畫設計、撰寫與評估能力。
- 班級管理能力、讓團體順利進行。
- 了解服務對象的發展任務、需求、目前興趣與活動。
- 彈性與開放（包括設計方案、進行團體態度與處理方式）。
- 對於生態理論有深入了解，能適當引入學生的相關資源（班導、家長、師長、同學或居住社區）。
- 協助學生將在團體中所學運用到日常生活中（如家庭作業的運用）。
- 注意教師與團體領導者角色的界限拿捏（學校輔導教師尤然）。

青少年發展特色與帶領青少年團體注意事項

青少年發展特色	帶領青少年團體注意事項
尋求個人身分認同與價值觀之釐清； 認知發展迅速； 更有社會取向、重視同儕關係； 生理變化迅速； 急於了解自己的經驗，以及隨之而來的感受與行為； 維持自主獨立及與人連結間之平衡。	了解青少年文化與目前流行事物； 真誠、坦白與直接的態度； 運用適當創意與媒材； 站在「不知」、願意學習的立場； 不要刻意討好青少年，保持尊重與接納態度即可； 準備接受青少年的挑戰，但要做適當回應或處理； 特別留意保密、團體規則、設立界限與自我揭露； 適度的幽默。

四、進行青少年團體諮商注意事項

　　青少年諮商團體兼顧教育與治療的功效，在實際進行團體前雖然有完整的設計，但是仍需要依據上一次團體進行情況（如重要活動受到延擱）、未竟事宜（上一回未討論完整者）、臨時發生的重要事件（如成員流失）等，在接下來的團體時間做彌補、修正或添加，才能夠讓團體進行順暢、合邏輯且有效，這也提醒了團體領導者的創意與彈性很重要。

1. 團體諮商之前建立個人關係：在進行團體諮商之前，最好有機會可以

做個別篩選、同時可與將參與的學生建立關係並彼此熟悉，這樣一進入團體，他們配合的意願也會增加；青少年很講義氣，只要誠實以對、態度眞誠，他們也願意相對付出。個別談話有篩選的功能，輔導老師也可針對不適合參與者做篩選，或安排至其他較適當的團體裡，甚至有時其讓做個諮更有效；倘若無法做篩選動作，事前與導師或轉介團體成員的師長們溝通就很重要，讓轉介者清楚所要招來的適當成員，不僅可以協助團體較順利進行，也讓團體欲達效果更佳，成員可以學習的也愈道地。當然若在團體進行前無法做別篩選，那麼以團體形式篩選也是另一選擇，至少有機會與潛在成員做第一次接觸總是好的。篩選成員部分也可以用第一次團體來做、類似說明會，關切議題、願意合作與遵守團體規約、在團體中的要求與角色要明白告知）。

2. 團體很適合青少年，因爲符合其發展階段的需求與特色，提供其在團體中表達情感與問題的機會，但也要注意到個別成員的認知及語言表達能力，有時需要給時間、做示範或是適當引導。

3. 利用多種媒體輔助，活動與討論穿插。

4. 坐成一圈較容易專注與投入。

5. 社交或相關需要學習正向行爲的團體，需要安插值得學習的「榜樣」在團體內（這是所謂的「平衡」原則）。

6. 主要是「領導者取向」，也就是領導人要做許多規劃與介入，「結構」要嚴謹，但可運用適當的輕鬆與幽默。

7. 領導者愉快、有活力與創意的聲調很重要；

8. 連結與摘要成員所說的重點，並引導成員回到主題，因爲他們容易分心；

9. 領導者的示範與帶著動作的說明很重要，友善而堅定地提醒團體規則亦同；

10. 讓成員帶作業回家做、可以延伸諮商效果，也讓家人知道其進度與學習；

11. 逐步讓成員在每一次團體結束時自己做摘要，可以做爲「評估」之參考，也是讓成員學會慢慢分攤責任；

12. 成員會考驗領導者可能的「威權」，或有抗拒表現，將其視爲自然的

過程，因此「耐性」與「同理」能力非常重要，不需要正面衝突或訓誡，而以反問或幽默帶過。

13. 如果有新的議題（如關係霸凌）在一次團體進行快結束時出現，領導者要花一些時間做短暫處理，待下一次團體時再做妥善的解決，不要留下未竟事務。

五、帶領青少年團體諮商要訣

1. 領導者必須要讓參與團體的青少年了解為何有此團體？團體目標為何？讓他們有時間發問、領導者做回應，不要讓他們覺得自己是被標籤的，或是被強迫而來。有時候在第一次團體時，讓成員表示自己參與團體之目的，並與團體主題做連結。

2. 團體結構可以讓成員有安全感，但是要有彈性。

3. 青少年因為不善於表達自己的感受，常常會偽裝自己的害怕或不自在；領導者不需要戳破其防衛，以「假設」或「猜測」語氣詢問便可。

4. 領導者真誠無偽的態度非常重要，因為青少年受不了假裝或不誠實，因此也不要硬生生使用青少年的語言。

5. 運用角色扮演或演戲方式進行，讓他們扮演別人比較不會不自在，角色扮演或演戲可以模擬真實世界的狀況，也讓成員輕鬆將所學遷移到日常生活中。

6. 青少年有許多創意，包括問題解決的方式，不要忽略其優勢。

7. 進行青少年團體，成員的性別有時是考量因素。一般說來，最好容納兩個性別的成員，同時人數相當，因為這樣成員可以從不同的角度與觀點來學習；然而將男女放在同一個團體也可能會助長性別刻板印象，或是男性急於表現、女性變得較沉默，而有些議題較適合單一性別參與。

同性別的團體，女性團體可能較願意表達意見，團體進行較為順利，但是也可能有同性競爭或搞小團體的情況出現；單一男性團體就可能較沉默，不妨安插適當的相關小活動，然後再進行討論或分享。

8. 若有成員不敢在團體面前說話，就先採用兩兩討論或小組討論方式進

行，領導者可以用「走動」方式巡視及協助。當然，儘管有這些考量，主要還是看領導人的經驗與功力。

倘若在大專院校進行團體，當然招徠適當的成員很重要，也需要與行政或相關單位合作，但是要潛在參與者承諾八到十次的團體時間或許會有困難，有時也需要因「校」制宜、做一些變通（像是改成一天半的工作坊形式）。有學者提出一些注意事項 (Kincade & Kalodner, 2004, p. 375)：

1. 領導者必須認同團體經驗的重要性，而非個別諮商的補充。
2. 小型團體較適當，但也不能過小。
3. 廣告與招徠成員很重要，必須與全校教職員關係良好。
4. 篩選成員不是為了治療因素而已，還有保密因素。
5. 學生對於同儕意見相當重視，因此要注意保密與隱私的議題。
6. 準備工作攸關團體成敗。
7. 留意學生在團體中的個別差異與特質，多元議題也應置入篩選與團體過程中。
8. 注意學生的行事曆。
9. 領導者需要對團體期待保持彈性，同時考量團體成員的發展階段與關切議題。

團體諮商設計舉隅

團體主題	人際關係與智慧	活動說明
第一次團體主題	人氣衝到高點—認識新朋友	·請成員列出自己喜愛的事物八個。 ·用五分鐘時間成員彼此找出某一共同喜愛者、請其簽名。 ·全員回座，分享過程中的感受或新發現。
第二次團體主題	我的好朋友	·兩兩分組，分享好友的優勢。 ·在大團體中分享好友們的共同特色。 ·這些特色運用在人際上的效果。 ·作業：下課時觀察班上一位最有人氣者五分鐘。
第三次團體主題	人際挑戰	·分享上次作業、成員自由給予回饋。 ·成員三人一組分享自己或目睹的人際議題／挑戰。 ·成員將其中一個議題以戲劇方式展現。 ·分組討論可能的解決之道並在團體中分享。

團體主題	人際關係與智慧	活動說明
第四次團體主題	合作的意義	・準備一張報紙。 ・請成員站上攤開的報紙，然後依序將報紙摺小、請成員站上去，一直到無法站人為止。 ・團體成員發表心得，如何讓自己站上去、無法站上去的心情等。 ・領導者請成員說明與人合作需要的智慧。
第五次團體主題	衝突發生時	・運用牌卡選出自己在與人相處時的挑戰或困難。 ・輪流展示牌卡，並簡單說明當時情況與處理方式，其他成員給予回饋（領導者注意共同或不同挑戰，並據以延伸）。 ・成員分享與人衝突時的心理歷程、考量、擔心或難受，其他成員自由給回饋。 ・領導者總結與人發生衝突或意見不合時可以運用的策略。
第六次團體主題	我訊息	・選播一短片有關好友爭吵情節。 ・請成員分享與家人或好友意見不合時的處理情況。 ・「我訊息」示範與功能說明。 ・成員兩人一組練習「我訊息」。 ・成員自由分享練習的心得與感受、儘量應用在生活中。
第七次團體主題	肯定訓練	・成員分享上回「我訊息」在實際生活中應用的情況。 ・成員討論：與人互動或溝通時會遭遇的問題有哪些。 ・領導者統整大家共同遭遇的議題。 ・領導者說明並與一位成員做「肯定訓練」的示範步驟。 ・邀請幾位成員上台練習。 ・領導者說明下次是最後一次團體，有無未竟事宜？ ・準備給成員的祝福（發下卡片）。
第八次團體主題		・回顧過去七次團體印象最深的事。 ・分享參與團體的心得或收穫（包括將團體中所學運用在生活中）。 ・從這裡開始一下一步行動為何？ ・每位成員輪流給某一位成員祝福（並接受回饋），直到每一位都接到祝福與致贈之卡片。 ・珍重再見。

六、帶領青少年諮商團體的其他考量

進行青少年團體的其他考量，可視團體目的而做適度調整或留意：

1. 同質異質性

到底應該讓同一議題（如社交技巧、同儕關係、弱勢家庭）的孩子在同一團體或是不設限？主要是看團體目標而定，沒有嚴格限制，但是若擔心團體裡面負面力量會影響學習（如霸凌者與受害者一起參與團體）就需要分開，甚至安插正面的楷模在團體中以供學習，而且人數要超過負面的成員（如社交團體安插有人氣且容忍度高者參與）。其實到底是同質還是異質性也沒有固定定義，大體來說都是異質性居多、因為人本來就不同，然而若以議題為招徠成員之主旨，或許較容易區分。

2. 篩選

有些老師推薦或轉介過來的學生，通常與團體真正要求的對象無關，或是有些老師只是想把「問題人物」往外推而已，因此在選擇成員之前，與老師們釐清或說明是必要的。若是讓學生以自我推薦的方式進入團體，有時候要拒絕他們參與就會有點困難，可能會影響他們以後參與的意願，因此輔導老師要特別說明清楚，甚至有餘力可以另開其他適當的團體，讓有興趣者加入。

3. 取得家長同意

學校是教育單位，輔導是屬於教育的一部分，通常學校視需要與教育目的，可以直接讓學生做進一步的輔導與諮商，因此基本上不需要家長的同意；然而現在許多的家長會擔心孩子被汙名化，或者是為了保護小孩，而校方也擔心家長不滿意或往上提告，因此輔導或班級導師需要進一步向家長做說明、釐清一些迷思，讓孩子順利參與團體或個別諮商，也因此取得家長的理解及同意是很重要的，宣傳單 (DM) 上明確的團體目的就有助於說明。

4. 保密的限制

學校畢竟是較狹小的環境，參與團體的青少年可能彼此多多少少有一些認識，甚至偶爾會將小團體（subgroup，彼此認識的人或朋友）帶進來，因此團體的保密就要特別注意。團體裡的成員會擔心團體中的事情外洩，或是領導者會告知其班導內容，因此要一再提醒團體成員或是掛保證，以及與成員商議哪些資訊可以讓班導或同學知道，在團體剛開始時，就示範給成員清楚了解（像是如何在團體外分享自己的收穫或心得，但是不能提及特殊人或事件）。

5. 設定界限與彈性

雖然說在團體進行前與不同成員認識，可以做篩選或是建立關係之用，讓成員在團體中更願意合作，當然也可能有些成員會因為與團體領導的關係而開始測試關係界限，擔任團體領導的輔導老師或諮商師要特別注意界限的「彈性」，該遵守的不放水、可以調整的也做適當調整，畢竟青少年不喜歡死板板、僵硬不變通的作法，也可以在每次進行團體時與不同成員坐在一起、減少偏私的可能性。

6. 團體規則的適當性

團體有一些基本規則，像是保密、尊重他人的話語權、仔細傾聽、勿使用髒話或威脅字眼、準時出席等，有些規則在團體進行過程中可以刪去或是添加，主要視情況而定。

青少年團體諮商可以進行的主題（不限於此）

---

1. 溝通訓練
2. 認識壓力與解決之道
3. 情緒與管理
4. 親密關係
5. 社交技巧
6. 自我認識與認同

7. 生涯興趣及探索
8. 問題解決或做決定
9. 網路使用與成癮
10. 網路霸凌與可能因應之道
11. 讀書策略或資源運用

七、問題解決會議、兩三人談話會及同儕諮商

　　若無法進行團體諮商，Tucker (2017, pp. 271-272) 建議可以使用小團體或是班級討論的方式，針對某一個特定問題或者是現象，大家腦力激盪、集思廣益，一起商議如何解決；在會議過程中，讓每個人的意見都可以得到尊重與被聽見，這樣的進行方式很適合青少年，因為少了威權與位階。

　　另外，在學校或是相關機構內，有時候可以善用「兩三人談話會」，因為青少年期是以同儕關係為主，若可結合幾位同儕或是經驗相似者一起談話，一來可減少當事人與諮商師的陌生感，二來在友朋相伴的情況下，減少對諮商的憂懼與孤單，再則也可以讓諮商師認識當事人可能有的資源（如人際網路）、善加運用。因此兩三人的談話，除了較不正式、具經濟效益（時間一樣、但可同時與兩三位當事人晤談）之外，還可以對同一個議題有更深入的討論與溝通，大家一起來為某個問題做解決的行動，可以彼此商量和支持，也較有效率；另外，諮商師也可以從當事人與同來者的互動中，了解他們的人際關係模式，做有效的觀察與協助，還可堅固及穩定其人際網路、建立可用的支持系統。兩三人談話會也類似問題解決團體，針對生活上的議題有商量對象、彼此也提供情感支持，有自助團體 (self-help group) 的意味。

　　延伸「兩三人談話會」的還有「同儕協助／諮商」(peer facilitators/counselors)，主要是運用青少年的同儕關係做類似同儕互助的行動。美國中小學有「仲裁者」(mediator) 的訓練，類似我們國內若干學校的「輔導

股長」的功能，但是其積極與主動性更高。「同儕協助者」的訓練是先遴選願意參與訓練、口語及智力能力佳、具領導潛能、有足夠動機與責任感者參與 (Tobias, 2001, p. 165)。仲裁者的設置其主要工作是在班上同學若有爭執時，可以先將同儕間的衝突或問題做優先處理，倘若無法做適當解決，則轉介給導師或輔導教師做進一步處置。同儕關係是青少年很重要的支持系統，若一些班上紛爭或是同學個人的問題，可藉由同儕觀察、關切與舉報，當可以及早發現問題，做及時處理。

第十章
與青少年的諮商工作

前言

與青少年的諮商工作挑戰很多，但是也有不錯的效果。本章會就與青少年諮商工作的一些細節、注意事項，以及在諮商前、諮商過程中與結束治療關係等面向作較詳細的討論。

青少年諮商通則

青少年接觸諮商師或許都是新鮮的經驗，諮商師要因人制宜，雖然還是有基本的諮商架構要維持，彈性與變通是很關鍵的。以下幾點是基本的考量：

1. 結伴而來是可以允許的

諮商師或輔導教師進行個別諮商時，因為青少年與成人單獨相處一室，會因為害怕權威或有其他擔心而較不自在，青少年正處於「長自己」的階段，有時會為了反對而反對、抗拒的表現會較為強烈而明顯（如不合作態度、口出惡言、不尊重，或是只說「不知道」），會讓諮商師或輔導教師吃足苦頭、讓協助碰到瓶頸，當然這也考驗諮商師解決問題的功力。倘若青少年邀請朋友一起出席，諮商師也可以接受，還可自當事人與朋友之間的互動更了解當事人，不必執著於「個別諮商」的形式，有些學校的教師或是輔導老師偏好「少數人」一起的諮商，除了可以加強同儕學習、減少孤單感、符合經濟效益之外，還可以同時與一群學生建立關係、了解

學生與人互動及其支持脈絡的情況，也可以進一步建立學生互助的支持網路。

2.在學校安排晤談的時段要注意

在校園裡面做諮商，輔導教師或諮商師在安排與學生面談的時間與時段上要特別注意，除非學生的情況嚴重、需要持續安排在同一時段（最好也能讓校方與教師了解這樣做的理由），要不然會影響學生的受教權，如果固定在同一個課堂時間與學生面談，可能就會剝奪了學生學習該科目的權利，因此如果可能，不妨做適當的晤談時段變動，對於學生的受教權就較有保障，這樣他們就不會同一堂課都缺席，而且最好讓授課教師也知道學生該堂課的去處。

3.注意語言的使用

再則，青少年因為尚在人生的發展與學習階段，有時候若諮商師用了較艱澀的詞句，或是複雜句（一句話裡涵蓋許多意思），他們可能會誤解諮商師所說的，但礙於自尊或怕麻煩，他們不會提問，因此諮商師可使用不同的陳述來描述及澄清。青少年跟一般成人一樣，都有自尊及被尊重的需求，不希望被貶低，因此有時候即使不了解、也會假裝知道，諮商師在與當事人對話時，即便懷疑當事人不了解自己所說的，但是盡量少用「你了解嗎？」或「你懂嗎？」這樣的字眼，而是採用不同的方式（像請當事人舉例或做摘要）來做釐清。

4.將環境脈絡納入考量

針對青少年做諮商，要特別留意其所處的環境脈絡，以及其他影響的因素。因為當事人年紀越小，越缺乏解決問題的能力，卻會將其壓力展現在行為上，而真正的問題原因可能是在其所處的環境裡面，像是父母親不和，孩子可能會出現暴力的行為、課業落後、注意力不集中等問題，因此在與青少年工作時，諮商師必須要有生態觀，要看到當事人周遭的其他可能影響因素（如家庭、環境），而不是將問題鎖定在當事人身上，這樣有極大可能會失焦。

5. 後續追蹤與評估

　　諮商對象是青少年，也應該像一般的諮商程序一樣做後續的追蹤評估。青少年的問題可能會重複出現在諮商場域裡，諮商師要有所準備，務期讓每一次諮商結束後，當事人更有能力去面對同樣的問題、且做有效處理。當面對較為複雜或棘手個案時，許多學校先召開「個案會議」是很重要的，讓相關行政人員或教師、家長、社工、身心科醫師，以及輔導教師列席，針對如何有效協助當事人作細密分工與分責，當然橫的聯繫與直的合作是很重要的，而非各司其職而已，並且每隔一段時間聚會做執行報告與檢討，甚至是每學期會按時追蹤學生的現況與進步。

6. 抗拒是自然的，留意抗拒背後的可能因素

　　青少年抗拒是自然的。在諮商還未普羅化的現在，儘管青少年有機會與學校輔導教師或是諮商師接觸，但是對於求助或是接受輔導諮商依然有許多汙名（如去輔導室的都是有問題的人、擔心他人認為我有問題、也會標籤自己有問題等），因此當青少年被轉介到輔導室見諮商師或輔導老師時，總會帶有許多的不情願、迷思或疑問，企待輔導教師與其做適當釐清，方可打開與當事人合作之門。諮商師態度誠懇開放，讓當事人可以問問題，用他們可以理解的用語或說法加以解釋或說明，在建立治療關係的同時，也釐清或破除了一些輔導或諮商的可能迷思。

　　沒有人希望讓別人看到自己的脆弱或不好之處，一般人對於求助會有抗拒，青少年當然也不例外，況且在諮商與輔導的汙名還尚待去除的目前，許多學生將「輔導室」視為「問題人」中心，當然非有必要、不願意與輔導室或諮商師掛勾在一起。其次，面對一位不熟悉的陌生人，即便對方是專家，也不願意談自己私事、更何況是難堪之事，因此抗拒是很自然的。有時候當事人會對於自己無故被轉介來做諮商很反感，會將怒氣發洩在諮商師身上，諮商師不必介意，不要將其「個人化」，反而需要正視當事人這樣的反應、表達理解，也讓當事人有選擇機會（如「談個五分鐘，好對某位老師交代。」）。

　　青少年的「抗拒」表現通常會以下方式呈現：外化或責怪他人，否

認（即便問題存在，也不願意合作、不要負責任或接受邀請來思考其他資訊的可能性），以非語言方式表現、爭論、打斷或企圖激怒諮商師，沉默或忽略，用言語攻擊諮商師或與諮商師爭論，表現出冷漠或漠不關心、不參與對話、展現出退縮的行為等 (Reid, 2011, pp. 120-121; Sommers-Flanagan & Sommers-Flanagan, 2007, p. 53)。這些行為的背後都可能有原因，輔導教師不需將其行為個人化，而是可以藉由同理、接納的態度化解，有益於治療關係的建立與諮商進展。

輔導教師或諮商師看到當事人這些表現，不要將其視為對諮商師個人之反應，而是將其視為自然的表現，也試圖同理當事人的感受，有時候抗拒底下是企圖掩飾或逃避的痛苦，諮商師的正確同理可以打開當事人的心防、讓其有自然情緒流露，而治療之路才開始！青少年在輔導教師跟前否認有問題存在，多半是因為不相信成人、承認問題存在但是感覺不舒服、未能看到諮商的益處，以及缺乏頓悟 (Sommers-Flanagan & Sommers-Flanagan, 2007, pp. 57-58)，因此諮商師不需要讓當事人承認自己有問題，而是帶著好奇、真誠傾聽他／她所說的故事，抱持著願意了解的態度，通常青少年是可以接受的。對於說「不知道」的青少年，可以試圖用以下方法破冰：「要不要猜猜看？」「假如你／妳知道呢？」「假裝你／妳知道的話，你／妳是怎麼想的？」「沒關係，但是如果我問你／妳最要好的朋友同樣的問題，他／她會怎麼回答？」「沒問題，要不要我們一起想想，或許會想出辦法來！」(Sommers-Flanagan & Sommers-Flanagan, 2007, p. 58)。

7. 面對沉默或害羞的當事人

關於沉默的當事人，可能是因為個性、面對陌生成人，或是有權力、控制或安全的議題 (Sommers-Flanagan & Sommers-Flanagan, 2007, pp. 61-62)，諮商師還是可以借用其他媒材或方式，慢慢化解當事人的焦慮或擔心。極度困擾或有自殺傾向之青少年，可能會以沉默不語的方式因應諮商師的關切與問話，此時諮商師要有敏銳的直覺，若當事人有生命安全之考量，直接詢問最佳！對於可能用言語攻擊的當事人，輔導教師不要認為是針對你／妳個人，也就是不要為了防衛而做出回應，而是用猜測、解讀

或同理的的方式，像是：「你這麼生氣是有理由的，要不要說說看？」或「感覺上好像是受到許多誤解或委屈。」或「如果我是你、碰到這樣的情況，不知道能不能像你這樣從容應付，我會很害怕、擔心、不知如何是好！」(Sommers-Flanagan & Sommers-Flanagan, 2007, p. 63)。對於表現出冷漠或漠不關心的當事人，他們基本上是有抑鬱的情緒，除同理之外（如：「我知道我知道，你一點都不想理！」），也要以問題解決的方式來面對（如：「即使你現在不在乎了，或許你之前是在乎過的，只是讓你不滿意，可不可以說說是怎樣的不滿意？」）

一、第一印象很重要

與青少年工作的第一印象，通常會決定當事人是否會願意再度出現或晤談，因此很重要。除非其第一次的經驗是中性或正向的，要不然要其再度蒞臨或造訪就有很大難度 (Sommers-Flanagan & Sommers-Flanagan, 2007, p. 29)。因此如何留住當事人以及如何善用第一次接觸的機會，都可以激發出更多的反應或可能性。

讓青少年當事人有一次美好的經驗，很多時候不需要「那壺不開提那壺」（不需要針對當事人被轉介過來的議題作討論），因為當事人會覺得自己是弱勢、沒有控制權，且被汙名化（是「有問題的人」）。青少年或許是第一次諮商，以前聽過或有同學做過諮商，諮商師都可以請教其想法，有機會可做適當釐清、但不要用說教或展現威權的方式，再則，不妨開放讓當事人問問題，並做當事人可以理解的回應。讓當事人的第一印象好，並不一定要討好當事人（想想青少年討厭虛偽），而是讓他／她有不同的對話或關係經驗，破除對於師長或威權人士的一般看法；此外也要注意：不要勉強當事人做他／她不想做的事，最好有一些選項在前面（如停留五分鐘、介紹彼此認識，或是說明諮商的功能），這也可以增加未來他／她願意來晤談的機會，畢竟諮商的協助是要有接觸才有可能發揮效益。

即便與潛在當事人只有一次短暫的接觸，諮商師在當事人離開之際，也可就自己的觀察、表達出當事人的優勢（如「你／妳很守信用，即使不願意來這裡，還是會過來看看。」「你／妳說話中氣十足，是一個很有力

量的人。」「你／妳進來之前很大聲喊報告，很有禮貌。」）讓當事人有良好印象，或許下一回再請他／她來就容易多了；甚至也可以預留後路：「如果你／妳有任何問題或是需要，都可以在這裡找到我。」

二、資料蒐集與個案概念化

個案概念化 (case conceptualization) 是將所蒐集的資訊（像是觀察、測驗、醫療史、家長與家庭背景、教師的評估與意見等）做了解與有效分析，適切定義問題、然後擬定可能的處置方向與計畫。「個案概念化」是一個持續進行整合與解讀資訊的過程，其目的是要超越案例摘要或事實之外，對當事人做更深入的了解 (Okun & Suyemoto, 2013, p. 4)。

Corey (2013, pp. 16-18) 提到一般個案概念化需要蒐集的資訊有：

1. 個人基本背景資料（如姓名、性別、年齡、外觀、種族、社經地位、婚姻狀態、信仰、轉介來源等）。
2. 目前呈現的問題（當事人的主訴問題爲何、他／她想要尋求協助的立即性問題爲何（包括問題本身爲何？已經存在多久了？而當事人運用了哪些方式來處理？）
3. 目前生活情況（婚姻與歷史、家族資料、最近的搬遷情況、經濟情況、法律問題、基本生活、衝突、支持系統、人際關係等）。
4. 心理分析與評估（當事人一般的心理狀態爲何？成熟度如何？有沒有影響當事人生活的不利因素？情緒狀態如何？當事人對自我的看法如何？有沒有意願或能力準備好要改變？或是可使用一般標準化的心理測驗，如智力、人格、性向與興趣等）。
5. 心理社會發展史（有關當事人呈現問題的發展與病因（包括可能的前置因素或個人因素、影響因素、可能有的附加利益及社會文化因素））。
6. 健康與醫療史（當事人的醫療史爲何？上一次看醫生是什麼時候？結果如何？最近有無創傷或是忽視所造成的一些明顯證據？當事人整體健康情況如何？有無服藥？服藥情況如何？（在進行心理治療之前，很重要的是必須要去除掉有關生理上的病因））。
7. 工作適應情況（當事人想從事的工作爲何？對目前工作的滿意度如何？

工作對當事人來說有什麼意義？有無未來計畫？目前工作的優勢與劣勢為何？如何安排休閒時間？其家人對其工作有何看法？）。

8. 危險性評估（當事人對自己與他人有無危險性？有沒有想過自殺或傷害他人？有沒有自殺的計畫或傷害他人的計畫？如果有，自殺的工具為何？之前有無自殺的企圖和對他人有暴力的行為？）。

9. 目前人際關係（當事人與伴侶、手足、父母、孩子、朋友、同事以及其他社會支持網路的關係如何？性功能以及對家庭的信念與價值觀如何？對關係的滿意度如何？當事人的主訴問題與他人有衝突嗎？當事人如何處理這些衝突？當事人可自他人身上得到哪些支持？）。

10. 當事人目標（當事人想要在治療中完成什麼目標？ 如果目標達成之後，當事人的生活情況會有什麼不同？一年後當事人個人的成長、關係、家庭以及工作情況會如何？）

11. 摘要與個案形成（簡述當事人主要的防衛機制、核心信念、當事人自我定義目前的問題、當事人的優勢與挑戰為何而做成的評估。主要的建議為何？治療處置的焦點為何？還包括治療的次數與以及時間長度）。

　　但是一般的諮商師較不可能在一次晤談過程中就蒐集完這些資料（即便讓當事人填寫標準的表格），況且有些資料還有變動（如轉學或家庭成員異動）或是進行式（如家人持續移動或搬遷），因此隨著資訊蒐集越多、也需要調整個案概念化的假設及處置方式等。在以上所列的這些項目裡面，在面對青少年族群時還是可以儘量蒐集，資料蒐集得越豐富，諮商師對當事人的許多面向就掌握得更好，在做問題假設與擬定協助策略時更有效。

　　個案概念化既然是持續的過程，隨著治療關係的進展、對當事人與資料了解更充分充足，諮商師對於協助當事人的方向與方式會做更適切地調整。諮商師通常會有自己喜愛的理論，而且對此理論理解較深入，往往在接觸當事人時，就以這樣的背景來看當事人帶來的議題或定義問題，這就是諮商師的「起手式」，只不過諮商應該是為當事人「量身打造」的（包括理論的部分），倘若諮商師的理論不符合當事人的情況，就要趕快改弦更張或做修正與協調。

　　諮商師如何看當事人的困擾、介入計畫的擬定與執行，與其所相信的核心理論有關，不同取向的理論對於問題根源與看法不同，也影響接下來的處置動作。像是人本取向學派認為個人在「理想我」與「實際我」之間的差距越大，就較會有困擾產生，因此需要進一步了解與接納當事人，肯定其有能力面對與解決問題；認知取向的諮商師相信，我們的困擾來自於不合理（僵化、不切實際）的信念，只要改變信念，情緒困擾或問題自然迎刃而解；後現代取向的諮商師認為當事人遭遇問題是因為「卡住了」，因此諮商師將當事人視為專家，從其既有優勢出發，協助當事人處理面臨的議題。諮商師本身除了精煉自己的臨床經驗外，也要去深入了解自己喜愛的某一取向理論，或是能夠解釋自己生命經驗的理論，讓它成為自己的核心理論，這樣在面對不同當事人時至少有個「底」、比較不會慌亂，也可以從核心理論的觀點出發來看問題；當然諮商師也須對其他理論嫻熟，因為諮商是為當事人做「客製化」服務，而不是只依循諮商師自身的理論來因應或框架。

案例一

　　許多諮商師看到阿誠，都忍不住提醒他指甲該剪剪了，因為他的手指甲很長、又黑黑的，讓人聯想到不清潔或衛生習慣不良。新來的諮商師小麗當然看到了這個部分，而與阿誠接觸過的同事也會提到這一點，但是小麗的做法不一樣；第二次與阿誠見面時，小麗準備了指甲刀、放在桌面上，然後對阿誠說：「你可以邊剪指甲、邊跟我談。」阿誠順手拿了指甲剪，低頭剪指甲的同時，也與諮商師對話。

案例解析

　　有時候做的比說的更有力。諮商雖然在某些層面上是「談話治療」(talk therapy)，但是最後的目的都是「改變」，特別是行為上的「可見」改變。阿誠之前的幾位諮商師都看到了同一問題，但是他們都只是提醒、用說的，即便無效還是繼續使用！小麗採用了不同的方式，也不需要對阿誠多說些什麼。

案例二

　　大二的大林因為要考研究所，課業壓力大，有時候忙得無法與女友一起活動，女友就有許多抱怨，他很擔心自己無法兼顧，所以找到學生諮商中心來。大林說這所學校並不是自己心目中的第一志願，因此希望唸的研究所會是自己認為最好的。諮商師與其分析「雞首」與「牛後」的選擇可能並非首要，而是自己真正學到什麼！諮商師肯定其提早準備的規劃，同時也與大林討論到感情就是進行式，要兼顧不容易，然而以大林這樣的計畫，或許可以跟女友分享，擬定出可以互相配合又達滿意的作法。大林在接下來幾週，和女友做了深度懇談，女友也說自己很想繼續進修，約會時間可以做協調，讓彼此都可以共同提升。

案例解析

　　諮商師以大林的諮商目標為主，協助大林從不同的角度來看事情，「兼顧」不一定是五十五十，而是可以今天四十明天六十，做彈性的調整，同時讓女友知道他在忙什麼、而非刻意忽略對方。

案例三

　　學校針對曠課太多的學生，要諮商師分配個案並予以輔導。賀諮商師屢屢聯繫其中一名學生，對方都無法聯繫上，他於是就查清楚該生住宿的地址，改為每週一封電子郵件、同時列印出紙本寄出。期末時，該生特別來到學生諮商中心感謝賀諮商師，他說原本以為諮商師會放棄，沒想到諮商師每週一信毫無例外，後來他甚至期待接獲信件！他感謝賀諮商師的不離不棄，還有信中溫暖、鼓勵的話語，給他很大的力量，現在他要畢業了，特別過來謝謝諮商師。

案例解析

　　如同敘事治療師使用文件的方式，提供當事人回憶與光榮時刻的提醒，在電腦科技飛黃騰達的現在，書寫的信件或卡片較有溫度，可以傳達更多的訊息給當事人。為了確定可以將溫暖與關切傳達到當事

人手上，還以不同方式送信，這位諮商師的堅持感動了潛在當事人，成為支持當事人很大的力量。其實助人專業的關鍵也在「用心」而已！

三、傾聽、傾聽、再傾聽

「傾聽」是進入助人專業最重要的能力，給對方一個不受干擾的舞台、專注傾聽，而且還聽到重點，接下來才可以談如何協助！尤其是在面對青少年族群，他們所說的通常不會被當作一回事，甚至被他人錯誤解讀，因此諮商首要的訓練就在於「會聽」，而且聽到重點。

在傾聽時很重要的是：

1. 不要問太多問題，讓當事人來引導。
2. 專注傾聽時，要先去除環境中可能有的障礙（包括電話或是噪音的干擾）。
3. 專注傾聽時，不要去想待會兒要問什麼？當事人為什麼會講這些？而是順著當事人所說的、進入狀況。
4. 傾聽是因為對當事人有興趣、想要真心去了解當事人，這樣的態度很重要。
5. 傾聽時不是光注重口語的訊息而已，還要注意觀察「非語言訊息」（如肢體、姿勢、表情、眼神、動作等），會讓諮商師的資訊蒐集更周全。
6. 如果諮商師專注傾聽，就會在適當的時間提出適當的問題。
7. 當事人只有在認為諮商師理解之後，才會聽進去諮商師所說的話。
8. 不要怕沉默，沉默在諮商中有不同的意義（像是可以給彼此思考機會、安撫情緒、喘息休息等）。有些諮商師很怕尷尬或沉默，結果就說了太多話，會讓當事人很疲憊、也容易起反感，尤其在面對青少年當事人時，當事人沉默機會更多，諮商師要耐得住，甚至可以使用「立即性」技巧來討論當下的沉默也無妨。

四、問問題的技巧

聽懂之後，接下來諮商師要學習怎麼問問題、而且問對的問題。問問題主要是建立關係與蒐集資訊之用，許多新手諮商師常常問「太多」問題，好像是在「審問」當事人，當事人會認為諮商師在沒有聽懂之前就發問，覺得自己不被尊重，或是認為諮商師不想要了解自己的處境，往往就會第一次晤談之後就不再出現，這就是諮商師用「問題」嚇跑當事人的結果，青少年自然也不例外。

（一）用詞簡潔，不要一下子問太多問題

使用當事人可以了解的語言。諮商師使用語言時，要注意當事人的年紀與反應，有時候當事人懾於成人的權威，即使聽不懂也不會發問、含糊帶過，這樣不僅容易有誤解、也讓當事人覺得不被了解，因此有時候還需要將話語以不同的用詞、重新說一遍。此外，不要一下子問太多的問題，容易攪混當事人的思考，而當事人也覺得被「拷問」、殊不是滋味！

此外，也不要問令人混淆的問題。像是負面的問題：「你／妳覺得自己不想要來這裡？」「如果不是今天，你／妳會想要怎樣？」或雙重否定的問題：「你／妳不覺得自己不是這樣的人嗎？」或是一句話裡有太多問題：「你／妳是不是覺得焦慮？不敢對那個人說出自己真正的意思？還是你／妳不知道自己在做什麼？」這樣的問法連諮商師本身都很困惑吧？

（二）問開放性問題

我們常常會用「閉鎖性」的方式問話，像是：「你／妳吃飯了沒有？」「你／妳要不要坐下來？」雖然看似有「選擇」（吃了或沒吃、要或不要），但是非常有限，也侷限了對方的回答。諮商師通常要從當事人那裡獲取許多資料，因此儘量不要以「閉鎖性」的方式問話，而是用開放答案的方式：「今天想談些什麼？」「今天過得如何？」或「你想從哪裡開始？」

當然在諮商師預料有可能的危機（如當事人有自傷／殺或傷人的危險性）時，就不要用開放性問題，而是直接針對問題發問，如：「你／妳想

過要傷害自己嗎？」「你／妳說怕有人受傷，指的是什麼？」；當然也可用列舉選項方式（如：「你／妳會覺得難過、傷心或生氣嗎？」），讓當事人做選擇。

　　許多時候與青少年工作，他們常常以「不知道」來回應許多諮商師提出的問題，讓諮商師覺得尷尬或是困在死胡同裡（或是鬼打牆），不妨使用其他的方式，像是：「如果你／妳知道呢？」「想像一下你／妳是在那個情況下，你／妳會怎麼做或說什麼？」「說說你知道的事。」如果當事人還是堅持以「不知道」來回應，就改採其他方式進行，不一定要用問的。

（三）問具體的問題

　　有時候當事人表達得不是很清楚，或是諮商師聽不懂，就進一步問明白，不要裝懂。像是：

　　當事人：「我最近覺得不舒服。」

　　諮商師：「什麼樣的不舒服？是身體上的、還是心理上或情緒上的？」

　　如果諮商師設想自己站在當事人的立場可能有的感受，甚至是想法或行動，都可以進一步探問。像是：

　　諮商師：「聽到你／妳的經歷，真的很難想像要怎麼熬過來。我不知道你／妳在這當中，有沒有想過要『結束』這一切？甚至有傷害自己的念頭？」

　　當事人若有輕生或傷害他人的念頭，往往是壓抑下來、感受非常痛苦，倘若諮商師可以問「對」的問題，通常壓力就在當下釋放了大半，接下來就可以好好跟當事人談怎麼解決問題。

（四）可以善用譬喻或比方

　　有時候當事人不太清楚要怎麼表達，也可以鼓勵其用譬喻或是打比方的方式來說，像是：「你／妳說心裡沉甸甸的，像一塊石頭壓著還是……？」「如果說你／妳們之間的關係像什麼，你／妳會怎麼形容？」

　　繪本、影片或故事的用途也在於此，許多孩子無法用自己的話精確地表示出自己的感受或想法，但是藉由繪本或是影片故事方式，讓孩子可以將自己投射到書中或故事中的角色裡，讓諮商師更了解他／她，而當事人

也可以從故事主人翁的經驗裡學習到自己不孤單或可以運用的解決之道。青少年或許較熟悉一些電影或是漫畫中人物，也可以跟他／她談談這些人物，甚至是用「換位」的方式問：「如果你是 LeBron James，會怎麼處理這個狀況？」

（五）少問「為什麼」

一般較常問的是「是什麼」、「怎麼樣」（如何）、「什麼時候」、「在哪裡」，有些學派認為若問「為什麼」是企圖去找原因，但是有時候原因太多或不明，另一方面也是鼓勵當事人找藉口、逃避責任。當然，有時候問「為什麼」可以進一步了解當事人的想法或動機，也是不錯的方式。

青少年諮商過程可以善用的策略或技巧

一、可以使用手偶或演戲／角色扮演的方式

無論是兒童或青少年，都比較喜歡做活動，也許使用一些玩具、玩偶或是積木等協助，當事人就可以表達出來，而不受限於語言的方式。當事人會將自己投射在某些角色裡，可以藉此詢問一些相關的問題，像是：「如果你／妳也像這個人一樣被誤解，你／妳會怎麼做？」或者是以手偶、演戲或角色扮演的方式，將想要問的問題藉由台詞說出來，像是：「好痛，你／妳為什麼要這樣？」

青少年對於創作的戲劇較有濃厚興趣，也願意去創發、衍生故事內容，雖然有時候不免無厘頭，但是輔導老師不必介意，這就是他們這個年齡會出現的情況。藉由演戲與排練，他們可以設身處地在他人立場，接著的討論更能夠深入主題、聚焦有意義。

二、運用偶像與其他重要他人或有用資源

孩子所崇拜的偶像（歌手、球員、網紅或電影故事中人物），也都可

以在適當諮商過程中善加利用。像是「如果 LeBron James 在這裡，你想他會告訴你什麼？」孩子通常會因爲喜愛偶像的加持，而願意努力做改變或堅持下去。有些學生不一定喜歡輔導教師或是輔導教師在時間心力分配上不足，此時認輔教師或是讓學生喜愛或信任的師長一起介入協助，效果加乘！

　　此外，邀請一些有類似經驗的「過來人」（如輟學生）擔任「顧問」、請其協助，通常這些過來人所分享的話，比諮商師更有份量、可信度也較高！

三、善用「立即性」技巧

　　「立即性」是用來描述當下情境中觀察到當事人的情況、以及治療關係，因爲少了批判與評價、較無威脅性。像是：「從剛剛進來到現在，你會不時地看看門口，是在擔心什麼嗎？」「提到你父親時，你雙手緊握了一下，你有沒有注意到？」「我發現你會看我一下、然後閃掉，我這樣問會讓你不舒服嗎？」

四、適當使用挑戰或面質

　　青少年當然不喜歡諮商師一直問問題，感覺有壓力，而有些諮商師很擔心當事人不再出現，所以很小心問問題，但是有些該問的問題卻沒有問，也許就會讓話題不能深入、總在原地打轉，不得窺其堂奧。適當地使用挑戰與面質可以收到不錯的效果，像是：「你／妳之前曾經提到很喜歡這位同學，今天的感覺不一樣了嗎？有什麼特別事情發生嗎？」「如果讓你／妳有機會重新再試一次，你／妳會有不一樣的做法嗎？怎麼做？」有些諮商師對於挑戰或面質會較爲審愼，擔心破壞治療關係，這無可厚非，諮商師訓練過程中也被提醒－要在關係建立好之後，才使用挑戰或面質技巧，但是諮商師在必要時還是需要運用這些技巧，並不一定非得在關係建立好之後，因爲當事人不一定與諮商師維持較長的專業關係。

案例一

　　念大一的小春已經見過學校諮商中心所有的諮商師了，大家對她的情況都束手無措，新來的諮商師姓李，有過多年經驗，主任要她試試。李諮商師詢問了小春之前的治療師，發現幾乎所有的諮商師都提到：小春會將自己悲慘的成長故事講述一遍，換來諮商師的同情與哀嘆，但是接下來小春就消失不見、不再來諮商，下一回則是申請另外的諮商師。李諮商師與小春第一次晤談，小春還是繼續複述她的故事，像是從小就要早起幫忙家裡的生意，父親的不假辭色，也不許女兒受更高的教育，所以小春在高中時就離家住宿，同時開始打工攢錢，還把妹妹接出來生活。李諮商師讚許小春的刻苦努力與成就，接著問道：「那麼妳希望從諮商中得到什麼？」小春愣了一下，又要繼續她的故事，諮商師打岔問：「我們今天坐在這裡，就是希望可以做一些改變，我想要知道妳的目標是什麼，才可以跟妳一起努力。」小春看著諮商師：「我很可憐耶！妳不覺得嗎？」李諮商師點頭：「我也看到妳的努力與成就，是可慶可賀，如果我們要一起工作，就需要知道我們的目標是什麼。」小春接下來沉默許久，李諮商師說：「要不然這樣，妳回去也想想我們可以努力的目標是什麼、什麼是妳要的？」

案例解析

　　李諮商師對於小春的諮商目標有疑慮，她不希望這一回小春仍然是講述自己的故事而已，而是真正能與小春工作下去。一般大學院校雖然有較多的諮商師編制，但是基本上每位諮商師手上的案例很多，所以需要做一些限制與分配，像是除非有緊急個案，要不然每位學生可以晤談六次為限，視需要再加幾次。小春嘗試過學生諮商中心所有的諮商師，但是她的模式幾乎一致——說自己悲慘的故事之後落跑！諮商師有其專業性與職業守則，也希望自己對當事人有所助益，因此李諮商師想要與小春擬定治療目標是正確的，同時也要讓小春負起該負的責任，而不是無謂地使用學校資源而已！

案例二

　　阿豪是學校助人專業系所的大一學生，任課老師建議他們在學習助人之前，先體驗一下被幫助的滋味，因此他前來學校的學諮中心登記，但是在櫃檯服務的諮商實習生小路很不以為然，以為阿豪是來測試諮商師的，即便阿豪勾選了「課程需求」這個項目，小路還是勸他不要來「浪費學校資源」！小路找系裡老師談，老師於是去電學諮中心：「我們系所培養助人專業者，就是先讓他們體會一下受幫助的經驗，要不然學生很難去同理求助者的情緒；再則，有時候任課老師會轉介學生到學諮中心，是因為老師發現學生可能需要幫助、但是又不好明說，因此才以『課程要求』的理由讓學生去求助，也請貴中心協助。」

案例解析

　　有時候夠敏銳的授課教師發現學生可能需要找人談談，但是又擔心學生覺得自己被汙名化，所以就假藉課程作業的方式讓學生去體驗諮商，很多時候我們也發現會抓到幾個真正的危機個案、及早處理！這位課程老師說得很好，「助人之前要先學會求助」，不但可以理解當事人的感受、體驗助人的功效，同時也減少了諮商被汙名化。

五、以不同方式與當事人互動

　　輔導教師除了在諮商室裡預先準備的一些靜態活動（如撲克牌、棋類遊戲或大富翁等），諮商師也可以創發一些牌卡遊戲，或是將原先的傳統遊戲（如大富翁或尋寶圖）做一些改造（像是將大富翁裡的「機會」或「命運」換上一些可以簡單回答的問題，或是與當事人相關的背景資料及問題），這樣玩起來也有目的與意義。要注意的是：青春期的孩子重視「公平性」，因此不要只設計成孩子需要回答問題而已，諮商師也要相對地回應問題，讓當事人不覺得自己是被質詢或拷問。

　　青少年對於「面對」成人或威權人士，總是會焦慮或擔心，因此讓他

們手中把玩一些東西（如筆或手鍊或其他小物品，但非手機或電腦）是可以的，藉此分散注意力或稍減他們的焦慮不安。諮商師自己可以設計一些「未完成」句子讓當事人試著去填寫，使用「語句接龍」或「故事接龍」也可以，或者是採用畫圖的（屋樹人、自由畫或是特定主題方式），青少年或許喜歡塗鴉，從他們的塗鴉開始聊也可以，這些都是獲取或蒐集資訊、與當事人建立關係之道，若是當事人不喜歡畫畫或寫字，也不要勉強。

　　播放流行音樂，或一起看抖音、YouTube 也是不錯的選擇，可以從這些媒介開始聊，諮商師本身對於現行青少年的流行文化要多涉獵一些，才可以跟上他們的腳步，畢竟知道目前青少年流行的議題或媒體，才會有共同的話題可開始，建立治療關係才會較容易。雖說將青少年視為自己或自己問題的專家，但並不是指諮商師什麼都不做或不準備、讓當事人引導就可以，諮商師主要的服務族群是青少年，就要針對此族群先做好功課。

案例一

　　有位退休之後才來學習成為諮商師的研究生，與班上一位年輕同學一起擔任團體諮商的領導人，兩個人到大學部帶團體，決定採用輪流的方式（也就是一週輪一次）。團體進行三次之後，開始有成員反映說不想參加團體了、覺得無趣，特別指出年長的研究生老是說教，或是播放他們不理解的歌曲；但是這個團體對他們兩位領導者來說很重要，是課程要求的一部分，若團體成員流失太多，他們也無法完成需要的時數。任課教師進一步了解，明白兩位帶領人都是各自帶各自的團體設計，沒有事先商議妥當，加上年長的這一位研究生對於目前大學生的文化與生態不了解，導致團體一週熱絡一週冷淡，成員自然覺得不舒服！

案例解析

　　這就是不了解青少年文化所造成的情況，倘若要以青少年為服務對象，就需要了解青少年發展特色與目前的流行文化，要不然很容易

被青少年唾棄或不願與之合作。帶領團體也需要穿插一些活動來引導討論，這些活動要能夠吸引參與的成員，要不然成員流失是必然之事！

案例二

　　張諮商師在高中服務，負責的是高三要升學的班級。他在高三上、下學期分別安排了「了解高三症」（如何因應考試壓力）與「考前衝刺一百天」（應考策略與紓壓）的班級輔導活動，也都是針對當時學生的可能需求來安排內容。接近學測的那段時間，他則是每天在負責的班級前面走動，學生有些會與他互動、聊聊近況，有些還會在穿堂投接球，諮商師也偶爾會湊近跟學生互動，藉由這樣的方式讓學生都可以被照顧到。

案例解析

　　這是從商界的「走動式管理」所衍生出來的方式，輔導教師或諮商師有必要接近所服務的族群與其生活，隨時觀察、注意學生的情況，也與他們同在、為他們打氣。

六、走出輔導室或諮商室

　　青少年不喜歡成人威權（特別是青少年正在「長自己」，因此會因為反對而反對）及機構式的地點（如辦公室或輔導室），感覺受到監視或拘束，因此輔導教師或諮商師不要以輔導室為唯一會談地點，若可以走出諮商室，在校園散步、盪個鞦韆，或是丟丟球，也都可以藉由地點的改變或活動，讓彼此輕鬆一些，反而容易進行對話。當然也要注意男女性別的不同，因為男女性社會化過程不一樣，女性被鼓勵表達，因此言語互動上較無問題，但是男性被教育要「少言」或「沉默」才彰顯男性氣概，所以藉由一些活動做媒介，可以讓諮商更順暢，這在個別諮商與團體諮商上都適用。

　　由於學校輔導教師通常要服務全校好幾百位師生，若要與每位當事人或潛在當事人接觸，時間上不允許，因此「走動式諮商」就非常可行。在校園內，諮商並不局限於諮商室內，在學校服務的諮商師更需要「走動式」的諮商，也就是主動去接近潛在的服務對象，與他們談話、同時也讓學生認識諮商師，有需要時可以做短暫談話或聊天，了解需不需要進一步協助。再則，若有需要追蹤的個案，或許約他／她兩週一次聊個幾分鐘，或是與對方不期而遇時談談，也都是不錯的選擇。

七、從當事人之外的更大脈絡與影響來思考

　　諮商不單是以一對一的（個別諮商）形式進行，而是需要結合其他專業的共同合作與努力，因為諮商的目的就是試圖讓當事人的生活更適意。年紀越小的孩子，常常因為發展與資源受限，也侷限了其解決問題的能力與效果，加上孩子通常是突顯問題的「代罪羔羊」（而非問題本身），因此只是針對孩子做處理，往往看不到效果，因而將相關的資源或重要他人連結起來協助當事人，都可以讓諮商更有成效。年紀越小的當事人，受到家庭與居住環境的影響更大，倘若家人約束力小或較忙碌，或是居住在宮廟或聲色場所附近，所接觸到的都不是「適教育」的環境與人群，假如加上孩子覺得生活無聊、要找刺激，就可能一試而不可自拔！青少年若與附近宮廟或是校外人士走得太近，難免會容易受到影響，有些研究也顯示與偏差或違法行為有關，但是還是要肯定當事人的能力與智慧，不一定會隨波逐流。

　　有時候即便當事人改變了，但是一旦回到自己家中或社區，其改變會受到極大阻力、也無法發揮效能，因此改變環境也是需要考慮的，只是改變社區或環境難度太高，有時候就必須要將當事人遷移該地或處所。

案例一

　　阿霞的父母親在她小二時離異，母親後來再婚、也有另外的孩子，幾乎就沒有再與她們姊妹聯繫，而爸爸也經常在她們面前數落母

親的不是，後來爸爸因為喝酒誤事被革職，每天在家喝酒，常常呼朋引伴、鬧到三更半夜還不罷休！阿霞很想媽媽，也想去北部找母親，國二時有一天阿霞受到常來家中喝酒的一位叔叔性侵，對方給她幾百塊錢。同時要脅她不准告訴任何人，要不然就會把他們全家殺掉！阿霞很害怕，所以沒敢讓爸爸知道這件事，結果那位叔叔後來還繼續性侵她幾次，阿霞後來也認了，而且還拿叔叔給的那些錢去臺北找媽媽。是學校一位認輔老師發現阿霞與男同學互動的方式很奇怪，才問出事實，當時認輔老師都哭了！

案例解析

阿霞與妹妹都沒有受到應有的保護，父親本身的生活習慣引狼入室，造成阿霞身心重創，但是阿霞卻在威逼下不敢聲張！加上阿霞希望有錢可以上臺北找母親，那位叔叔給她的「遮羞費」間接成為她北上的「盤纏」！這個案例說明了失功能親職與不安全的家庭環境所造成的可怕後果！

案例二

念國三的阿昌是輔導室的注意對象，因為阿昌對於校外活動的熱衷多於校內學習。但是新來的輔導老師陳老師希望可以從不同的角度來看待阿昌，於是有一回在與阿昌晤談時，陳老師問：「你說你在廟附近認識了很多乾哥乾姊，我很好奇他們都會跟你聊什麼？」

「我有個乾姊跟我說，她就是國中輟學才會變成現在這個樣子，她要我好好念書、不要自毀前程。」阿昌說。

「所以你現在幾乎每天都來學校跟這位乾姊說的有關係？」陳老師問。

阿昌點頭：「我乾姊還說基本上在學校碰到的人都算單純，好人比較多。」

「你這位乾姊姊真是用生命經驗告訴你很重要的道理！」

案例解析

陳老師看見阿昌的亮點，也去除了宮廟或結交校外人士的汙名，

> 願意從正向的角度來看阿昌的經驗，而阿昌也的確信守乾姊的叮嚀，
> 願意為自己做努力。

八、適當地使用自我揭露

　　諮商師的一個重要功能是「提供當事人另一個思考的窗口」，從不同的角度看事情，也給當事人不同的思考方向。諮商師使用適當的自我揭露（也就是分享自己的感受、經驗和想法），可以鼓勵當事人也做同樣的自我揭露；諮商師分享自己的經驗，讓當事人覺得自己不孤單，因為也有人遭遇過類似的情況；此外，諮商師自我揭露成功經驗可供當事人參考、試著用來解決當事人自身的問題 (Henderson & Thompson, 2015/2011, p. 3-17)。

　　當然，所謂使用適當的自我揭露，也就是提醒諮商師過多或過少的自我揭露，甚至時機不對，其效用就會大打折扣。自我揭露也有其需要注意之處，像是：當事人尋求諮商是為了自己的問題，而不是為了來聽諮商師的困擾，因此不該占用當事人的時間；諮商師的自我揭露固然也可以協助當事人作自我揭露、說出自己的感受與想法，成為當事人模仿的典範，但也可能會讓諮商過程變成發牢騷及抱怨問題，而無助於個人成長；再則，諮商師若太過認同當事人的困擾，可能會失去客觀性 (Henderson & Thompson, 2015/2011, p. 3-17)。

　　諮商師的自我揭露不應該是諮商過程中的主要項目，有效的諮商師會去思考自我揭露的目的為何？諮商師的過度自我揭露，也可能會被青少年視為是脆弱或者無能的表現；反之，諮商師過少的自我揭露與分享，會增加諮商師的神祕性，讓當事人覺得不可靠近或不可信任，當事人或許會想：「如果你／妳都知道我這麼多事情，可是我卻對你／妳毫無所知，這不是很不公平嗎？」有時諮商師自陳的失敗經驗，可能會讓當事人覺得「無能」或被當事人「反嗆」（如：「你自己都這樣了，還能幫我什麼？」）還是再度提醒諮商師不必將其「個人化」（認為當事人是刻意貶

損自己或挑戰權威），反而可藉此感謝當事人的同理（「是啊，當時我就是這麼覺得！」）也謝謝當事人的提醒，然後告訴當事人自己自此失敗經驗中所獲得的（「所以因為有過這些經驗，我現在反而不太擔心別人看我的眼光。」）讓諮商可以更深入。

九、不要輕易給建議

諮商師最重要的功能就是把舞台讓給當事人、好好傾聽當事人的故事。新手諮商師或是輔導教師往往會掙脫不了極力想協助當事人的意圖，喜歡在還沒有真正清楚當事人的故事脈絡前，就妄下定論，甚至輕易給出建議，這樣的舉動雖然出自善意，但往往不被當事人接受，因為太早給建議就是意味著－當事人很無能、無法解決自己面對的問題－這對於想要展現自己能力的青少年，無疑是一重打擊！此外，太早給出建議也會讓當事人覺得：諮商師不了解我的事情或立場，就隨便提解決方案；諮商師不想要知道我所遭遇的事情、對我的事沒有興趣；諮商師沒有意願要了解我或協助我；諮商師只是展現出他／她比我能幹或厲害；諮商師跟我碰到的成人一樣，以為我什麼都不會、都不懂！一般的成人在給完建議之後，還會「自動」追蹤對方有沒有照著做，對青少年而言是另一重麻煩！畢竟，建議若不是當事人真正需要的，給了也是白搭，因為他們不會遵循！

有時候也會碰到青少年當事人直接詢問諮商師的建議，通常諮商師不會立刻就做回應，而是會先請教當事人曾經試過的方式、效果如何、碰到什麼阻礙需要克服等，這樣的態度展現出的就是諮商師對當事人的好奇與興趣，也肯認當事人有能力因應生活遭遇的挑戰，會讓當事人更願意述說、與諮商師一起工作。

十、善用同儕的力量

既然青少年是重視同儕的時期，善用同儕的力量也是諮商師與青少年工作的助力。除了敘事治療裡運用同儕擔任專家或顧問，「同儕諮商」(peer counseling) 也是諮商師可以思考的轉圜之道。有些高中或大學輔導

教師會以義工名義召集有興趣助人的熱心同學，加以適當訓練，讓這些同學可以回到班級中擔任類似「觀察」或「通報」者的角色，他們可以對於危機線索有覺察、提報輔導教師或學諮中心，做進一步處理，因為同儕與同學相處時間較多，彼此之間會較熟悉或信任，也較容易先發現不對勁或異於平常的情況，可以試著協助了解、進一步通報相關單位或負責人。再則，受過訓練的學生可以先試圖關心及了解同學的情況，若情節較為嚴重、非其能妥善處理者，就可以後報給導師或輔導教師協助處理與後續動作。美國的各級學校有「仲裁者」(mediator) 訓練，其目的就是讓學生可以協助學生、進行初步有效的衝突協調或折衝。同儕也可以是諮商師或輔導教師的「樁腳」或耳目，第一時間發現可疑狀況、靠近關心，或做通報動作，有助於危機的發現與解除。

十一、要知道可用與連結的資源

　　學校輔導教師或諮商師較為缺乏的就是像社工一樣連結資源的能力與網路。即便是學校輔導教師也一樣，不可能總是獨立作業，有時候要為當事人或其相關重要他人找可近、可用的資源與協助，因此手邊要有一些資源名單，平日也要與其有固定聯繫或友善互動，這樣在需要時才能使上力！校內的資源就包含所有教職員工與處室，而在社區，像是醫院、警察局、社福單位、社區鄰里長或有力人士（如宗教團體）、衛生所或公私立心理諮商中心等，若能夠造冊、公布在學校網站上，也都是很必要的。

與青少年建立關係的方式

1. 姿勢的象徵意義

　　一般情況下，青少年對成人是有所顧慮或畏懼的，因為成人的態度與威權本身可能對青少年而言就是威脅，加上成人不太相信青少年，而青少年會因為要「長自己」、為了反對而反對，因此在與青少年相處時要特別

注意位階與權力的因素。與青少年平起平坐、予以適當的尊重，也不要帶著說教或是長者的意味，甚至可以幽默以對，可以鬆懈青少年的防衛。

2. 玩耍或好玩 (playfulness) 的方式

　　精神分析學家佛洛伊德提到：工作、玩樂與愛是人生三大要務。兒童的重要工作之一就是玩耍與遊戲，經由遊戲來探索世界、與人互動與了解自己，從遊戲中兒童可以經由角色扮演學習社會（與人互動）與生活的一些技巧，發洩自己的情緒，學會容忍挫折、從錯誤中學習等等，一般人也不例外，只是我們年歲漸長，多了世故、少了彈性與幽默，人生就變得不有趣了。青少年還是「半個兒童」，喜歡好玩、輕鬆、新奇的事物，運動、活動與遊戲也是生活中不可或缺。遊戲的功能是可以協助個人將現實暫時擱置，允許我們用「假裝」的方式來滿足生活需求；遊戲也可以用來娛樂、放鬆、表達創意、與豐富生活。因此即便與青少年做治療，遊戲也是不可或缺的媒介，諮商師或輔導教師則可以用遊戲做中介，減輕當事人的壓力，也可以與其建立關係、在遊戲中對話，在遊戲中觀察青少年、蒐集相關資訊，甚至利用遊戲建立孩子的自信與規範習慣（潛在學習）。

3. 諮商室裡的佈置與零食

　　諮商室裡的佈置簡單、清爽很重要，不要雜亂，有一些舒適座椅與乾淨地板，讓青少年可以選擇自己要坐的地方；另外可以放置一些玩偶、畫作，準備一些遊戲或棋具，讓青少年進來諮商室時，可以放鬆自己、不覺得有壓力。此外，諮商師可以容許他們手邊把玩筆或手機，只要不是在看手機內容，也都可以接受，不要以為他們會因此而不專心。零食可以減輕焦慮（也要注意零食的選擇），對兒童、青少年或成人都是如此，有時候只是準備一杯水就可以，讓他／她知道自己是被尊重且被關照的。

4. 走出諮商室

　　前文稍早提過，與青少年工作不一定要在諮商室內進行，有時候在校園散散步，可以舒緩青少年與成人相處的緊張情緒，而且這樣談話較無壓力，青少年也可以展現較真實的自我與諮商師互動，甚至有時候的話題會

更容易展開（像是從校園最喜愛的一角、同學都流行什麼球類或活動）。不要侷限在諮商室裡晤談，而是可以彈性運用周遭的環境或資源：走出治療室的好處已經得到研究證實 (Verhaagen, 2014, p. 154)。諮商師除了在輔導室內準備一些備用的藝術媒材、桌遊之外，也可以善用周遭環境裡的設備或資源（如操場、體操教育、校園或辦公處室）。走出諮商室通常會讓青少年輕鬆許多，手動工作或活／運動也可以做為媒介、避免面對面的直接談話。作者之前在國高中擔任輔導工作，往往是到校園裡與學生一起進行活動（如接傳球、打籃球、聽流行音樂，或是與學生一起同行聊聊），減少諮商晤談的正式感，可以蒐羅到的情資更多！

美國有研究者 (Bhatia, 2014; Englar-Carlson & Stevens, 2014; McDermott, Smith, & Tsan, 2014; Rabinowitz, 2014; Scheinfeld & Buser, 2014) 發現一起看球賽或是使用生理回饋儀、從事探險活動或體驗營，也都可以達到諮商效果，尤其是對男性當事人而言。運動可能是許多男性共通的語言，觀看球賽可以提供男性與其他男性連結的機會，也可以聽到性別角色的故事 (Bhatia, 2014, pp. 61-62)。

5. 考慮當事人的性別

不同性別的青少年在諮商室裡的表現可能不一樣。女生比較容易與人對話，男生可能受制於社會文化對男性的要求（多話就像「婆娘」），加上較無語言上的訓練，因此要直接談話有時較困難。男生喜歡活動，倘若可以先跟他下個棋、玩撲克牌或是遊戲，甚至玩丟接球，在活動進行中就可以閒聊、獲得資訊。當然喜不喜歡用言語表達還是有個別差異，不一定只是性別的因素。

蒐集資料的方式

1. 觀察

觀察是最重要且便捷的途徑。諮商師在學校的觀察、教師對班上同學的了解、結合家長在家中的觀察所得，可以對青少年有更全面的了解。輔

導教師在課堂上或下課時做這樣的觀察與記錄，也從青少年其他任課老師那裡獲得詳細資訊。像是：可以觀察他／她喜歡上什麼課？做些什麼樣的活動？班上同學對他／她的態度與觀感如何？有沒有較好的朋友？與人聊天的話題爲何等等。此外，輔導教師或諮商師要從當事人帶來的「材料」開始與其對話，這個「材料」通常就是輔導教師從當事人進門開始就做仔細觀察與推敲而來，包括他／她的體型、穿著、行爲表現或用語等，不一定要以轉介單裡的內容爲主，這容易誤判或有先入爲主的成見。雖然轉介單上的陳述有其眞實性，然而也較易忽略當事人的優勢；此外，轉介單上可能都是「十大罪狀」、沒有當事人講述自己的故事，會讓當事人覺得自己未被善待或不公平。

2. 畫圖或其他藝術媒材

絕大多數的孩子喜歡繪畫（當然也有不喜歡繪畫的）或塗鴉，從他們繪畫的色彩、構圖與內容，可以猜測出其目前的遭遇與心境，而在畫圖過程中的觀察也很重要，青少年塗鴉（或手中玩弄筆）也是鬆懈其緊張的方式，若青少年想要邊塗鴉邊聊，也是可以的。臨床上使用畫「屋樹人」的方式來看孩子的人格與發展，這需要有專業的訓練才可以解讀，若以一般常識來看「屋樹人」，也可以獲得一些重要線索。當然還可以用桌遊、黏土、色紙、玩偶、遊戲（如跳棋、象棋、大富翁、藏寶圖等）等其他媒材備用，有時候也準備一些繪本或短片等。青少年不一定喜歡或順從諮商師的建議，因此諮商室內可以準備更多的媒材供其挑選或採用。

3. 語句完成或故事接龍

小學中年級以上的孩子有時候可以採用「語句完成」（或「接龍」）的方式（書寫或口說）來獲得資訊，也可用在青少年身上，雖然有時候有些青少年當事人會故意亂接故事情節，也不必太在意，看看諮商師與學生雙方的故事會走到哪裡。此外，所使用的語句不要太複雜，「語句完成」的部分使用簡單的「我喜歡……」、「我怕……」、「最討厭……」開頭的句子就可以，當然也可以採用句中連接詞（如「……所以……」）或句尾詞（「……很快樂」）來進行，主要是看諮商師想要獲取的資訊爲

何？故事接龍可以引發創意，或是將自己的故事編進去。

4.表達性媒材與其他

除了用繪畫、自畫像等表達性藝術之外，還可以藉由演戲或狀況劇、表演、肢體動作、遊戲、手偶、牌卡、繪本、故事書、媒體、歌唱、音樂、活動、舞蹈、敲打樂器等來進行，都可以從中一窺當事人的情況。使用牌卡或桌遊，輔導教師或諮商師都要清楚自己的目的為何？青少年喜歡演劇，因為好玩、又可以設身處地扮演不同角色，還可以藉此尋思問題解決之道，而桌遊也是青少年喜愛的，況且現在市面上有許多桌遊可供選擇。即便諮商師手中沒有可用的媒材，知道青少年喜愛的顏色或是植物、邀請其稍作說明，也可藉此略窺當事人的性格。

5.閱讀治療或將閱讀材料當作輔具

採用閱讀的方式是因為青少年容易投射自身的情境到故事中的主角身上，藉此可以抒發情緒、了解自我、思考解決問題的方法，也具有療癒功能。此外還可用「想像」方式，孩子可以天馬行空盡情想像，簡單的像「我像什麼動物？為什麼？」而演戲或角色扮演也很適當。青少年喜歡創意或不一樣的東西，諮商師可以充分運用這一點、設計一些可讓其發揮的空間，如上所述，除了閱讀治療之外，牌卡、大自然遊戲、寫作等都可以善加運用，只要諮商師清楚自己的目的就好。

6.相關評量或測驗

學生學習紀錄或是有相關的標準化測驗結果，也都可以是了解學生的參考資料。我國國高中會針對學生做一些性向（能力）、興趣、生涯、人格或是學習量表，這些也都可以展現出學生的一些資訊，可供諮商師或輔導教師參酌。

7.將家長納進來

青少年在學校的時間不比在家裡時間長，而家長們的協助可以讓效果更佳且長久，因此儘可能將家長納進來，讓他們清楚自己孩子的情況、給

予適當的協助或鼓勵，尤其許多青少年所擔心的事務通常與家庭有關，家長與學校的溝通越通暢，孩子受益越多！雖然孩子進入國中階段學習之後，許多家長也正逢事業顛峰期、加上孩子較重視自我空間，因此感覺上似乎家長不像孩子在國小時那般熱心或關切孩子情況，但是輔導教師還是會將家長列爲重要他人與主要支持網路，當孩子需要協助時，家長就是最有效且重要的防護網與助力。

8.發現潛在的當事人

　　倘若可以讓一般教職員工都可注意或留意孩子的一些可疑徵象，發現需要協助的當事人，進一步轉介或舉報，就可以讓更多學生受到照顧與協助。學校教職員的相關宣導與訓練，有助於潛在危險案例的發現或情況需要處理，有些高中班級會有輔導股長的設置，或是學校有義工媽媽的組織，這些人員都需要經過短期的訓練，就更能發揮效率，且可以轉介當事人到適當處室！

　　輔導教師或諮商師若可以利用時間做校園觀察，在不同的場所裡通常會看到可能的潛在當事人或許多線索可供參考，像是學生在不同課堂的學習情況、學生與班上同儕互動的情況、班上同學對待該生的情況、老師們對待學生的情況、學生在下課時如何打發時間、學生參與球類或其他活動時與人互動的情況，以及學生私下與老師互動的情況，觀察的層面與面向越多，更可以深入了解學生與其優勢或能力。一般說來，若發現潛在當事人或需要協助的處理流程是：教師與家長的觀察、比較與發現（與同儕或以往表現）不同→標準化評量→精神醫師或專業人員診斷→心理衛生專業人員的團隊合作（有時需要藥物與諮商同時進行，或需要社工人員協助基本生活的援助）→追蹤與評估。學校輔導教師在教師發現潛在當事人時，可以先做資料蒐集與初步判定，倘若可以與班導合作、就一起商議如何協助的策略與行動，但若情況較爲嚴重、需要身心科醫師診斷，就聯絡監護人帶孩子去就醫，如果是有關經濟或是家庭問題，還可請社工介入、連結適當資源，而輔導教師這邊也同步進行協助與追蹤，這其實也說明了教育與輔導都是全校的事、社區是站在輔佐協助的立場。

案例一

　　念國三的阿中是姨婆養大的孩子，姨婆年紀較大，又需要為生活奔波忙碌，常常無法照顧到阿中，但是至少讓他不必餓肚子或流落街頭，但是阿中就覺得很孤獨，加上學業成績不理想、除了會踢足球之外，也沒有讓自己值得驕傲的事。導師很擔心他對於自己沒有目標，萬一又交友不慎，很容易誤入歧途，所以轉介他來找輔導室的游老師。游老師先詢問阿中對於來輔導室有沒有想法？阿中說：「無所謂。反正我也沒事做。」接著游老師就介紹了一下輔導室的服務項目，還有阿中可以利用的一些書籍、遊戲卡與測驗。阿中對自己的個性很感興趣，就問了一下人格測驗的事，游老師說：「其實不用使用到測驗，我們大概聊聊天就可以知道一些，你有沒有興趣？」阿中露出笑容，他說：「聽起來好像很好玩。」游老師跟阿中聊了一下喜歡的顏色與樹木，阿中說綠色跟樟樹，游老師問道：「綠色是冷色系，代表平靜與沉穩，你平常是不是也是這樣？」阿中很驚異地點頭：「哇，真的耶！」游老師笑道：「樟樹有它獨特的香味，還可以驅蟲，樟樹的樹型很大很壯，是不是你也希望自己可以很強壯、為別人做點事？」阿中拚命點頭，直呼游老師太神了，簡直會算命！接著游老師就連結到阿中的未來生涯：「可見你希望自己對別人或這個社會有貢獻，想想看你喜歡做什麼？有哪些能力？」阿中說自己功課不好，不知道以後要做什麼，但是他唯一確定的是「要好好孝順姨婆」。游老師強調一個人的學業成績不能夠保障他的未來，但是從現在開始累積自己的能量與實力，有朝一日一定會發光發亮，所以先找到一些自己還不討厭的科目來學習，也許就是一個好的開始！

案例二

　　剛升上國一的小越很孤單，在班上都沒有以前認識的同學，雖然他的課業學習上沒有問題，但是同學下課後三五成群、彷彿都有自己隸屬的朋友，但是他連下課都沒有說話的對象，班導觀察到這些現象，很擔心小越未來適應的情況，因此請他來輔導室談談。小越談到

自己在國小還有老師跟幾位同學懂他，因為他是家中兩個孩子的老二，上面的哥哥長他十歲，根本就無法陪他玩，所以從小他就是自己一個人，因此他學會從書中去找朋友，他對於恐龍圖鑑與植物圖鑑都有深入研究，只是沒有其他同學像他一樣，他說的話好像沒有人聽懂。輔導老師請小越舉例，小越就說他每堂下課幾乎都會去花圃裡找熟悉的植物，有些沒看過的他就把它畫下來、帶回家去查或是去圖書館找資料，他希望可以對學校所栽種的植物有更多了解。輔導老師很驚訝他的觀察能力以及對於草木的知識，還有他認真探究的興趣，於是請他下一回帶他所描繪的本子來，讓她欣賞。小越如約帶來了一本厚厚的素描簿，他真的是觀察仔細，旁邊還附註植物的名稱與生存特性，老師請小越在下一回下課時幫她一個忙：擔任花圃植物解說員，她會先邀請一些有興趣的同學一起參加。後來老師還取得小越和家長的同意，將小越在為大家做說明的情景拍下來、放在學校的網站上，小越一下子多了許多粉絲，有些人還會請教他觀看過或拍下來的植物。現在的小越很忙碌，已經沒有時間感到孤單，有時候還會忙不過來。輔導老師第四次與他談話時，他對於自己未來志向已經從植物學家轉為太空人了！

一般輔導老師可以做的事

1. 言行一致（行動比說話更有力）；孩子也是很好的觀察家，會注意成人的誠實與否，青少年尤然。
2. 教師或諮商師本身的示範與楷模作用。
3. 注意權力位階與其影響（教師與諮商師角色的可能衝突）。
4. 留意性別刻板或外觀印象與偏見。
5. 耐心聽學生說完（給學生機會說完他／她的故事，尤其是與家長一起出席時）。
6. 適當的幽默，也減少了學生對輔導教師的威權感。

7. 少用「為什麼」，多使用觀察、猜測語氣、問「是什麼」與「怎麼樣」。
8. 注意給家長與導師（或轉介老師）的內容（保密原則與取得信任之間的平衡）。
9. 了解青少年目前流行的遊戲、電視節目與偶像，可以從這裡開始聊起、也是了解學生之鑰。
10. 保持彈性與創意。

青少年諮商過程注意事項

　　在學校做輔導工作，許多的當事人都是教職員或家長轉介而來，也就是所謂的「非自願」當事人居多。輔導教師可能因此先入為主地認為當事人一定不合作，事實上可以用許多方式來與青少年磋商，若取得他們的合作，諮商效果就更佳。在進入諮商關係前與之後，有一些注意事項可以協助輔導老師進行協助工作。Reid (2011, pp. 143-144) 提到與青少年工作時的注意事項：避免對年輕人做負面的假設，不要從問題的歷史開始，要平衡對問題的探索和解決策略，營造出希望與樂觀，避免充滿問題的故事，著重當事人去尋求解答的創意，協助認出特別的目標與行動，提供短期成功的酬賞，讓當事人注意到自己的特殊資源，整合其他取向的技巧，減少當事人依賴的危險性，以及使用對當事人是可接受、且具有吸引力的方式。

一、進入諮商過程前

1. 要先有準備：不管是事前的具體準備工作（如學生相關資料與訊息的了解及蒐集—包括家庭背景與行為問題等，對於此次諮商欲達目標所做的設計或使用媒介—如道具、遊戲、牌卡或繪本等媒材，或者是先針對上次晤談紀錄做回顧與思考）、以及進入諮商前的心理準備（準備好要接案，情緒上的穩定，時間上不要匆忙等），諮商師都需要讓自己的這些狀態調整到最好，因此也不建議連續接案，連續接案中間最好

有十分鐘以上的休息，畢竟諮商是很勞心勞力的工作。

2. 將「抗拒」視為自然的：在學校許多青少年是轉介過來的非自願個案，當事人若是經由轉介管道過來，其抗拒是很自然的，即使是自己願意前來，也會有抗拒的情況，因為不知道眼前這位陌生輔導老師會怎麼看我？諮商師如何看待「抗拒」，有時候攸關諮商效果的成敗。把「抗拒」當成自然現象，不要將青少年的抗拒「個人化」（認為他們是衝著諮商師而來），以好奇、寬容的態度接納，也不要因為當事人的突然舉止而被驚嚇到，將與青少年的「第一次見面」當作是難得的經驗，甚至是輔導老師可以學習的機會，這樣子做諮商就會輕鬆許多，當諮商師輕鬆以對，當事人亦如是。

3. 給他／她選擇的權利：倘若當事人不想留在現場，給予其選擇的機會、不必強留，因為這會破壞關係及未來晤談的可能性。青少年想要自己作主、不喜歡被強迫，而且諮商師也應該要尊重當事人的自主權。

4. 先留住他／她幾分鐘：非自願的當事人坐不住，會想要早點離開諮商現場。諮商師可以表明自己的擔心與焦慮（如「我也希望可以談短一點，不要留你／妳太久。」），也可以請教當事人擔心與害怕的是什麼？不要企圖留住他／她整節課，而是以調整、溝通的態度，留他／她個五分鐘或十分鐘，這樣也可以給轉介過來的老師或家長「交代」，通常青少年是願意停留若干時間的。倘若當事人堅持要離開諮商室，不需要勉強他／她，甚至說：「謝謝你／妳親自來跟我說你／妳不想來，也許下一次有機會，我們可以談談。」或者是把諮商師在這幾分鐘與青少年接觸的時間內、所看到的當事人優點告訴他／她，像是：「我認為你／妳是一個很負責任的人，即使你／妳不清楚為什麼來這裡，你／妳還是來了，而且也弄清楚來的原因。」讓當事人有初次愉快的諮商經驗，也可能打破其對諮商的汙名化或恐懼，下一次若要約談就較為容易。

5. 安排適當時段：諮商師要尊重當事人喜愛的課程、不要剝奪他／她學習的機會，若安排當事人前來的那個時段是當事人喜愛的課程時間（如電腦或體育課）、最好把這個時間排開；相反地，若當事人將來輔導室的時間視為逃避某堂不喜歡的課，也要注意。絕大部分的青少年還在

就學中，若在校園內，不要總是在同一時段約談當事人，即使諮商過程需要一段較長的時間也是如此。當事人還是學生，需要上課學習，有些當事人可能會要求諮商師特別在某堂課與他／她約談、試圖逃避該堂課。諮商師要強調學習是當事人的責任，況且總是在某一堂課將他／她抽離，不僅剝奪了學生學習的機會、也是對任課老師的不敬。

6. 從當事人的優點或是有興趣的事物開始：不要從轉介的「理由」開始（所謂的「那壺不開提那壺」，除非緊急狀況），而是從當事人進入諮商室開始就進行觀察，把當事人所表現出來的具體、正向行為做描述，並作適當的誇獎，像是：「你／妳其實可以不來的，但是你／妳還是出現在這裡，你／妳是怎麼辦到的？」「你／妳進來的時候很有禮貌地喊了『報告』，讓我覺得很舒服！」甚至是從當事人喜歡或是有興趣的題材開始談，換句話說就是從當事人帶來的「材料」開始。

7. 場面構成：許多年輕孩子對於輔導與諮商不理解、且有汙名化現象（認為去接受輔導的都是有問題的或有心理疾病的，若被轉介去做諮商也擔心他人對自己的看法），因此諮商師或輔導教師需要讓當事人知道所謂的諮商為何？他／她與諮商師可以做的是什麼？就變得很重要。運用當事人了解的語言來說明，並請他／她可以隨時提問、不用遲疑，這些動作不僅可以稍減輔導的汙名化，也是諮商普羅化的重點工作！青少年會擔心的洩密等倫理考量，也要做清楚說明。

8. 找到真正的諮商目標：輔導老師有時候「認為」自己「應該」要達成將學生轉介過來的教職員或家長的「期待」或「目標」，這一點很值得商榷，因為轉介人與諮商師看到的問題可能不同或解釋各異，因此目標會不一樣，況且許多教職員會將諮商師「神化」，以為諮商師無所不能！然而許多當事人的問題其實由來已久，也不是短短幾次談話就可以奇蹟式地解決。最好的方式是與當事人商議，看看可以妥協的目標為何？當事人若清楚知道自己的目標為何，就越願意承擔責任，也更容易取得其合作、增加改變的機會。至於如何與轉介人做溝通、取得理解，也是諮商師的工作。

9. 善用環境教育：有些青少年就是不願意談，這也無妨，請他們到輔導室擔任義工、協助一些事務，他們可以從輔導室裡人員的互動中學習

到許多東西，也會慢慢接受諮商是可接受的助人方式。許多對世界帶有恨意的青少年，會從這些與人友善互動的歷程中，學習到人性的美善，進而修正自己的一些想法與性格。此外，讓當事人接觸其可以學習或效仿的同儕或族群，甚至延請這些相關人協助，也是很好的策略。

10. 感謝並肯定當事人：即使未能當下留住當事人晤談，也要以友善而堅定的態度，感謝並肯定當事人願意前來（不管是告訴他／她是一個遵守承諾的人，或是願意前來看看，甚至是好奇想了解諮商是怎麼一回事），並將諮商師所觀察到的當事人優勢告訴他／她，這樣的態度可減少當事人的抗拒，倘若下一回再找他／她來，會減少較多阻礙，至少讓當事人對於來諮商或輔導室的經驗很愉快，也是不錯的開始。即便下一回當事人可能不會前來，輔導教師也可以鋪陳一個簡單、容易執行的作業，讓當事人有空試試看，這些家庭作業都與當事人的議題有關，不僅可以讓當事人開始改變的行動、還可以破除思考的障礙，也可以延續諮商的效果；即便是觀察作業，也可以讓當事人看見不同的可能性與希望！

青少年諮商訣竅——接觸的技巧 (Hanna, Hanna, & Keys, 1999)

採取方式	說明	注意事項
提供點心	青少年正在發育期，喜歡吃東西，點心可以協助其放鬆，而提供食物也有心理學上所謂的「滋養」(nurturing) 的象徵意義。	小心一些色素太多或過度製作的食品，有些孩子還有過敏情況要注意。
不要有桌子	減少與青少年之間的隔閡感，也讓青少年可以感受到諮商師的真誠無偽。	旁邊放一張小桌子，可以書寫或是做一些活動之用。
播放青少年熟悉或喜歡的音樂	音樂可以開啟話題，或者是作為背景、放鬆之用。	不要以諮商師的喜好為主，而是去了解當下青少年喜愛的音樂或歌手為何？也讓青少年教導諮商師一些相關的訊息。
談話時讓青少年手上可以把玩物品	青少年面對諮商師或成人時，會感受到其威權，因此容易不安，讓其手上把玩筆或是陶土之類的物品，他們會更容易專注。	不要求青少年眼睛直視諮商師，因為對於位階較低者（青少年）直視位階較高者（諮商師）、容易有焦慮不安。

採取方式	說明	注意事項
走出諮商室	光是說話，對青少年來說很痛苦、也難捱，尤其是青少年男性。走出諮商室、散個步或是做一些活動，談話也較容易進行。	保密的部分要特別注意，因為有時候是在校園內，或是其他需要父母親許可的場合。有些師長並不太喜歡這些非傳統的諮商方式。
真誠不虛假	青少年很容易發現成人對他們的態度是否真誠，因此虛偽很容易讓青少年失去信任，這也會妨礙治療關係的建立。	真誠、不虛偽是諮商有效的主因，人世間有許多不真誠的關係，也因此會阻礙彼此的交心與信任。也不要故意使用青少年的語彙，除非出現得很自然與適當。
表現出對當事人的尊重	每個人都需要被尊重，青少年也不例外。即便當事人情緒衝動，也尊重他／她有情緒，而且不害怕表現出來。	尊重的態度也表現在該有的作為上，若是需要道歉、也不需要遲疑。
幽默感	青少年特別喜歡有人懂得他們的幽默（有時也無厘頭），即使當事人有抗拒，也可以輕鬆化解、不需要太嚴肅以對。	幽默是兩個巴掌的事，不是挖苦嘲諷，或是單方面覺得好玩。
要懂得自我解嘲	諮商師也是人、也會犯錯，在幽默之前要懂得自我解嘲，或是從不同的角度看事情，青少年也可以學習。	青少年通常認為成人很嚴肅、無趣，有時候把事情看得太嚴重。懂得自我解嘲也表示人會犯錯、但是可以有機會做修正與改進，甚至提供不同的思考角度。
讓當事人了解諮商是怎麼一回事	青少年通常不喜歡被叫到輔導室來，因為怕被標籤，或別人認為自己是闖禍者。讓當事人了解諮商是做什麼的、諮商師與當事人的角色與工作為何，他／她會比較願意合作。	也可以提醒當事人改變是可能的、但是需要時間。
不要成為威權的象徵	青少年會為了反對而反對，有時候成人與青少年是被視為互相對立的兩方，而真誠的態度可以破除這些防衛，也讓當事人覺得自己被平等地對待。	輔導老師有時候會忘記自己是諮商師，常常就在面對當青少年時，無意中就流露出不相信當事人或是想要訓誡對方的態度。

採取方式	說明	注意事項
避免專家立場，除非治療關係已經穩定了	站在「不知」的立場、把當事人當作專家，可以從當事人那裡學到更多。	唯有真正去傾聽當事人的故事或立場，諮商師才有可能對當事人做有效的協助。
避免用臨床的標籤來思考	不需要診斷青少年有什麼心理疾病，容易因此而受限，而是聚焦在當事「人」身上。	接納青少年是一個真正的人，這樣的無條件積極關注，也有助於當事人卸下心防。
強調共同的經驗	適當的自我揭露是可以的。	要避免太久遠或是說太長的故事，時代變遷有些經驗可能感受與看法不同。
傳達出諮商時間可以很「短」的訊息	青少年通常缺乏耐性，也不喜歡跟一位成人說太多話，可以在青少年能夠接受的時間與次數內做完諮商最佳。	輔導教師要面對全校學生，時間與心力也有限，然而讓青少年願意跟你／妳談，甚至覺得諮商時間過得很快，表示他們是不反對來諮商的。
使用不同的媒材，讓青少年可以表達自己	因為青少年基本上不喜歡說太多話、被問太多問題，因此許多表達性的媒材可以做為輔佐。	諮商師可以從不同的媒材表現中，看到當事人的許多事、也可以更了解對方。
如果當事人不善於認知上的頓悟，就不要往那個方向去	許多想法上的改變，通常是行為改變之後才出現，因此不必要勉強。	在當事人行為改變之後才問：「你／妳從這裡學到了什麼？」可能更有效。
讚許與表示崇拜常常可以打破其防禦與敵意	看見當事人的優勢、並說出來讓她／他知道，青少年會很高興自己被看見與認可。	每個人都需要被看見好的地方，但是要記得有具體事例舉證。
重新架構嗑藥與酗酒是要避免痛苦	從不同的角度看事情，或做不一樣的詮釋，可以讓當事人思考其他正確解決問題的方法。	這當然不是替當事人找藉口，而是透露出當事人的痛苦、諮商師也了解。
聚焦在「傷痛」，然後才提「氣憤」	許多青少年的痛不知如何表達，所以就以生氣的方式表現。了解與表達出當事人內在架構的諸多複雜情緒，讓他們覺得被了解，就打開了諮商的窗口。	許多青少年不善於明確地表達其情緒，或者是以其他情緒（如氣憤、憂鬱）來掩飾自己或真正的情緒。同理心就是設身處地、替當事人說出來感受與想法。

採取方式	說明	注意事項
鼓勵抗拒的表現	這是類似「意向矛盾法」，當事人不想提的、諮商師直接指出來，或許當事人會改變想法。	類似的問話像是：「如果你／妳擔心提了會難過，就不要提。」「如果真的很重要，就好好守住那個祕密，不要輕易說出來。」
提及當事人性格上的優點	諮商師可以問道：「如果有人願意聽你／妳說，你／妳有沒有曾經想要分享之前發生過的一段經驗？」或「你／妳現在正在擔心什麼嗎？」	當青少年的抗拒很強時，不需要勉強他／她說些什麼，而是以邀請的姿態請他／她分享曾經發生過的事，接著諮商師就可以從這一點開始，詢問他／她是如何熬過來的？怎麼沒有被事件打倒？或是從諮商師與當事人的第一次見面、觀察到當事人的一些行為，給予正向肯定，例如：「謝謝你／妳願意來這裡，讓我有機會認識你／妳，而且我發現你／妳的態度非常好、也很有禮貌。」這是「焦點解決」會運用的技巧之一。

二、在諮商過程中

1. 開放問答：青少年對於進入輔導室是畏懼與困惑的，因此有必要解釋或說明讓他們知道，最好是開放讓他們發問，準備好接受一些意想不到的問題。

2. 聽當事人說他們的故事（由當事人引導對話之進行）：青少年最怕他人先入為主的想法，因此保持緘默或是說「不知道」是他們保護自己的策略。詢問轉介過來的青少年：「你／妳怎麼會出現在這裡？」常常他們給的答案就是老師轉介過來的理由，如果輔導老師也同意，這樣反而容易陷入困境，也就是青少年其實是主流文化的受害者，只要不遵守成人訂的規矩、就是不對。當青少年進入諮商室，輔導教師可以把他／她的檔案或轉介單放在一邊，花時間仔細聽聽他／她的故事（「我想聽聽你／妳怎麼說。」）這樣的尊重態度，比較容易建立起諮商關

係，也可以拼湊更完整和更了解事情的原貌。輔導老師與一般任課老師是不同的，要讓青少年感受到。

3. 不要刻意去討好當事人：真誠的態度就是贏得青少年信任的最便捷途徑，也是建立治療關係的關鍵。有些諮商師會刻意使用青少年的語言，反而會適得其反、讓青少年覺得虛偽。

4. 青少年要結伴而來是可以的：不要執著於「個諮」就是「一個人」，畢竟青少年在諮商室裡是面對一個（陌生的）成人，他們結伴而來是可以容許的，也可以從他們彼此的互動中更了解當事人與其文化。或許慢慢地在一兩次晤談之後，當事人就願意單獨前來。有時候雖然是做個諮，但是若在過程中有需要邀請其他人出席，也是可以允許或變通的。

5. 將當事人視為自己問題的專家：青少年最討厭別人當他們是「無能」的或是「小屁孩」，因為整個社會對於青少年與兒童是不信任的。因此，相信當事人是有能力解決問題的個體，不要急著給意見或解決之道，詢問其試過哪些方式、效果如何？讚許其為解決問題所做的努力。

6. 要替當事人找資源：與當事人相關的重要人物或是偶像、書籍或是剪報，也都是可以用來協助當事人的資源。網路世代的孩子在搜尋引擎上比成人厲害得多，但是不一定就會找到正確的資訊，老師就可以協助。當然，若當事人涉及的議題需要社福機構、身心科醫師，或其他人士的合作或提供資源，輔導老師責無旁貸。

7. 說故事比說教更好：與青少年分享跟他／她情況類似或相關的事實與故事，也問他／她的看法，從故事裡去體會諮商的善意更容易。諮商師有時候要切記：不要拿自己的故事或經驗來說嘴，因為年紀與世代的距離，當事人不一定領情，況且諮商時間是當事人的，輔導教師最好少占用。

8. 給當事人一些簡易可行的家庭作業：改變是需要行動的。青少年有時候不知道該如何下手開始做改變，諮商師可以與他／她商議一些簡單的家庭作業，讓他／她牛刀小試一番，也因為成功率高，促使他們改變的動力就會提升。家庭作業也是延續諮商效果、打破認知障礙（「知易行難」），或是讓當事人累積經驗與智慧的途徑之一。

9. 維持亦師亦友的關係：青少年為了「長自己」、會讓自己與他人之間有所區隔，會為了反對而反對，尤其是面對成人時，有時候也會挑戰成人的權威，因此諮商師保持「好奇」與「不知」，甚至是「願意請教」的態度，比較能夠解除他們的戒心。然而，諮商師也需要站在「教育者」的立場，有些界限須要堅持、有些則可以放寬，這些都可以與青少年商議、協調出一個雙方都可以接受的情況，也就是維持界限的彈性。另外，青少年常常會用一些舉動或行為，來測試與諮商師的關係。因此諮商師不需要將他們的行為「個人化」，而引發了不必要的情緒、阻礙了諮商的進行。在諮商的過程中，理應有一些「界限」或「限制」的設立，這些界限主要是依據「現實」與「安全」的原則 (Smith-Adcock & Pereira, 2017, p. 110)。此外也可以請教當事人要怎麼稱呼他／她？適當的尊重與非威權的態度，是維持良好治療關係之鑰。

10. 與當事人一起活動：特別是男性青少年，光是坐著談話很無趣、他們也不喜歡，因此可以在諮商室裡做一些活動（如下棋、桌遊）或遊戲，或是走出戶外去投球、打球，在活動中他們比較願意開口說話，以活動或運動做媒介，在較不正式的氛圍下，就有許多話可以說。諮商不必嚴肅或枯燥無味，要將遊戲 (play) 與好玩的 (playfulness) 部分融入諮商中，程度多寡視情況而定 (Sommers-Flanagan & Sommers-Flanagan, 2007)。

11. 運用同儕的資源：青少年是同儕團體勝於一切的時期，因此他們對權威人士（如師長等成人）的抗拒是正常的，為了要「長自己」，所以對於成人的忠告是聽者藐藐、不太領受，故而邀請同儕、有類似經驗者來分享或擔任顧問，其說服力更佳！有時候諮商師也可以邀請當事人的同學或朋友一起來協助當事人，像是大考前為了一個共同目標彼此鼓勵、支持與協助，可以聯繫情感、較少孤單，也有一起努力的目標。

12. 他們會「好康倒相報」（臺語）：若青少年有過不錯的諮商經驗，他們會以「老鼠會」方式介紹其他潛在當事人來談，經歷過諮商協助的人會把他們的心得與同儕分享，因此諮商師也可以善用這樣的資源。

13. 適當的自我揭露與注意事項：輔導教師的自我揭露也可以展現自己的

人性，或是有「他山之石」的借鏡或勉勵效果，但是 Sommers-Flana-
gan 與 Sommers-Flanagan (2007, pp. 13-14) 特別提到與青少年工作的
注意事項：我們自身對於年幼時的記憶要誠實（包括裡面的痛苦與榮
光）；要承認自己記憶可能有誤；也要知道我們的童年或青春期與我們
服務的當事人極少相似的可能性；即便我們的經驗與當事人類似，當
事人可能並不認為如此；在做自我揭露之前，要清楚檢視自己的動機。

14. 團體諮商效果更佳：基於青少年重視同儕關係，善加使用團體諮商模
式效果更好！青少年從同儕那裡所學的勝過一切。

青少年諮商訣竅—連結的技巧 (Hanna et al., 1999)

採取方式	說明	注意事項
承認自己覺得困惑或不知情	也許諮商師對於青少年的次文化不是非常了解，就直接承認自己的不足，這樣也可以打破成人的威權、讓當事人看見諮商師也有其所不知的人性面。	採用「不知」的立場，就如同焦點與敘事治療所主張的一樣，將當事人當作專家來尊重。
要有危機情況的預期與準備	當事人對於改變會害怕，因此進度會起起落落，有時候也會不出現，或是輟學了，諮商師心理要有所準備。	要有危機處理的時效，與其他相關成員合作。
告訴當事人其他青少年有過的類似經驗	直接勸告或是教訓，青少年最不喜歡聽，然而提供其他人的類似經驗，他們也可以從中獲得希望與解決方式。	焦點解決或敘事治療有個延請「專家」或「見證」的方式，像是邀請曾經中輟、卻回校完成學業的學生擔任「顧問」或「諮詢」角色協助當事人，這樣的同儕協助更具說服力！
讓當事人知道諮商師從他們身上學到了什麼	每個人都有被認同的需求，許多青少年的不錯表現常常被成人忽略，因此諮商師的態度不僅表現了尊重、也展現了人生無處不學習的榜樣。	青少年常常認為成人不願意學習，或者成人自認為自己無所不能，但是聞道有先後、術業有專攻，先學者也是最先被淘汰的對象啊。
與自己的青春期接觸	諮商師也有過自己的青春年少，多一些同理、少一些老氣橫秋，可以讓諮商效果發揮最大。	或許時代會有所差異，但是青春期的許多情況還是類似，別換了位置就換了腦袋。

採取方式	說明	注意事項
如果另外一位諮商師與當事人關係較好，不妨考慮更換諮商師	關係是治療的關鍵，有時候儘管諮商師非常努力、卻還是不容易與當事人建立關係，「轉介」就可能是必要手段。	永遠要將當事人的需求與福祉擺在第一位。
溝通要簡單明瞭	青少年較缺乏耐性，即使是很重要的資訊也不要說得太多或太頻繁，要讓當事人容易理解與記清楚就好。	在簡單的說明之後，可以創造一些容易牢記的句子，讓當事人更清楚，像是：「我說不就是不，不要問我第二次！」
自我揭露有其限制	諮商師的自我揭露也是建立信任關係的一種方式，但是要注意其目的與限制。	雖然透露出諮商師本身也有一些私人經驗或缺點是可以的，但是要非常清楚為何需要透露這些？當事人可能會覺得不必要，或被利用等。
不要讓過多的關切影響你／妳的同理心	關心與同理不同，後者是可以感同身受、卻不妨礙客觀的判斷。	對於年幼者我們通常有較多的憐憫之心，有時候會不忍讓他們承受太多的痛苦或負擔，所以要特別注意同情與同理的區隔，以免陷溺其中，甚至可能受到操控。
有機會的話，發展一個治療性的同儕文化	讓孩子們可以互相協助，團體諮商就是其中之一。	同儕之間的學習最快也最有效果，當然也可能是負面的學習。
若孩子是幫派份子，也注意到幫派的好處	不去否認幫派的壞處，而是提醒及同理當事人參與幫派的可能動機和益處。	許多青少年是因為「歸屬與愛」的需求未能獲得滿足，因此才向外尋求，而幫派在某個層面上滿足了他們的這些需求，不能加以否定。
不要逃避死亡、孤獨、無意義與自由等存在議題	青春期常常向死神挑戰，做出許多衝動的行為，甚至有孤單、對生命意義的疑惑。	有些青少年會因為自己的行為或特殊性而受到排擠，特別感受到孤單、不被了解。
不管是什麼形式的受害，都要指認出來	青少年可能遭受到不平待遇或受到傷害，基於「不傷害」的首要原則，都要為其挺身而出。	家長、教師或是其他人都可能是加害或施暴者，礙於威權或自己能力不足，當事人不敢提出，甚至認為自己應得。
認出可能有的歧視（如種族或性別）	青少年可能因為自己的膚色、家境、性傾向而受到歧視與不平待遇。	社會上還是有許多人是潛在的歧視者，常利用職權與位置欺負青少年。

採取方式	說明	注意事項
不可低估性慾的壓力	身體上的接觸要特別注意，可能會誤導青少年。	有些女生可能會穿著較為引人注目，可以請其去觀察他人的反應如何？
如果當事人要的是注意就給他／她	行為背後的動機有許多，若青少年只是需要別人注意他／她而表現得很突兀，諮商師可滿足其需求，然後說明此舉不恰當：「你／妳已經得到我的注意、達到目的了，我猜想還有其他的事吧？」	若需要注意，給他／她就行、然後就可以忽略那個行為。
自然的面質態度	與青少年工作常常會有被挑戰或測試的機會，不需要逃避或憤怒。	以友善而同理、幽默與關心、真誠與實際的態度應對之。
對於青少年「無感」的態度要注意	「無感」或冷漠是青少年最常用的防禦機制，背後要保護的可能是脆弱的自尊。	除了適切的同理之外，也可以善用「重新架構」的技巧。

三、結束諮商關係

　　青少年儘管外表上表現較酷，但是一旦進入諮商關係，他們很重視誠實，也願意義氣相挺，在要結束諮商關係時，當然也會有一些情緒。但是在校園裡，因為輔導老師同時也是學校教師，學生會認為老師應該都在（除非有特殊因素，像是請產假、調校或退休），因此學生似乎較難感受到所謂治療結束的意義。

　　結束諮商可能是由輔導教師或諮商師啟動，當事人突然不出現，或自己提出，許多時候青少年只出現一次就不再出現；而在學校裡，不少青少年會理所當然地以為諮商師或輔導老師是「常在」的，或許不會太在意結束治療關係，況且許多的諮商關係並不會維持長久，主要是因為輔導教師要負責的案量或是工作項目太多。儘管如此，諮商師還是要正視治療關係的結束，這也是一個很重要的生命功課—說再見。一般而言，諮商師訓練較容易在「團體諮商」課程著重「結束」的議題，然而與青少年工作，或

許只是一次或幾次晤談，感覺上關係較不緊密，但是諮商師若眞誠對待每一位當事人，結束就可能是很關鍵的議題。

許多臨床工作者與督導都建議「好好開始、好好結束」，就較不容易留下一些未竟事務，但是若知道治療結束可預期，還是希望諮商師可以花多一些時間做回顧、肯定、預防復發與說再見，有時候還要加上追蹤評估的部分。若是在學校，諮商師通常會在非定期晤談之後，做不固定的追蹤輔導，或許是結束治療關係後的一個月、數個月之後，約同學談談近況，有時候只是在走道上碰到面、了解一下學生的情況，這樣也不會讓學生有被拋棄的感受，還能持續受到輔導老師的關心、並監控其情況。

說到治療關係結束，當事人可能會焦慮卻步、最後一次晤談時不出現，或者是談一些較爲淺薄、不深入的話題，甚至是出現第一次晤談時的生疏與沉默，這些也都是諮商師可以預期的一些反應。另外，現在手機很普遍，有些青少年當事人或許會要求老師的手機號碼或是加入 LINE，有些年輕的諮商師也會善用這個通訊軟體，只是可能會涉及專業關係或專業度，甚至倫理的議題，有時候並不容易處理，倘若諮商師服務的機構或學校有相關規定更好。

青少年諮商訣竅─接納的技巧 (Hanna et al., 1999)

採取方式	說明	注意事項
讓當事人很清楚可接受行為的界限	界限是關係中很重要的一環，儘管諮商師想要表現出親近與接納當事人，但是界限的拿捏要適當，要不然原本想要表現的尊重會變成隨便、沒有紀律。	青少年在諮商室裡的有些行為可以被容許（如坐姿、手上玩東西）、有些行為需要限制（如打電動、抽菸）。
清楚哪些行為不允許其發生	如暴力與威脅（也包含破壞物品）	諮商師要知道自我保護，最好有緊急通報系統或方式。
避免權力爭奪戰	諮商師要避免自己陷入與青少年之間的權力遊戲，不要企圖做一個訓導人員，要有足夠的同理。	青少年可能為了反對而反對，這是青春期可能會發生的情況，與當事人爭位階或權力，只會破壞關係而已。

採取方式	說明	注意事項
不要堅持非必要的口頭尊重	尊重是「贏」來的，而不是要求當事人口頭上的尊重而已。	諮商師有時候聽到當事人對其發怒、說髒話，也許可以反映說：「到目前為止，我沒有做出或說出讓你／妳生氣的事，是不是曾經發生什麼事、讓你／妳這麼氣憤？」
接納當事人突如其來的氣憤與敵意，因為這些可能是他／她生活中的常事	青少年可能不善於用適當的語言表達自己情緒，因此行為上會出現暴怒或是莫名的敵意，同理的傾聽與了解可以化解。接納當事人的情緒，也可以讓他們學習到認可與接納自己情緒的重要性。	有些青少年可能習慣以行動表示憤怒，可能會有傷害他人或自己的行為，諮商師要特別注意。
確認當事人的感受	這就是表現「同理心」。當事人的情緒被了解之後，才容易打開心房。	在確認感受之後，可以進一步探討背後的想法與真偽。
認出與善用「移情」現象	諮商師可以從當事人投射的情緒裡去進一步了解當事人，也許那也正是諮商可以協助的部分。	諮商師不要將當事人的攻擊「個人化」，而是將其視為了解當事人的橋梁或契機。
處理令人震驚或驚訝的言詞時要平靜、並做立即的重新架構	青少年有時候為了驚嚇成人或是生存，會使用誇人言詞，進一步將其所說的重新架構，可能會有新的發現。如當事人可能說自己很殘忍、會虐待動物，諮商師可以回應道：「你／妳這麼做是想要我知道內心感受的痛苦是嗎？」	使用重新架構技巧時，必須同時要有很適當的同理，即便青少年否認諮商師的解說也無妨，可以進一步去探討他／她之所以這麼說的用意為何？

與青少年工作之禁忌

　　一般說來，諮商師可以協助將進入成人期的青少年 (Choate, 2017, pp. 388-390)：提醒其可能的危險行為，建立社會支持網絡，教導情緒管理技

巧，提升其看見自己的優勢與能力，以及增進其對生命的目標感和價值信念；而諮商師在面對青少年時需要考慮：評估徵狀與當事人的準備度，當事人之照顧者／重要他人的支持度如何，維護當事人的身體與情緒安全，以及在正式諮商前能定期參與晤談 (Paladino & DeLorenzi, 2017, p. 362)。

配合青少年的發展特色與次文化，諮商師有些事不要做：

一、不要訓話或說教

有些諮商師或輔導老師一旦看到當事人在輔導室裡出現，就會擺出教師或者是成人的姿態，先教訓當事人，甚至指責當事人錯誤的地方，好一點的會勸告當事人應該要怎麼做，但是在當事人還沒有被了解之前，這些建議或者是訓話可能都是白搭，甚至引起反感。當然，諮商也有教育與教導的成分，分寸要拿捏好。此外，在學校裡，輔導教師可能也授課（評分與威權者），因此較容易有雙重角色的問題，輔導教師自己要注意界限尺寸的拿捏，甚至先說明清楚再進行治療，讓當事人可以了解自己的位置與做法。與青少年工作的成功秘訣是：建立信任、合作與滋養的關係 (Paladino & DeLorenzi, 2017, p. 363)。

二、不要那壺不開提那壺

在學校裡面，輔導教師服務對象以轉介個案居多，也不免在轉介單上會看到學生的「罪狀」、容易受到影響，可能對學生有先入為主的印象，因此要學習將「人」與「事」分開，甚至先不要看轉介單，而是從學生帶來的「材料」（包括對學生的觀察、了解以及學生所說的）開始。許多新手諮商師會以轉介過來的諮商目標為目標，像是「減少偷竊行為」、「少嗆老師」、「不使用暴力」等，許多諮商師就會因此而將諮商目標或者是問題聚焦在轉介單裡的問題行為上，甚至將當事人當作「問題人物」，帶著這樣的成見，反而會妨礙了助人關係建立與過程的進行，而且當事人也不願意配合，因為他／她認為諮商師對他／她已有先入為主的偏見或誤解，這樣的晤談只是浪費時間。直接而簡單地詢問學生：「你／妳為什麼

來這裡？」就可以開始對話，學生可能會直述轉介理由（如打架）或「不知道」都沒有關係，若學生保持沉默也不打緊，輔導教師可將自己事先準備好的媒介（如遊戲、桌遊、影片或音樂）或物品（彩色筆、黏土、色紙、拼貼）做簡單介紹，看當事人想從哪裡開始？接著也可以讓當事人選擇想做或不做什麼？倘若當事人都無意願，可以請他／她參觀一下輔導室，或是請他／她帶領逛校園一圈，諮商師總會找到話題可聊。

此外，輔導教師或諮商師要有系統觀，因為許多的問題行為並不是真正的問題所在，而是呈現出問題的「徵象」而已，因此需要進一步去釐清真正的問題源頭在哪裡。絕大多數時候，問題行為背後的原因諸多，沒有單純的因果關係，因此有時候去探索過去或原因收效不大，不妨聚焦在解決之道或未來方向。像是孩子突然行為偏差或者是課業低落，也許是因為出現了其他問題（如失戀，或家庭經濟出現問題）而不是孩子本身，因此諮商師或輔導老師站在系統觀、生態脈絡的立場來看問題是必要的。

三、不要將自己視為萬能

有些教師或校長對於諮商師的功能有兩個極端的迷思——一是認為只要送到諮商師手上的案子都可以獲得解決，或是只要送學生來見諮商師一次就想看到立竿見影的效果，二是認為諮商無效。諮商師不是萬能，第一種情況較無法達成，但是只要願意介入、事情總有轉圜餘地。老師（或主校政者）的立場（如希望學生專心向學、勿惹麻煩）與諮商師（如希望協助學生了解、認同自己，並發揮潛能）的不同，因此看問題的觀點也可能不同（教師與校長較容易以孩子的行為表現為主，諮商師可能會看到內心與環境脈絡的動力因素），所以諮商目標也有差異。有些老師直接在轉介單上寫「孩子偷竊」，這個偷竊行為可能行之有年，但是卻期待諮商師在與當事人談過幾次之後「讓偷竊行為消失」；有些學生的情況（如學習障礙或思覺失調），不符合諮商師的專業或能力，教師或行政人員還是希望諮商師可以「處理」一下，諮商師有時候礙於職責、不忍或不能拒絕，儘管諮商師也要嘗試努力協助，然而適當的諮詢或轉介也是必要的。即便在轉介給相關單位或專業人員（如特教老師或身心科醫師）之後，諮商師仍然

需要在校協助當事人、追蹤當事人的治療情況與結果。

四、不要強留當事人

除非當事人對自己或他人有潛在的危險性，要不然如果只是老師們轉介當事人到輔導室來，最好給予當事人選擇的機會，然而所謂的「選擇」並不是讓他／她選擇留下或離去，而是可以進一步與當事人商議，像是：「可不可能給轉介的老師和學校交代，要記錄一下跟學生晤談的情況。」所以請他／她停留 3 到 5 分鐘，彼此對這件事情都有交代。接下來諮商師或輔導老師才會有機會從與學生的接觸中想辦法讓學生可以持續晤談，或者是留下來做說明；倘若學生堅持要離開，也不需要強留，在學生要離去之前，諮商師或輔導老師可以言簡意賅地告訴學生說：在跟他／她相處的這短暫時間裡，從他／她身上看到的優點是哪些？學習到哪些？並且有明確的佐證資料，這樣至少讓學生有正向而且愉快的諮商體驗，或許下一次若再邀請學生過來晤談，他／她的抗拒就會小一些。

五、不要刻意使用青少年使用的特殊語言

了解青少年的次文化或流行語言，在適當情境下使用，當然有助於治療關係的建立，但有些諮商師或輔導老師會刻意使用青少年使用的特殊語言或詞句，因為不是在很自然的狀況下說出來，就會顯得很虛假。青少年對於不真誠是很敏感的，因此即便諮商師有不了解的地方，站在「不知」的立場來請教當事人，將青少年當作專家，由他們來提供我們所需要了解的一切，還是最佳的選擇。有時候站在「討教」的立場也是不錯的做法。

六、不要侷限在很正式的諮商室裡面晤談

可以走出諮商室，到校園或者是走廊上，甚至坐在鞦韆上，或是跟當事人做一些活動（像丟丟球，或者是玩一些靜態的遊戲），甚至請當事人導覽校園，在比較放鬆的情況下，都有助於讓當事人卸下心防。

七、不要像連珠炮似地問問題

　　輔導教師或諮商師在初次晤談或蒐集資料時，往往會問許多問題，這會讓青少年覺得自己似乎是被詰問、感覺到權力地位的差異，因此若可以採用不同方式（如觀察、遊戲），慢慢蒐集當事人資訊較為恰當。有些青少年對於許多問題都會以「不知道」或者不回答來因應，這樣的態度可能很容易引起諮商師或輔導老師的反感或憤怒、認為他們不合作。事實上，青少年有不合作的理由，因為在諮商室裡還是有一些「權力」的差異存在，而在他們這個發展階段，為了反對而反對的表現是很正常的。改用其他的方式來獲取資訊，也許跟他們玩遊戲，或從他們的重要他人（家長、老師、同學）身上去得到相關資訊是比較容易的。

八、不要將當事人所說的「個人化」

　　青少年當事人或許在言語上比較直接，或比較具攻擊性，但是諮商師不要自己「對號入座」、也不要認為當事人是針對諮商師或輔導老師而做攻擊。能夠以和緩善意的態度面對，進一步去了解這些言語和行為背後的原因才是重要的，基本上青少年是誠實的，若其願意將自己真實的感受表現出來，也是尋求問題解決的契機。

　　青少年在諮商時，會有一些抗拒行為的表現，有些很明顯（像是爭論、打斷諮商師說話、走開或否認），有些較不明顯（如忽略諮商師所說的，或是不參與對話、一直沉默），這些都是很自然的現象，即便是自願來的當事人，也會有這些保護自己的行為發生，因此勿將當事人的抗拒個人化也很重要。青少年或許較衝動、言詞上不會做修飾，有時候還會使用粗俗、不堪的字眼，諮商師不要對號入座，而是以同理方式去揣度其可能的意圖、想法或感受，就可以更貼近當事人、建立起合作的同盟關係。

輔導教師或諮商師的基本原則

1. 了解服務機構的文化：諮商師要走出輔導室或諮商室，去了解你／妳置身工作場所、人與文化，和學生及教職員們建立良好的溝通管道與關係，因爲這些人都是輔導生態的一環，需要大家共同的努力，輔導成效才容易彰顯出來。

2. 將諮商環境安置妥當：除了物理環境不受干擾之外，還可以準備一些抱枕或是填充玩具，讓當事人可以舒緩情緒之用。有時候也可以讓當事人先熟悉一下諮商室、問一些問題，甚至走出諮商室、轉換一下制式的環境。

3. 每一回晤談都要有所準備：每一次見當事人之前，都要在生理上與心態上做好準備。包括不要急急走進諮商室或是有待辦事務放在心上；若是第一次見當事人，要先清楚手邊已經蒐集到的資料（像是家庭背景、學生在校的情況）或是轉介單，倘若之前見過當事人，就要將之前的紀錄做一個瀏覽與回憶，甚至要有此次之諮商目標或計畫；另外，需要準備的媒材（如繪本、牌卡、音樂或遊戲）或是相關資料（含測驗）也都要就緒。

4. 轉介單只是參考用：諮商師要很清楚自己不是轉介人的「使命必達者」，諮商目標不是由轉介人所訂立，而是經由諮商師與當事人共同商議後的決定。新手諮商師或是學校輔導教師，常常囿於轉介人在轉介單上的陳述，而限制了自己的諮商目標，這樣的做法很容易失焦，且失去諮商師的立場，或依據轉介單上的陳述來看當事人，自然也不容易取信於當事人。許多轉介單上都臚列了當事人的「劣跡」或「罪狀」，讓諮商師很輕易地就將「問題」與「人」連結在一起，戴起了有色眼鏡來看當事人，這對當事人不公平，而對於治療關係的建立與諮商效果都會大打折扣！

5. 以當事人帶來的「材料」開始進行晤談：諮商師從與當事人的第一次接觸開始，就開始慢慢與其建立起治療關係，同時觀察及蒐集資料。觀察當事人是最重要的技巧，從當事人進門開始，其身體、樣貌、神態與行爲都一一納入諮商師眼中，也開始有一些假設或待答問題產

生。接下來的晤談不需要很正式，可以從寒暄、詢及其是否知道為何來此？或是從他／她這堂課是什麼或喜愛的課程與老師為何開始。另外，不要預設當事人了解諮商是怎麼一回事？而是請教其有無諮商或輔導經驗？初始印象或是感受為何？接著就可以做初步的場面構成（包括諮商是什麼？諮商師與當事人的角色或是可以做些什麼？保密的限制與相關議題等）。不需要刻意留住當事人，因為即便當事人是經由轉介而來的「非自願當事人」，也有選擇權（可以離開或留下），諮商師可以做的就是讓他／她可以留下的誘因增加，像是：「必須要給轉介老師交代。」或是「既然是你喜歡的課，不要讓你為難，下回再約你來。」讓當事人自己做決定，在當事人感受到諮商師的真誠與尊重時，他／她就會做出明智的抉擇，不管最後結果如何，諮商師都要予以尊重且履行承諾。諮商師從當事人身上「找材料」，也就是從當事人的身形、興趣或嗜好、喜愛或不喜歡的課程、剛剛做了什麼或是時事新聞等開始聊，這些都可以協助諮商師更了解當事人。像是看到當事人可能擅長的運動（如打球）或是優點（如聲音很大、精神充沛或是很有禮貌）都是開啟話題的契機，若當事人沉默、不說話，諮商師也可以同理其之所以如此的可能因素（如「被突然叫來、打壞了自己計畫要做的事很煩！」或「很擔心自己是有問題的人才被請到輔導室」之類的）。

6. 讓當事人的第一次或唯一一次諮商有很好的經驗：不管是自願或非自願當事人，對於求助於一位陌生專業人員還是會有一些焦慮及擔心，尤其在學校單位或機構，幾乎是以非自願、轉介當事人居多，因此諮商師需要安撫當事人的這些可能情緒，讓當事人可以放心享受這一次晤談，同時也拓展未來的可能晤談機會，讓當事人知道隨時有需要都可以前來。

7. 摸索與試探自己的核心理論：這個核心理論通常是能夠解釋你／妳的生命經驗，或是你／妳自己本身比較喜愛的學派或理論。因為唯有在核心理論的引導之下，你／妳才能夠對學生關切的議題或呈現的問題有較為系統的了解與解釋，而這也決定了你／妳接下來要進行的介入或處置方式，能夠與學生做較為長期的合作、清楚自己整個諮商方向

在哪裡。核心理論不是一個，可能是同一取向（如人本或後現代），或不同取向（如認知與生態脈絡）的整合，針對自己喜愛或者是能夠解釋自己生命經驗的理論，需要更深入地去認識及了解、閱讀許多相關的書籍（包括臨床實務方面的運用）、與同僚或督導討論，甚至在臨床實務中操作、累積經驗，就可以更熟悉與堅定自己的核心理論。畢竟每一個理論都只能對某些當事人有效，而非一律有效。

8. 擔任改變的「能動者」：雖然在學校裡面，輔導工作是否受到重視，與主校政者有極大的關聯，然而輔導老師或諮商師也責無旁貸，因為諮商的普羅化以及被接受度，我們都有責任。經由不斷的接觸與合作，才能夠讓輔導的汙名化減低，進一步可以結合不同的資源，來讓輔導工作更具效能！輔導教師也是社區的一份子，如果社區或者是一些政策需要做適度的改變，才能夠讓其中生活的人更適意，輔導老師除了做弱勢的代言人之外，還需要做改變的「能動者」，也就是可以倡議、帶領及促成改變。

9. 自己先嘗試或體驗過，會更具說服力：輔導老師和諮商師的主要任務之一是「造成改變」，因此如果要讓當事人改變，諮商師或輔導老師對於整個改變過程中的困難情況、該如何做改善計畫，或尋找可替代（可變通）的方式等等，都需要有詳盡的了解，最好的方式就是自己先做一些改變的行動計畫，在親身經歷之後，了解其中的甘苦與困難，而在協助當事人做改變的時候，也比較清楚當事人會遭遇到的一些挑戰與因應之道。

10. 了解此發展階段中有許多矛盾是正常的：青少年已有抽象思考的能力，然而卻也有許多的理想性。青少年因為還在「長自己」（包括自我認同與生涯展望）的階段，加上掙扎於同僚與家長的影響力，在「依賴」與「獨立自主」之間拔河，因此對於他人怎麼看自己很在意（儘管表現出不在乎的態度），也會在沒有其他參考架構底下想太多。青少年有邏輯抽象思考能力，表示合理推理或是說服是可行的，而其「理想性」在沒有實際操作的情況下，可能會將假設視為必然、因而影響其行為動力。

11. 體會青少年會有的孤單：青少年在此階段也會經驗一些「存在的虛無

感」、對於生命有許多的疑問，這種無法清楚說明、向外人道的孤寂感，也是此階段孩子內在的一種現實，甚至有些孩子已經開始體驗生命中的重大失落，這種孤寂感受會更深。若是諮商師或其他重要他人，願意與其探索這些人生課題，相信青少年的孤單無助感會獲得一些紓解。

12. 了解特殊需求的學生：有些學生可能有親職管教的問題、過動、強迫症或特殊的學習障礙等等，諮商師和輔導老師都需要進一步去了解相關的訊息、以及協助的方式。如果學校內有資源或特教老師可以請教或合作，自然更佳，因為許多的問題是有關聯的，像是過動會影響其學習情況與人際，智能或閱讀障礙、自閉症亦同。諮商師在特殊教育這一塊較無訓練，然而目前因為診斷技術更精確，或者是能夠提早發現特殊需求的學生，因此特殊學生往往也是諮商師服務的對象，通常是班級導師殫精竭慮之後來求助，若是服務機構或學校無特殊教育專長者（事實上特殊教育種類繁多），諮商師也必須要能夠對於校內的特殊學生特性、需求與處遇有較深入了解，也要能夠與家長溝通、商議協助策略等。

第十一章

給諮商師的提醒

前言

　　一般的諮商師所接受的培訓教育都是針對一般成人，雖然研究所提供了若干族群的諮商理論與技術課程（如家族／庭治療、兒童輔導與諮商、青少年輔導與諮商、同志諮商等），但是幾乎都是進階式的，也就是在熟悉基本諮商學派之後，企圖與實際、臨床工作做整合的課程，要將其運用得當並不容易，因此有志於與青少年族群工作的諮商師，需要本身有心與青少年族群做接觸，並多多研讀相關的研究與書籍，另外還需要考量目前科技進步與社會現況。

　　諮商師面對青少年當事人時，在態度上要眞誠、不虛僞，不刻意使用青少年的流行語彙，將當事人視爲「自己」與「自己問題」的專家，同時也要注意到當事人的優勢。我們通常會從當事人所帶來的「材料」（包括我們觀察到當事人的外型、談吐與行爲）著手，而不是從導師／任課老師或家長的「轉介單」開始，因爲絕大多數的轉介單都是「十大罪狀單」（上面寫滿了當事人不良或是惡劣事蹟），這些事項或許有助於諮商師做初步診斷與評估，但不適用於開啟會談。當然有時候，諮商師也可以請教青少年爲何來到此處？接下來可以先聽取當事人這方的說法或故事，讓當事人有說明或「伸冤」的機會，畢竟諮商場合上，平權與民主是很重要的，這也是我們希望青少年可以學習的部分。

　　諮商師在接一個新案例之前，要有所準備，不僅是諮商場域上的環境（如安靜、不受打擾）與硬體設備（如電腦、繪本、量表測驗、遊戲或牌卡），還有心態上的準備（像是若事先知道當事人的歷史與議題，可以先

閱讀相關研究或資料，甚至請教有經驗的同仁，或是先閱讀上一回的晤談資料，至少不是匆匆趕來諮商現場），當然這些準備好之後，還是要視當事人來到時的情況做彈性改變或修正，這才是為當事人量身訂做的客製化諮商！此外，有些諮商師容易將焦點放在內容上而忘記了諮商過程，尤其是在進行團體時，因此較需要提醒自己，當諮商師與當事人都可以享受晤談過程、而且朝著治療目標邁進，這就是諮商很重要的關鍵。

案例一

　　任諮商師接到一位緊急個案，個案管理師說當事人小學六年級，有強迫症傾向，其他資訊全無！於是任諮商師先從研究中搜尋，目前對於強迫症的觀點與治療方式，研究指出認知行為療法最適當，接著諮商師就其進行步驟與注意事項作了解。接案當時，當事人小茜與母親一起出席，母親手上還拿著手機講電話，小女生不安地看著母親。諮商師請她們兩位落座後，母親還在忙。任諮商師於是開始與小茜談話，知道她的名字、介紹自己，然後問她為何來這裡？她說是自己常常洗手，任諮商師馬上轉向母親：「洗手是我們也會做的事，對不對？」母親有點錯愕敷衍道：「對對！」接著任諮商師問小茜：「妳說妳常洗手，是怎麼洗的？」這樣開始了治療。任諮商師之前準備的資料還在腦袋中，但是得依照當事人的情況做適當改變，於是諮商師開始了敘事治療，因為吻合當下的情境與當事人狀況。

案例二

　　蕭老師在國中擔任輔導工作，他花了許多時間與孩子們互動，雖然他只上綜合活動課、也接了行政工作，但是只要有空，他就會走出輔導室，與學生互動。下課時間是他最放鬆的時候，他會注意到學生目前常做或流行的活動為何。也會視情況加入，要不然他就會在一旁觀賞、同時與現場學生交流，他因此也發現了一些需要留意的學生，會進一步去了解及做處理。有幾回他在校園裡看到念國一的趙華，趙華身邊總會有一些同學追隨、有時候會去鬧別人，看樣子趙華是領

袖，雖然他不插手同伴擾亂的事宜，但是似乎是默許。蕭老師找機會與趙華開始接觸，他說：「我看你常常在校園走動，要認識校園或是特別的地方，請教你應該最清楚。」後來趙華還帶他去看一個特別的景點，可以從那裡看到學校的全景，蕭老師還特別拍下來、放在學校網站上，然後送一張卡片給趙華、謝謝他，也附上那張校園全景照。

　　蕭老師沒有邀請過趙華到輔導室，但是藉由有時候的校園巧遇，讓他更認識趙華。知道趙華小學時是足球隊員，還特別替他詢問學校校隊的領隊李老師，李老師說因為趙華身上記的過太多、校長就要求他退隊，蕭老師知道退隊之後的趙華精力無從發洩，轉而就呼朋引伴、做一些擾亂的行為。蕭老師於是與校長約定：若這學期趙華的行為有改善，就讓他繼續在球隊中效力。雖然花了近兩個學期的時間，才讓師長看到趙華的進步，終於在趙華要升國三時重新歸隊，趙華也以體育班高中為志願，身邊少了跟班、卻多了朋友！

與青少年工作的諮商師配備

　　Corey 等人 (2011/2014, p. 179) 曾經提醒，若要成為對兒童／青少年的諮商師需要：有遊戲治療、藝術或音樂治療的被督導實務經驗；了解服務對象的發展議題；熟悉相關法律（如兒少法、家暴法、性平法、少年事件處理法）；覺察自己能力之限制；了解相關轉介資源。當然，危機處理知能也很重要，此外，學校的輔導老師還需要與輔導同仁、校長、校內不同處室、家長、社區重要人士或資源（如醫院、社工、慈善機構、鄰里長等）有固定連結與互動，畢竟輔導與諮商非諮商師獨立作業之事，連結資源與合作能力是最基本的，也讓服務效果更佳且持久。

一、了解青少年發展特色

　　青少年在體型發展上朝向性成熟方向邁進，可能需要花十八個月到五

年的時間來完成，而在情緒與認知發展上還在持續進展中，且女性的生理成熟速度大約早男性兩年 (Reid & Westergaard, 2011)。青春期女性體重與身高會較男性同儕成長迅速一些，男性會有「夢遺」情況，其性衝動有時以自慰方式宣洩，只要引導他自慰不是壞事、認識自己身體的改變，也可以使用其他建設性方式（如運動）發洩。一般說來，我們對於女性青春期的了解較男性熟悉，學校裡的衛生教育似乎也較著重女性。

認知發展是指個人思考與處理資訊的模式，Kaplan (2004) 特別提到青春期孩子認知發展要具備的能力是：分辨現實與可能性；假設性—演繹邏輯（建立假設並作驗證）、綜合邏輯（對同一問題有不同解答）、抽象思考（了解抽象概念，如宗教或政治）與後設思考（爲何會有這樣的想法行動、反思能力）；青年的思考特色有：自我中心、考慮他人、運用資訊、批判思考與創意思考 (cited in Reid & Westergaard, 2011, pp. 13-14)，諮商師可以善用這些知識，與青少年建立關係和工作，自然事半功倍。

青少年情緒有較多變動，容易在情緒影響下做出衝動行爲，其發展任務之一就是從了解自己擔任的角色裡去思考自己是誰（認同），也因此有許多情緒經驗，羞愧與憤怒常常會連袂出現。青少年的典型表現如：挑戰權威與社會、冒險、實驗（如藥物、穿著、性）、要求自己的權利、（爲自己與他人）負責任、尋求精神寄託、教育上的轉變、準備踏入職場、與同儕的新關係、發展性認同、重新調整與權威人物的關係 (Christie & Viner, 2005, cited in Reid & Westergaard, 2011, p. 18)。青少年常常將「叛逆」與「獨立自主」混淆在一起，認爲爲了反對而反對、就可以彰顯出自己的獨立性，這基本上會隨著其發展漸趨成熟而改善。青少年是從兒童過渡到成人的階段，因此變動很多，一般社會也對其較爲容忍，期待他們有改變機會（如法律之訂定）；青少年在尋求獨立、重視同儕的同時，也需要仰賴家長或成人給予支持與引導，其任務就是學會如何平衡這兩者看似矛盾的需求。

有關青少年發展特色與挑戰，除了發展方面的教科書或研究可以參考之外，與青少年做第一類接觸，是最便捷的方式，甚至在生活中與他們有持續互動，相信青少年會毫無保留地與諮商師分享，包括他們流行的文化、媒體、語言及穿著等，輔導教師抱持著好奇、感興趣與尊重的態度，

是與青少年談心最重要的條件。

二、了解此發展階段與目前社會情境下青少年較容易出現的問題

　　青少年可能會出現需要注意的問題，像是突然闖入的思考、容易情緒崩潰、情緒變化很大或缺乏情緒管理、容易生氣或具攻擊性、自傷行為、逃家逃學、引起注意、焦慮、自尊低落、轉換困難（如轉學、適應新環境）、解離（身體與心理分離感，類似靈魂出竅），或較差的本體感（覺察自我身體與個人空間）(Vicario & Hudgins-Mitchell, 2017, p. 60)，這些或許是成長所必須要經歷，因此以青少年為服務族群的專業助人者，除了要了解青少年的一般發展之外，還需要考量在現代環境脈絡下的青少年世界，以及可能面對的挑戰或關切議題。

　　面對現在的青少年，還需要考慮到科技網路的無遠弗屆及無孔不入，尤其是對於其社交關係的影響，像是減少了面對面的互動、久坐的生活型態、孤立與孤單、網路霸凌以及憂鬱及焦慮等 (Selfhout, Branje, Delsing, Bogt, & Meeu, 2009, cited in Paladino & DeLorenzi, 2017, pp. 358-259)。受到衝擊的還有經濟與家庭，家庭的狀況也對生活在其中的青少年有重大影響，有時候可以藉著親師座談或是親職教育和家長們交流。

三、了解青少年所處的機構或學校文化

　　學校裡的輔導教師需要清楚自己在學校裡的職責，同時也要清楚學校相關規定與處理流程，還要與各處室維持友善、合作的關係。輔導教師同時肩負著教育與輔導的功能，因此了解學校文化，也是讓自己融入和進行有效工作的重要條件。城鄉學校或有較大差異、可接近資源也不同，學校所處的地域或是家長工作類型，也影響著孩子。像是都會區家長可能較重視孩子學業，鄰近也會有較多資源（如學校資源、補習班）可運用，對教師教學會有較多意見；工業區或以務農為主的社區，家長可能較尊重教師與其權威，但是因為資源不足或是沒有足夠資訊，有時候孩子碰到問題卻

不知如何協助解決。

　　主校政者或是其他行政人員對輔導諮商的認識，也可能是諮商師工作的助力或阻力。校長若很清楚輔導工作，就會派用適才適能者在輔導室工作，也較不會干預輔導室的運作或作業內容，甚至對學校輔導有更好藍圖與規劃；有些學校的輔導室還是未來校長的「過水處」，學校不一定會延請有專業能力者在其位，許多時候反而成為輔導專業的絆腳石。此外，各處室的同仁對於輔導工作不一定清楚，因此為了要取得其合作、一同為學校師生謀福利，輔導教師或諮商師就需要與相關人員建立好關係，甚至讓諮商普羅化。

　　許多公私立大學院校或助人機構，會與當地的學校有較多聯繫，甚至與學校形成固定的合作關係（如諮商實習生到國中小或高中擔任團體領導或是提供個別諮商服務），因此實習生還是需要花相當的時間去了解這些服務學校的文化、裡面的成員，甚至是學校的一些運作方式，而不是在需要做團體或個諮時才出現，這樣的「點狀」現身反而會造成學校或諮商實習生本身的許多困擾（像是無法融入該校、缺乏校方重要人士的支持或協助、不了解學生生態等）。諮商實習生或許因為實習時數需要滿足之故，而其實習機構可能無法提供學生足夠的服務項目（如團體諮商、測驗或個別諮商）時數，便宜之道就是讓實習生到附近學校進行服務，這也可能會衍生「督導算誰」的議題；到底實習生的督導是這些學校的輔導老師、還是實習機構的諮商師？最好在訂立實習契約或實習之初就弄清楚，以免事後的麻煩。

　　目前有些縣市為了節省經費，往往會讓一位諮商師負責三到四所學校，諮商師通常只是去接案子，因為沒有長時間駐點，對於提供服務的這些學校認識不足、缺乏資源連結，只是提供了點狀服務、也無持續追蹤，因此成效不彰！另外，在校園內工作，很多時候不一定可以安排適當時間與學生晤談，加上學生也較不喜歡在輔導室內與成人談話，因此「走動式關切」就很重要且收效佳，這也提醒輔導教師或諮商師要走出辦公室、多與服務族群（含各處室同仁）接觸，拓展自己的被辨識度與合作人脈。

面對青少年族群注意事項

一、一般注意通則

與青少年工作的成功祕訣是：建立信任、合作與滋養的關係 (Paladino & DeLorenzi, 2017, p. 363)。當然青少年也會常常測試與諮商師之間的關係，這可能也反映了其在生活中的實際狀態（如不相信成人、不認為自己被信賴、與人關係不穩定等），因此諮商師的自我強度要足夠，除了不將青少年的行為視為針對諮商師個人外，也要以溫暖、了解、不動怒、幽默與彈性的態度因應，當然也要對於青少年一些行為做限制（如不說髒話、不破壞物品），讓青少年知道該遵守的規矩，這也是尊重的示範。

另外，輔導教師或是基於教育者的角色，會想要保護青少年，但是有學者提醒諮商師不要試圖擔任青少年的父母親，也就是諮商師要清楚自己的角色，不要試圖當青少年的家長、也不適合，畢竟青少年孩子在諮商室裡需要的不是父母親，而是能夠傾聽及理解他們的智者。持續的同儕督導、建立堅實的界限、也清楚諮商目標，就可預防落入陷阱 (Sommers-Flanagan & Sommers-Flanagan, 2007, p. 13)。

二、摸索、試探、發展與深耕自己的核心理論

諮商師要有自己的核心理論，引導自己的思考、假設與治療方向。這個核心理論通常是能夠解釋你／妳的生命經驗，或是你／妳自己本身比較喜愛的學派或理論。因為唯有在核心理論的引導之下，你／妳才能夠對學生關切的議題或呈現的問題有初步及較為系統的了解與解釋，而這也決定了你／妳接下來要進行的介入或處置方式，能夠與學生做較長期的合作、清楚自己整個諮商方向在哪裡。當然除了核心理論之外，也需要熟稔其他的理論，因為諮商是要為當事人量身打造的，而不是讓當事人來適應我們的理論架構。諮商師需要發展自己的核心理論，核心理論通常與自己的價值觀有關或者是可以最適切解釋自己生命經驗者，而諮商型態主要與諮商師個人之性格及與人互動模式有關，這兩者都需要諮商師對於自我知識的

了解深刻程度，因爲諮商師無法假裝自己像誰。有些諮商師善於觀察或較爲沉默，有些則主動積極、說話流暢，有些較保守矜持、有些較爲彈性接納，這些都反映出了諮商師本身的個性、不需強求，而當事人會選擇較適合自己的諮商師，諮商師或當事人也會做適度調適、讓自己安在。

諮商師在發展自己諮商型態的同時，也需要將所學運用在自己的生活中、有時做適當修改。從事諮商助人專業者，若自己也不相信求助是能力、而諮商也是一種生活哲學的體現，那麼就不會將諮商視爲畢生之志業、樂在其中！

Halbur 與 Halbur (2006, p. 21) 曾提及諮商師發展自身的諮商型態時需要注意的重點：(1) 發現自我：自我覺察與探索、知道自己要的是什麼、生命哲學爲何？(2) 清楚自己的價值觀：知道什麼對自己是重要的、也努力捍衛；(3) 探索自己喜愛的理論爲何：這些理論觀點與自己的性格速配，也可以解釋自己的生命經驗；(4) 運用自己的性格：性格與所選擇的諮商型態息息相關；(5) 了解自己在臨床上的表現：將這些實務經驗錄音或錄影下來，可以協助自己找到理論的脈絡；(6) 容許他人（生命經驗、生活觀察、與人互動及繼續教育等）激勵你的學習：讓自己持續成長，並對許多人間事更寬容、悅納；(7) 閱讀原始資料或作品：可以接觸到原創者的基本思維、減少他人解讀的可能謬誤；(8) 化爲實際行動：在生活中實際運用；(9) 與一位良師學習：良師可以是活生生的典範，或是存在歷史中的；(10) 拓展自己的經驗：探索新的領域與經驗，抱持著好奇、冒險的新鮮感。

新手諮商師或許有自己的焦慮，擔心表現不佳或是不被當事人喜愛，但是就如同 Tyber (2000/2002, p. 5) 所說的：諮商師個人之經驗、直覺與常識都是有用的，也就是都不是「從零開始」，只要諮商師願意持續進修（包括閱讀、繼續教育、參與工作坊或研討會、學習新進技能或取向，甚至做研究、固定與督導討論、拓展生活經驗等），或是自己去做治療，在專業與個人成長上都有極大助益，也可以讓自己的專業自信更佳！

三、了解所服務機構的文化與相關資源做連結

　　諮商師要走出輔導／諮商室，了解自己置身工作場所的制度與規定、人與文化，與學生、教職員、同事或社區人士建立良好的溝通管道與關係，因爲這些人都是輔導生態的一環，需要大家共同的努力、諮商成效才容易彰顯出來。此外，青少年的問題通常不是其自身的問題，而是與其所居住的家庭、社區、環境與文化有關，了解與善用社區與既存之福利資源，更能讓青少年的生活更佳、改變更長久！

四、擔任改變的倡議與「能動者」

　　雖然在學校機構內，輔導工作是否受到重視，與主校政者有極大的關聯，而諮商的專業認可程度也與此有關。此外，諮商／輔導的普羅化以及被接受度，受到一般人對於諮商或輔導認識不夠清楚，甚至是被汙名化影響，輔導老師或諮商師對於汙名化的釐清責無旁貸！而汙名化只有經由不斷的接觸與合作，才能夠減低或消除，諮商師或輔導教師可進一步結合不同的資源、讓輔導或諮商工作更具效能！諮商師除了在服務機構擔任專業人員之外，也是社區的一份子，在貼身接觸社區人員與家庭經驗後，會更清楚社區或者是一些政策需要做適度的改變，才能夠讓其中生活的人更適意，因此諮商師除了爲弱勢作代言之外，也需要做改變的「能動者」，也就是可以帶領及促成改變。

五、擔任稱職的角色典範並釐清責任歸屬

　　青少年的確需要一些角色楷模以爲效仿，諮商師自然也不例外。諮商師可以展現的角色典範像是：展現自己的正直、守信之品格，對青少年與其活動感到興趣，尊重他們與其意見，強調個人的資質（如能力、自覺與成長），維持幽默感（非訕笑或嘲諷），也很清楚你要的是什麼 (Sommers-Flanagan & Sommers-Flanagan, 2007, pp. 15-16)。

　　另外，在協助過程中也要注意責任歸屬的問題。在諮商初期，可能諮

商師要擔負的責任居多，畢竟當事人是處於較為弱勢或不利的立場，然而當諮商進度漸漸深入，諮商師要慢慢將責任移回到當事人身上，因為是當事人要去面對他／她的議題與生活，這也是提醒諮商師不可讓當事人過度依賴諮商師，而當事人在積極參與諮商過程時，也從中恢復既有能力與控制感。

　　不管青少年關切或求助的議題為何，最重要的是：不是看見青少年的議題或問題而已，而是看見他／她這個「人」。就如同醫者不是看見患者的「病」而已，而是看見病人這個「人」，才是真正的專業醫者！

六、留意青少年的性別社會化及其影響

　　一般說來女性較被鼓勵以語言方式表達，但是也要注意女性順從權威的社會化訓練，或許青少女會將諮商師視為有權力的專家、將自己置於被動立場。在諮商場域，往往注重當事人的想法與感受，因此諮商師要注意不要將外面社會的傳統或習慣帶入諮商中，而是要尊重當事人與其意志。青春期也是性別刻板印象較重的時期，會留意他人看待自己的目光或評價，諮商師也要注意—不要讓自己深受性別刻板印象影響而不自知！同樣地，青少男受到社會化影響，往往較不能與他人做直接眼神接觸、也較不能容忍模糊曖昧，他們喜歡清楚、具體的方式，因此在與青少男工作時，要注意到男性社會化的連結方式並採較為開放的態度，諮商過程中要減少威脅感、聚焦在問題解決上，也要對男性更友善 (Rochlen, 2014, p. 4)。使用譬喻的方式可以連結男性的情緒部分 (McKelley, 2014, p. 10)，或善用幽默與說故事 (Kilmartin, 2014)，甚至分享諮商師個人經驗（自我揭露）、減少當事人的羞愧感 (Wexler, 2014) 等。

七、當面對創傷經驗的青少年時

　　身處在現代的青少年，會遭遇到許多以往世代不曾出現的挑戰，加上大環境變動快速，需要做的調整動作也要加快，倘若因應不及或效果有限，可能就會有較多或長期的後遺症。諮商師面對正值眾多衝擊的青少年

族群，還需要有臨時應變的危機意識與處理方式，畢竟學生或是校園內若出現重大或突發情況，很可能第一個要找的就是輔導老師或諮商師。

　　根據美國在 2002 年的調查發現，有一成五至兩成的兒童及青少年遭遇重大生命事件 (Breslau, 2002, Brown, 2002, cited in MacDonald, Vasterling, & Rasmusson, 2011, p. 113)，除了失落、兇殺、綁架或自然災害外，現在因為網際網路發達隨之而來的可能創傷，尚不在估計範圍內。創傷來自自然因素（如死亡、天災、海嘯）或是人為因素（如車禍、自殺），不同形式的創傷都會對個人有影響，其影響程度或短長，主要視其危險性或保護因子（如家人支持、人際網路連結強、自我強度夠等）有多少而定。青少年若遭遇創傷，諮商師在擔任治療工作時要注意以下幾點（整理自 Vicario & Hudgins-Mitchell, 2017, pp. 92-93）：

1. 早期創傷與壓力事件會改變大腦的結構，目前有腦神經修復與以大腦為基礎的諮商介入，可以協助修正這些改變。
2. 不良的童年經驗會影響行為與生理健康。
3. 諮商師為這些遭受壓力下的孩子代言（或倡議），不能只看見其行為，而是需要從不同系統的層次來協助減輕其壓力與增進其復原力。
4. 大腦的發展有五成左右是在出生後開始，且與環境交互作用而產生。
5. 若早期經驗不容許正向的互動，邊緣系統就不能適當發展，會影響個體調整／規律的機制。
6. 調整／規律、安全與依附是一起發生的，只要針對其中一項工作，其他兩項也會增強。
7. 讓孩子感受到安全是調整／規律的第一步。
8. 積極傾聽與安全的環境，讓當事人感受到被了解、有連結。
9. 「適時」的介入（或「同頻」）是神經系統發展調整／規律的關鍵。
10. 運用引導式想像或正念，可協助孩子建立調整／規律技巧。
11. 諮商師需要符合當事人發展與情緒需求，協助其度過創傷經驗、重整生活。

八、輔導教師或諮商師可能遭遇的倫理議題

　　輔導教師或諮商師面對未成年族群時，除了要留意一些專業倫理原則、知悉相關法律（包括脆弱家庭與通報規定）外，平日也要連結有用資源（如身心科醫師、社工或社福單位、地方鄰里長等），維護與增進青少年福祉。但是倫理規範只是原則，該如何做出明智且公允的判斷，不是一件簡單的事，因此還要持續進修、固定督導（含同儕督導）、諮詢法律人，甚至做自我治療，在感覺有異狀時，隨時可找到諮詢或商量對象是很重要的！

　　一般的專業倫理包含五個面向 (Welfel, 2010, p. 5)：輔導與諮商師有足夠的知識、技巧與判斷力，運用有效的處置；將當事人福祉列為最優先考量；尊重當事人的尊嚴與自由；負責地使用專業角色所賦予的權力；行為表現可以提升公眾對專業的信心。助人專業者通常是站在當事人的立場，因為其他專業人士未必會先考慮到當事人（特別是未成年人），因此諮商師或輔導教師就需要挺身而出，為當事人發聲、護衛其權益。再則，在需要做專業倫理判斷時，通常傷害已經造成，因此諮商師就需要朝向以「減少傷害」或「災害控管」的方向努力！

　　不少研究者或是實務工作者都發現：許多諮商倫理其實是站在保護諮商師的立場，但是諮商／輔導倫理基本上還是希望能夠維護與謀求當事人最佳福祉，因此在面對青少年當事人的議題時，或許學校行政人員、家長或是法界人士，不一定會與青少年站在同一陣線，輔導老師或諮商師就會這麼做。只是諮商師若面臨到自己知能或有專業上的疑慮時，自然也會先想到自己，這是人情之常，最好在涉及自我議題時，找資深同儕或督導、法律人商議較妥，而在遭遇危機情況時記得一定要「記錄」與「諮詢」，而不是自己負責就好。一般說來，專業助人者在面對未成年族群的主要倫理面向有：

（一）不傷害當事人

　　「不傷害」為首要考量，接著才是為其福祉設想。諮商契約是保障當事人權益，在治療進行過程中，第一個都要考慮到是否對當事人有益？這

也提醒諮商師需要有敏銳的危機意識及同理心，只要直覺上懷疑當事人可能（會）受傷，就要直接仔細詢問。基本上當事人來求助、自我強度較爲脆弱，許多細節也都要注意，不能傷害當事人。

（二）知後同意

任何有關當事人權益的事都要獲得其或監護人（法律上無行爲能力者，包括 18 歲以下與身心障礙者）之同意。由於諮商師所服務的對象是未成年者，諮商服務往往需要經過當事人之監護人同意才可進行，這一點可以先詢問校方慣例如何處理？一般說來，有些學校在學生入學之初就已經請家長簽同意書（包括學校提供的各項諮商服務），有些學校認爲諮商是教育之一環，學校提供的任何服務都屬於教育範疇、不須家長同意，有些學校是在進行活動前請家長簽字同意，若家長不同意就不提供服務。倘若諮商師認爲諮商服務是必要的，不妨與家長誠實溝通，將利弊得失說明清楚，更重要的是要站在家長的角度了解他們的關切與擔心爲何，然後做適當說明及解釋，然而若是與當事人權益或隱私有扞格（如當事人懷孕怕家長知道，或當事人害怕揭露家暴事實後、家會分崩離析等），就需要先做通盤考量、衡量利弊得失，並請教資深同儕、督導或通曉法律人士，研擬出適當對策與處理方式，並預先告知當事人將會採行的方式與理由；其他像是簽訂諮商契約，需要錄音、發表研究報告或論文、使用新的治療方式或技巧時，也都需要先誠實告知優缺點（包含危險性）、並獲得當事人書面或口頭之知後同意。知後同意是持續進行的，不是在訂立諮商契約時說一次就足夠，而是在諮商過程中涉及當事人的權益或福祉時，都要再度提醒或說明一次。

（三）保密原則

在不傷害當事人和其他人的情況下，謹守保密原則。保密是建立治療關係最重要的關鍵，然而也有例外（如當事人自傷或傷人，或有任何人受傷的可能性）需要考量，同時要讓當事人知道。青少年當事人會擔心輔導教師與班導或轉介他 / 她來的老師 / 家長互通訊息（因爲你們都是同一掛），因此不敢說實話，諮商師要明白告訴當事人其可能之疑慮、以及保

密的例外情況，其他就由當事人做決定；與教師討論當事人情況時，也要在私下的場域，不宜在有第三者或可能洩漏資訊的場所，最好也不要有他人看見，因為有些人不免會「看圖說故事」、自己做解讀。當事人也會擔心諮商師在紀錄上寫些什麼？不妨讓當事人過目紀錄，或是唸給當事人聽，徵求其意見或同意否。諮商師在做危機處理時，也要明確告知當事人他／她將如何進行？當事人可以隨時提問，諮商師也要確切回答。與未成年者工作，諮商師需要經常面對未成年者保密及家長要求知道諮商相關訊息間如何平衡的挑戰 (Benitez, 2004, cited in Corey et al., 2011/2014, p. 175)。

（四）雙（或多）重關係

多一層關係就多一份複雜性與處理難度，在學校的輔導教師若還授課，就可能碰到角色衝突（如評分者兼輔導者）的問題，因此除治療關係之外，其他有害於治療或當事人福祉的關係都不應有，因為諮商師是處於較有權力與地位的立場，關係處理不當就會造成傷害。但是諮商師為了當事人權益或福祉著想，有時候可能需要「跨界」一下（像是到府諮商的外展服務或參與當事人畢業典禮），但要記得回到自己原來的位置與角色上，畢竟多一層關係就多一層處理的難度。

輔導教師在與學生做諮商時，學生也較難將其角色做轉換（雙重關係、角色衝突），會將其當作是一般威權的教師、還會擔心教師之間互通訊息（保密的考量），因此在建立治療關係上要多費心，而關係是持續在建立的，當事人也會偶爾測試與諮商師的關係。有些學校要輔導教師上課或帶班，其實就嚴重影響輔導教師的專業、也容易混淆角色與分際，增加輔導工作的困難度。當然輔導教師擔任一般課程的授課也有其利弊，像是可以更熟悉學生情況、學生較信任、可以做機動性輔導與協助，但是也可能有角色混淆或職權不清，甚至讓學生有可趁之機（如老師是評分者與協助者）。儘管現在許多國中有輔導教師的設置，但是有些主校政者還是沒有清楚的概念，將輔導教師視為一般教師，這不僅讓輔導教師在面對當事人、工作項目與自身定位上模糊，一般人對他／她的期待也會有落差，因此主校政者的正確觀念、支持輔導工作的態度與表現，還有輔導老師對自

己工作與角色的定位及堅持，都是成功輔導工作的必要條件；此外，輔導教師或諮商師還是有行政業務，不可能只是純粹做晤談工作而已。我國目前專業度最高的是大學諮商師與高中輔導教師，然而高中輔導教師負責生涯輔導的份量較重，而大學的諮商師配置數量依然不足。

（五）通報與否及強制就醫的決定因素

面對尚未成年的青少年當事人，若當事人有一些行為（如暴力傷害）或情況（如懷孕、脆弱家庭或有中輟可能性），都可能需要在限定時間內做通報，一般教師或行政人員比較沒有做決定的困擾，但是輔導教師可能不一樣。許多學校行政人員會擔心若超過通報時限會被處罰（如罰款），所以可能就沒有做多方考慮、評估良窳，就做了通報動作，然而這樣的舉措有可能會傷害到當事人（如被曝光之後受到處罰或隔離）或其家庭（如親職失功能必須要讓孩子去寄養家庭），因此諮商師或輔導教師較容易站在當事人立場、為其設想，有時候並不會在第一時間就做通報動作。在面臨可能需要做通報的決定前，輔導教師或諮商師不妨先請教有經驗的同事、行政或法務人員（教育部也有法律專家），並將一些利弊得失臚列出來、一同商量對策，看看能否在正式通報之前做一些必要處置、讓傷害減到最小？另外，當學生有緊急事件（如突然情緒不穩、威脅自戕）發生時，諮商師可能需要考慮到「強制就醫」的可能性，但是基本上做強制就醫動作是監護人的職權，若家長不在附近或是聯絡不上，甚至有些監護人已然放棄孩子（像是重度憂鬱症），諮商師到底應不應該將學生強制送醫？是要協助孩子、還是擔心於法不合？最好還是先做諮詢動作、了解學校的運作方式與可能的爭議，再商量怎麼處理最佳。

（六）注意涉己的議題

諮商師也是人，面對年紀較輕的當事人可能也會有移情、投射的議題，有時對於當事人過度投入、有時卻不喜歡當事人，這些都反映了自我議題或未竟事務未做處理，而讓其浮現在諮商關係中；若諮商師自己沒有覺察，極有可能會傷害當事人。自我議題怎解？諮商師的自我整理與反思、找諮商或治療師、進修、參與討論或課程、書寫記錄、同儕督導等，

都是很好的管道，固定的督導或同儕案例研討是不錯的選項。根據美國多年前的調查，發現許多社工人員都出自於酗酒家庭，不少擔任專業助人者本身也希望藉由助人來做自我療癒，況且諮商師或輔導教師也是人類社會的一份子，面對的當事人議題，也都是自己可能會經歷，甚至經驗過類似的創傷事件，因此很容易過度同理或涉入太深、失去了客觀性與專業性。諮商師照護自我並持續專業上的精進是當事人之福，也是專業倫理的要求。

案例一

　　擔任高三英文課程的宋老師，同時也是學校唯一的輔導老師。有一次在處理某科一位女學生的童年性侵案之後，班上另一位女同學小倩也約老師談，提到自己被性騷，輔導老師很專業地詢問過程，但是小倩說得語焉不詳，宋老師不敢放棄，因為這是攸關學生的重要事件，所以還積極尋找可能的線索。在小倩找宋老師談過一週之後，小倩自己來找宋老師，她說：「我只是擔心自己英文這一次考不好，所以才編了這個故事，老師，我真的沒事。」

案例二

　　國一女生經常不到學校上課，單親父親也很煩惱，這位父親因為是勞工階級，經常要加班或到外地工作，無法對其女做適當監督，女兒上國中之後結交一些損友，抽菸、喝酒、逃學都會，他還擔心女兒是否吸毒。幾次女兒幾乎要被學校舉報中輟了，這位父親就常常跑學校，訓斥也不是、懇求也不是，有一回女兒向輔導教師指控其父性侵她，只是細節無法交代清楚。輔導教師為了了解情況，特別請家長來一趟。父親聽到女兒的控訴，當下淚流滿面，很頹喪地說：「老師，我承認我不是一個好爸爸，但是我這些年來都很努力賺錢、希望給女兒過更好的生活，只是我女兒現在的生活我管不住，罵過打過，好像都沒有用！我本來想養她到國中畢業就好了，以後她的人生自己負責，但是現在這樣……我不知道要怎麼做了。」

參考書目

王亦玲等（譯）(2015)。兒童心理諮商理論與技巧 (Counseling children, 8th ed., by Henderson, D. A., & Thompson, C. L., 2011)。臺北：禾楓。

石玲如、曾治乾、葉國梁、黃禎貞與周維倫 (2018)。高中職學生性行為及其影響因子── 台灣地區高中職學生性行為及其相關因素之差異研究。健康促進暨衛生教育雜誌，42, 23-38。

李維榕 (2012)。我的家庭治療工作。臺北：張老師文化。

李維榕 (2018a)。婚癌。臺北：張老師文化。

李維榕 (2018b)。孩子不離家。臺北：張老師文化。

邱珍琬 (2002)。青少年男同志認同過程與實際。彰化師大輔導學報，23 期，pp. 77-107。

邱珍琬 (2004) 青少年女同志認同過程、助力與阻力。教育部兩性平等教育學術研討會。高雄：樹德科技大學人類性學研究所。

邱珍琬 (2017)。圖解助人歷程與技巧。臺北：五南。

邱珍琬 (2018a)。圖解情緒教育與管理。臺北：五南。

邱珍琬 (2018b)。圖解青少年輔導與諮商。臺北：五南。

邱珍琬（譯）(2019)。社區健康與預防醫藥，收錄於王大維總校閱：社區心理學 (Community psychology, by Moritsugu, J., Vera, E., Wong, F. Y., & Duffy, K. G., 2014) (pp. 349-390)。臺北：心理。

邱珍琬（譯）(2020)。協助自傷青少年：了解與治療自傷 (Helping teens who cut: Understanding and ending self-injury, by Hollander, M., 2008)。臺北：五南。

林明傑、陳慧文、黃志中（譯）(2003)。現實治療諮商 (Counseling with reality therapy, by Wubbolding, R. E., & Brickell, J., 1999)。嘉義：濤石。

林家興 (2014)。諮商專業倫理：臨床應用與案例分析。臺北：心理。

洪莉竹 (2013)。學生輔導工作：倫理守則暨案例分析。臺北：張老師文化。

洪慧芳（譯）(2018)。意義──邁向美好而深刻的人生 (The power of meaning, by Smith, E. E., 2017)。臺北：時報文化。

洪蘭 (2014)。好孩子：三分天注定，七分靠教育（身教篇）。臺北：遠流。

吳麗娟、蔡秀玲、杜淑芬與鄧文章（譯）(2017)。人際歷程取向治療：整合模式 (Interpersonal process in therapy: An integrative model, 7th ed., by Tyber, E., & Tyber, F. H., 2017).

修慧蘭、林蔚芳、洪莉竹（譯）(2014)。專業助人工作倫理 (Issues & ethics in the helping professions, 8th ed., by Corey, G., Corey, M. S., & Corey, C. 2011)。臺北：雙葉書廊。

許智傑、謝政廷（譯）(2012)。創造性治療─創傷兒童的實務工作手冊 (表達性治療在嚴重受虐與依附疾患的運用 (P. G. Klorer. In Creative interventions with traumatized children, by C. A. Malchiodi, ed., 2008, pp. 47-67)。臺北：學富文化。

徐麗明（譯）(2002)。人際歷程心理治療 (Interpersonal process in psychotherapy, 4th ed., by Tyber, E., 2000)。臺北：揚智。

孫旻暐、林逸祥、張思毅、李響、林碧玉、蔡舜涵、許競、陳語箴 (2014)。媒體訊息對男同志刻板印象與態度影響之探討─以某大學醫學院學生為例。台灣性學學刊，20(1), 1-25。

高智龍、賴念華 (2016)。從多元文化諮商觀點探討男同志諮商實務。中華輔導與諮商學報，46，31-62。

晏涵文、馮嘉玉 (2021)。臺灣大專生性知識、性態度、性行為現況與 1979～2019 年 20 歲學生性經驗之研究。健康促進與衛生教育學報，52，61-86。

陳重亨（譯）(2015)。鍵盤參與時代來了！(It' complicated: The social lives of networked teens, by Boyd, D., 2014)。臺北：時報文化。

陳增穎（譯）(2021)。兒童與青少年諮商── 理論、發展與多樣性 (Counseling

children and adolescents: Connecting theory, development, and diversity, by Smith-Adcock, S., & Tucker, C., 2017)。臺北：心理。

郭惠貞、尹順君 (2016)。運用表達性藝術治療於一位急性淋巴性白血病青少年無望感之護理經驗。榮總護理，33 卷 4 期，425-433。doi: 10.6142/VGHN.33.4.425

曾雅蘋、杜淑芬 (2020)。以人際歷程理論分析教師接受諮詢之人際經驗。教育心理學報，五十卷第一期，113-138。取自 http://doi.org/10.6251/BEP.202009_52(1).0005

黃孟嬌（譯）(2011)。敘事治療的工作地圖 (Maps of narrative practice, by White, M., 2007)。臺北：張老師文化。

黃雅文、張乃心、蕭美慧、林泰石、林珊吟、范玉玟、賴彥君（譯）(2006)。生命教育 (The last dance: Encountering death and dying I, by DeSpelder, L. A., & Strickland, A. L., 2005)。臺北：五南。

施彥卿、蕭芝殷（譯）(2014)。校園自殺、自傷與暴力：評估、預防與介入策略 (Suicide, self-injury, and violence in the schools: Assessment, prevention, and intervention strategies, by Juhnke, G. A., Granello, D. H., & Granello, P. F., 2010)。臺北：心理。

楊康臨、鄭維瑄（譯）(2004) 家庭衝突處理：家事調解理論與實務 (The handbook of family dispute resolution-mediation theory & practice, by Taylor, A., 2007)。臺北：學富。

楊淑貞 (2010)。創傷復原與療癒歷程之探索：以表達性藝術治療為例。台灣藝術治療學刊，2 卷 1 期，73-85。doi: 10.29761/JTAT.201008.0004

楊靜文 (1989)。兩性間有純友誼嗎？── 愛與不愛間妾身兩頭難。收錄於余德慧策劃：中國人的愛情觀──情感與擇偶 (pp. 43-49)。臺北：張老師文化。

張德勝、王彩薇 (2009)。學生對於同志態度之研究：以一所教育大學為例。台灣教育社會學研究，9(2)，115-150。

張德勝、游家盛 (2012)。對大學生實施同志教育課程成效之研究。臺東大學教育學報，23(2)，63-94。

張傳琳 (2003)。現實治療法：理論與實務。臺北：心理。

鄔佩麗、陳麗英 (2011)。輔導原理與實務。臺北：雙葉。

賴念華 (2009)。表達性藝術治療在失落悲傷團體之效果研究。台灣藝術治療學刊，1 卷 1 期，15-31。doi: 10.29761/JTAT.200906.0002

盧鴻文 (2015)。表達性藝術治療在安置機構青少女團體諮商之效果研究。臺灣諮商心理學報，3 卷 1 期，79-105。

盧鐵榮、何詠儀 (2012)。行動治療——心理劇在香港的大學輔導教育上之應用。*Journal of Drama & Theatre Education in Asia*（亞洲戲劇教育學刊），*3*(1), 93-110. http://www.dateasia.tefo.hk/index.php/dateasia/article/view/29/33

蘇芸仙、劉嘉蕙 (2008)。運用表達性藝術治療技術之自尊成長團體方案設計與效果探討。中華團體心理治療，14 卷 1 期，5-24。doi: 10.30060/CGP.200803.0002。

顧瑜君 (1989)。高中生的愛情觀 —— 愛情幼稚班。收錄於余德慧策畫：中國人的愛情觀 —— 情感與擇偶 (pp. 2-7)。臺北：張老師文化。

Ace, K. J. (2007). The direct and indirect impact of childhood abuse and neglect on sexuality. In M. S. Tepper & A. F. Owens (Eds.), *Sexual health: Psychological foundations* (Vol. I) (pp. 301-329). Westport, CT: Praeger.

Akos, P. (2001). Creating developmental opportunity: Systemic and proactive intervention for elementary school counselors. In D. S. Sandhu (Ed.), *Elementary school counseling in the new millennium* (pp. 91-102). Alexandria, VA: American Counseling Association.

Alderson, K. (2013). *Counseling LGBTI clients*. Thousands Oaks , CA: Sage.

Allen, J. P., & Antonishak, J. (2008). Adolescent peer influences. In M. J. Prinstein & K. A. Dodge (Eds.), *Understanding peer influence in children & adolescents* (pp.

141-160). N. Y.: The Guilford.

Allen, J. P., & Manning, N. (2007). From safety to affect regulation: Attachment from the vantage point of adolescence. In M. Scharf & O. Mayseless (Eds.), New directions for child & adolescent development #117: *Attachment in adolescence: Reflections & new angles* (pp. 23-39). NJ: Wiley periodicals, Inc.

Andersen, H. (2003). Postmodern social construction therapies. In T. L. Sexton, G. R. Weeks, & M. S. Robbins (Eds.), *Handbook of family therapy* (pp. 125-146). N. Y.: Brunner-Routledge.

Ardino, V. (2011). Post-traumatic stress in antisocial youth: A multifaceted reality. In V. Ardino (Ed.), *Post-traumatic syndromes in childhood & adolescence: A handbook of research & practice* (pp. 211-230). UK: John Wiley & Sons.

Bagwell, C. L., & Schmidt, M. E. (2011). *Friendships in childhood & adolescence.* N. Y.: The Guilford Press.

Beck, A. A. & Weishaar, M. E. (1989). Cognitive therapy. In R. J. Corsini & D. Wedding (Eds.), *Current psychotherapies* (4th ed) (pp. 285-320). Itasca, IL: F.E. Peacock.

Becvar, D. S., & Becvar, R. J. (2009). *Family therapy: A systemic integration* (7th ed.). Boston, MA: Pearson Education.

Bennet, S. M. (1984). Family environment for sexual learning as a function of fathers' involvement in family work and discipline. *Adolescence, 19*(75), 609-627.

Berg, R. C., Landreth, G. L., & Fall, K. A. (2006). *Group counseling: Concepts & procedures* (4th ed.). N.Y.: Routledge.

Berg, K. I. & Steiner, T. (2003). *Children's solution work.* N. Y.: W.W. Norton & Company.

Berman, A. L., Jobes, D. A., & Silverman, M. M. (2006). *Adolescent suicide: Assessment & intervention* (2nd ed.). Washington, DC: American Psychological

Association.

Berman, P. S. (2019). *Case conceptualization and treatment planning: Integrating theory with clinical practice*. Los Angels, CA: Sage.

Bhatia, M. (2014). Going deep: Using sports to engage men therapeutically. In A. B. Rochlen & F. E. Rabinowitz (Eds.), *Breaking barriers in counseling men: Insight & innovation* (pp. 52-64). UK, East Sussex: Routledge.

Blanton, H., & Burkley, M. (2008). Deviance regulation theory: Applications to adolescent social influence. In M. J. Prinstein & K. A. Dodge (Eds.), *Understanding peer influence in children & adolescents* (pp. 94-121). N. Y.: The Guilford.

Brown, B. B., Bakken, J. P., Ameringer, S. W., & Mahon, S. D. (2008). A comprehensive conceptualization of the peer influence process in adolescence. In M. J. Prinstein & K. A. Dodge (Eds.), *Understanding peer influence in children & adolescents* (pp. 17-44). N. Y.: The Guilford.

Carlivati, J., & Collins, W. A. (2007). Adolescent attachment representations and development in a risk sample. In M. Scharf & O. Mayseless (Eds.), New directions for child & adolescent development #117: *Attachment in adolescence: Reflections & new angles* (pp. 91-106). NJ: Wiley periodicals, Inc.

Catherall, D. (2011). The impact of lower magnitude stressors on child and adolescent development: The family context. In V. Ardino (Ed.), *Post-traumatic syndromes in childhood & adolescence: A handbook of research & practice* (pp. 63-76). UK: John Wiley & Sons.

China Post, 7/24/08, p. 9 *"Dating violence is serious issue for adolescents"* (Amy Norton, New York, Reuters Health).

Choate, L. (2017). Counseling emerging adults (18-21): A time of uncertainty and hope. In S. Smith-Adcock & C. Tucker (Eds.), *Counseling children and* adolescents: *Connecting theory, development, & diversity* (pp. 373-396). Thousand Oaks, CA: Sage.

Choudhuri, D. D., Santiago-Rivera, A. L., & Garrett, M. T. (2012). *Counseling & Diversity.* CA: Brooks/Cole.Belmont.

Cicero, S. D., Nooner, K., & Silva, R. (2011). Vulnerability and resilience in childhood trauma and PTSD. In V. Ardino (Ed.), *Post-traumatic syndromes in childhood & adolescence: A handbook of research & practice* (pp. 43-60). UK: John Wiley & Sons.

Cobb, N. J. (2007). *Adolescence: Continuity, change, & diversity* (6th ed.). NY.: McGraw-Hill.

Coker, J. K. (2001). Creative arts in counseling with elementary school children: A user-friendly approach. In D. S. Sandhu (Ed.), *Elementary school counseling in the new millennium* (pp. 47-61).Alexandria, VA: American Counseling Association.

Connie, E. (2009). Overview of solution focused therapy. In E. Connie & L. Metcalf (Eds.), *The art of solution focused therapy* (pp. 1-19). N.Y.: Springer.

Cooper, M. (2008). Existential psychotherapy. In J. L. Lebow (Ed.), *Twenty-first century psychotherapies: Contemporary approaches to theory & practice* (pp. 237-276). Hoboken, N. J.: John Wiley & Sons.

Cormier, W. H., & Cormier, L. S. (1991). *Interviewing strategies for helpers: Fundamental skills and cognitive behavioral interventions* (3rd ed.). Pacific Grove, CA: Brooks/Cole.

Corey, G. (2001). *The art of integrative counseling.* Belmont, CA: Brooks/Cole.

Corey, G. (2009). *Theory and practice of counseling and psychotherapy* (8th ed.). Belmont, CA: Brooks/Cole-Thomson Learning.

Corey, G. (2013). *Case approach to counseling & psychotherapy* (International 8th ed.). CA: Brooks/Cole.

Corey, M. S., & Corey, G. (2011). *Becoming a helper* (6th ed.). Belmont, CA: Brooks/ Cole.

Corey, M. S., Corey, G., & Corey, C. (2014). *Groups process & practice* (9th ed.). Belmont, CA: Brooks/Cole.

Dedovic, K., Wadiwalla, M., Engert, V., & Pruessner, J. C. (2009). The role of sex and gender socialization in stress reactivity. *Developmental Psychology, 45*(1), 45-55.

de Shazer, S., Dolan, Y., Korman, H., Trepper, T., McCollum, E., & Berg, I. K. (2007). *More than miracles: The state of the art of solution-focused brief therapy*. N.Y.: Routledge.

Dishion, T. J., Piehler, T. F., & Myers, M. W. (2008). Dynamics and ecology of adolescent peer influence. In M. J. Prinstein & K. A. Dodge (Eds.), *Understanding peer influence in children & adolescents* (pp. 72-93). N. Y.: The Guilford.

Dixon, A. L., Rice, R. E., & Rumsey, A. (2017). Counseling with young adolescents. In S. Smith-Adcock & C. Tucker (Eds.), *Counseling children and adolescents: Connecting theory, development, and diversity* (pp. 320-342). Thousand Oaks, CA: Sage.

Dryden, W. (1999). *Rational emotive behavioral counseling in action* (2nd ed.). London: Sage.

Dryden, W. (2007). *Rational emotive behavioral therapy.* In W. Dryden (Ed.), *Dryden's handbook of individual therapy* (5th ed) (pp. 352-378). London: Sage.

Dumontheil, I. (2016). Adolescent brain development, Current Opinion in Behavioral Sciences, 10, pp. 39-44. 取自 https://doi.org/10.1016/j.cobeha.2016.04.012

Duncan, B. L., Miller, S. D., & Sparks, L. A. (2003). Interactional and solution-focused brief therapies: Evolving concepts of change. In T. L. Sexton, G. R. Weeks, & M. S. Robbins (Eds.), *Handbook of family therapy* (pp. 101-123). N. Y.: Brunner-Routledge.

Dykas, M. J., & Cassidy, J. (2007). Attachment and the processing of social information in adolescence. In M. Scharf & O. Mayseless (Eds.), New directions for child & adolescent development #117: *Attachment in adolescence: Reflections & new angles* (pp. 41-56). NJ: Wiley periodicals, Inc.

Englar-Carlson, M., & Stevens, M. A. (2014). In A. B. Rochlen & F. E. Rabinowitz (Eds.), *Breaking barriers in counseling men: Insight & innovation* (pp. 88-98). UK, East Sussex: Routledge.

Forsyth, D. R. (1999). *Group dynamics* (3rd ed.). Belmont, CA: Brooks/Cole.

Freedman, J., & Combs, G. (1996). *Narrative therapy: The social construction of preferred realities*. N. Y.: W.W. Norton & Company.

Furman, W., & Simon, V. A. (2008). Homophily in adolescent romantic relationship. In M. J. Prinstein & K. A. Dodge (Eds.), *Understanding peer influence in children & adolescents* (pp. 203-204). N. Y.: The Guilford.

George, R. L., & Cristiani, T. L. (1995). *Counseling theory and practice* (4th ed.). MA, Needham Heights: Simon & Schuster Company.

Gibbons, F. X., Pomery, E. A., & Gerrard, M. (2008). Cognitive social influence: Moderation, mediation, modification, and ... the media. In M. J. Prinstein & K. A. Dodge (Eds.), *Understanding peer influence in children & adolescents* (pp. 45-71). N. Y.: The Guilford.

Gilligan, C. (1982). *In a different voice: Psychological theories and women's development*. Cambridge: Harvard University.

Gilliland, B. E., & James, R. K., & Brown, J. T. (1989). *Theories and strategies in counseling and psychotherapy* (2nd ed.). Englewood Cliffs, NJ: Prentice Hall.

Gilliland, B. E., & James, R. K. (1998). *Theories and strategies in counseling and psychotherapy* (4th ed.). Needham Heights. MA: Allyn & Bacon.

Glasser, W. (1975). *Reality therapy: A new approach to psychiatry.* N. Y.: Harper & Row.

Glasser, W. (1998). *Choice theory: A new psychology of personal freedom.* N.Y.: HarperCollins.

Glasser, W. (2000). *Counseling with choice theory: The new reality therapy.* N.Y.: HarperCollins.

Glasser, W., & Wubbolding, R. (1995). Reality therapy. In R. Corsini & D. Wedding (Eds.), *Current psychotherapies* (5th ed) (pp. 293-321). Itasca, IL: F. E. Peacock.

Goldenberg, H., & Goldenberg, I. (1998). *Counseling today's families* (3rd ed.). Pacific Grove, CA: Brooks/Cole.

Gonçalves, O. F. (1997). Foreword: Constructivism and the deconstruction of clinical practice. In T. L. Sexton & B. L. Griffin (Eds.), *Constructivist thinking in counseling practice, research, & training* (pp.xi-xvii). N.Y.: Columbia University.

Goodwin, K. (2016). *Raising your child in a digital world: Finding a healthy balance of time online without techno tantrums and conflict.* Australia, Sydney: Finch Publishing.

Grinyer, A. (2002). *Facing death: Cancer in young adults-through parents' eyes.* Buckingham, PA: Open University.

Halbur, D. A., & Halbur, K. V. (2006). *Developing your theoretical orientation in counseling and psychotherapy.* Boston, MA: Pearson Education, Inc.

Hanna, F. J., Hanna, C. A., & Keys, S. G. (1999). Strategies for counseling defiant, aggressive adolescents: Reaching, accepting, & relating. *Journal of Counseling & Development, 77*(4), 395-404.

Hill, C. E., & O'Brien, K. M. (1999). *Helping skills: Facilitating, exploration, insight, and action.* Washington DC: American Psychological Association.

Holman, L. F. (2018). Prevention. In P. W., Stevens, & R. L., Smith (Eds.), *Substance abuse counseling: Theory & Practice* (pp. 308-331). N. Y.: Pearson.

Hust, S. J. T., & Rodgers, K. B. (2018). *Scripting adolescent romance: Adolescents talk about romantic relationships and media's sexual scripts.* N.Y.: Peter Lang.

Jacob, E. E., Masson, R. L. L., & Harvill, R. L. (2009). *Group counseling: Strategies & skills* (7th ed.). Pacific Grove, CA: Brooks/Cole.

Jaffe, M. L. (1998). *Adolescence.* N.Y.: John Wiley & Sons.

Jankowski, M. K., Leitenberg, H., Henning, K., & Coffey, P. (1999). Intergenerational transmission of dating aggression as a function of witnessing only same sex parents vs. opposite sex parents vs. both parents as perpetrators of domestic violence. *Journal of Family Violence, 14*(3), 267-279.

Johnson, D. W. & Johnson, F. P. (1994). *Joining together: Group theory & group skills.* IL, Boston: Allyn & Bacon.

Juvonen, J., & Galván, A. (2008). Peer influence in involuntary social groups: Lessons from research on bullying. In M. J. Prinstein & K. A. Dodge (Eds.), *Understanding peer influence in children & adolescents* (pp. 225-244). N. Y.: The Guilford.

Kellogg, S. H., & Young, J. E. (2008). Cognitive therapy. In J. L. Lebow (Ed.), *Twenty-first century psychotherapies: Contemporary approaches to theory & practice* (pp. 43-79). Hoboken, N. J.: John Wiley & Sons.

Kilmartin, C. (2014). Using humor and storytelling in men's work. In A. B. Rochlen & F. E. Rabinowitz (Eds.), *Breaking barriers in counseling men: Insight & innovation* (pp. 20-29). UK, East Sussex: Routledge.

Kincade, E. A., & Kalodner, C. R. (2004). The use of groups in college and university counseling centers. In J. L. DeLucia-Waack, D. A. Gerrity, C. R. Kalodner, & M. T. Riva (Eds.), *Handbook of Group counseling & psychotherapy* (pp. 366-377). Thousand Oaks, CA: Sage.

Kobak, R., Rosenthal, N. L., Zajac, K., & Madsen, S. D. (2007). Adolescent attachment hierarchies and the search for an adult pair-bond. In M. Scharf & O. Mayseless (Eds.), New directions for child & adolescent development #117: *Attachment in adolescence: Reflections & new angles* (pp. 57-72). NJ: Wiley periodicals, Inc.

Kress, V. E.,Trepal, H., Petuch, A., & Ilko-Hancock, S. (2007). Self-injurious behavior: Counseling students who self-injure. In J. A. Lippincott & R. B. Lippincott (Eds.), *Special populations in college counseling: A handbook for mental health professionals* (pp. 297-308). Alexandria, VA.: American Counseling Association.

LaFreniere, P. J. (2000). *Emotional development: A biosocial perspective*. Belmont, CA: Wadsworth/Thomson Learning.

Lewis, J. A., Dana, R. Q., & Blevins, G. A. (2011). *Substance abuse counseling* (4th ed.). Belmont, CA: Brooks/Cole.

Lipchik, E. (2002). *Beyond technique in solution-focused therapy: Working with emotions and the therapeutic relationship*. N. Y.: Sage.

Lippincott, J. A. (2007). When psychopathology challenges education: Counseling students with severe psychiatric disorders. In J. A. Lippincott & R. B. Lippincott (Eds.), *Special populations in college counseling: A handbook for mental health professionals* (pp. 287-296). Alexandria, VA.: American Counseling Association.

Lister-Ford, C. (2002). *Skills in transactional analysis counseling & psychotherapy*. London: Sage.

MacDonald, H. Z., Vasterling, J. J., & Rasmusson, A. (2011). Neuropsychological underpinnings of PTSD in children and adolescents. In V. Ardino (Ed.), *Post-traumatic syndromes in childhood & adolescence: A handbook of research & practice* (pp. 113-133). UK: John Wiley & Sons.

Magen, Z. (1998). *Exploring adolescent happiness: Commitment, purpose, and fulfillment.* Thousand Oaks, CA: Sage.

McDermott, R. C., Smith, C. R., & Tsan, J. Y. (2014;). Getting wired: Connecting with men through technology. In A. B. Rochlen & F. E. Rabinowitz (Eds.), *Breaking barriers in counseling men: Insight & innovation* (pp. 99-109). UK, East Sussex: Routledge.

McKelley, R. A. (2014). Pushing haystacks and cracking steel balls. In A. B. Rochlen & F. E. Rabinowitz (Eds.), *Breaking barriers in counseling men: Insight & innovation* (pp. 9-19). UK, East Sussex: Routledge.

Metcalf, L. (2009). Solution focused therapy: Its applications and opportunities. In E. Connie & L. Metcalf (Eds.), *The art of solution focused therapy* (pp. 21-43). N. Y.: Springer.

Micucci, J. A. (1998). *The adolescent in family therapy: Breaking the cycle of conflict and control.* N.Y.: The Guilford Press.

Mitrani, V. B, & Perez, M. A. (2003). Structural-strategic approaches to couple and family therapy. In T. L. Sexton, G. R. Weeks, & M. S. Robbins (Eds.), *Handbook of family therapy* (pp. 177-200). N. Y.: Brunner-Routledge.

Monk, G. (1997). How narrative therapy works? In G. Monk, J. Winslade, K. Crocket, & D. Epston (Eds.), *Narrative therapy in practice: The archaeology of hope* (pp. 3-31). San Francisco, CA: Jossey-Bass.

Moorey, S. (2007). Cognitive therapy. In W. Dryden (Ed.), *Dryden's handbook of individual therapy* (5th ed) (pp. 297-326). London: Sage.

Moremen, R. D. (2008). Best friends: The role of confidants in older women's health.

Journal of Women & Aging, 20(1/2), 149-167.

Morgan, A. (2000). What is narrative therapy? 10/2/2011 取自 hppt://www. dulwichcentre.com.au/what-is-narrative-therapy.html

Mosak, H. H. (1995). Adlerian psychology. In R. Corsini & D. Wedding (Eds.). *Current psychotherapies* (5th ed.) (pp. 51-94). Itasca, IL: F.E. Peacock.

Murray, C., Pope, A., & Wills, B. (2017). *Sexuality counseling: Theory, research, & practice.* LA, CA: Sage.

Newhill, C. E. (2003). *Client violence in social work practice: Prevention, intervention, & research.* N.Y.: Guilford.

Nichols, M. P. (1992). *The power of family therapy.* Lake Worth, FL: Gardner.

Nichols, M. P. (2010). *Family therapy: Concepts and methods* (9th ed.). Boston, MA: Allyn & Bacon.

Nystul, M. S. (2006). *Introduction to counseling: An art and science perspective* (3rd ed). Boston, MA: Pearson.

O'Connell, B. (2007). Solution-focused therapy. In W. Dryden (Ed.), *Dryden's handbook of individual therapy* (5th ed) (pp. 379-400). London: Sage.

Okun, B. F., & Suyemoto, K. L. (2013). *Conceptualization and treatment planning for effective helping.* CA: Brooks/Cole.

Paladino, D. & DeLorenzi, L. (2017). Counseling with older adolescents (15-19). In S. Smith-Adcock & C. Tucker (Eds.), *Counseling children & adolescents: Connecting theory, development, & diversity* (pp. 343-372). Thousand Oaks, CA: Sage.

Payne, M. (2000). *Narrative therapy: An introduction for counselors.* London: Sage.

Payne, M. (2007). Narrative therapy. In W. Dryden (Ed.), *Dryden's handbook of individual therapy* (5th ed) (pp. 401-423). London: Sage.

Pos, A. E., Greenberg, L. S., & Elliott, R. (2008). Experiential therapy. In J. L. Lebow

(Ed.), *Twenty-first century psychotherapies: Contemporary approaches to theory & practice* (pp. 80-122). Hoboken, N. J.: John Wiley & Sons.

Rabinowitz, F. E. (2014). Innovative group therapy with men. In A. B. Rochlen & F. E. Rabinowitz (Eds.), *Breaking barriers in counseling men: Insight & innovation* (pp. 67-76). UK, East Sussex: Routledge.

Reeve, J. M. (1997). *Understanding motivation and emotion* (2nd ed.). Fort Worth, TX: Harcourt Brace College Publishers.

Reid, H. (2011). Working with solution-focused approaches for counseling young people (pp. 128-145). In H. Reid & J. Westergaard, *Effective counseling with young people*. Exeter, UK: Learning Matters Ltd.

Reid, H. & Westergaard, J. (2011). *Effective counseling with young people*. Exeter, UK: Learning Matters Ltd.

Rochlen, A. B. (2014). Jack, the sun, and the wind. In A. B. Rochlen & F. E. Rabinowitz (Eds.), *Breaking barriers in counseling men: Insight & innovation* (pp. 1-6). UK, East Sussex: Routledge.

Sarafino, E. P. (2005). Context and perspectives in health psychology. In S. Sutton, A. Baum, & M. Johnston (Eds.), *Sage Handbook of Health Psychology* (pp. 1-26). London: Sage.

Scharf, M., & Mayseless, O. (2007). Putting eggs in more than one basket: A new look at developmental processes of attachment in adolescence. In M. Scharf & O. Mayseless (Eds.), New directions for child & adolescent development #117: *Attachment in adolescence: Reflections & new angles* (pp. 1-22). NJ: Wiley periodicals, Inc.

Scheinfeld, D. E., & Buser, S. J. (2014). Adventure therapy with men. In A. B. Rochlen & F. E. Rabinowitz (Eds.), *Breaking barriers in counseling men: Insight & innovation* (pp. 77-87). UK, East Sussex: Routledge.

Seligman, L. (2006). *Theories of counseling and psychotherapy: Systems, strategies, and skills* (2nd ed). Upper Saddle River, NJ: Pearson Prentice Hall.

Sexton, T. L. (1997). Constructivist thinking within the history of ideas. In T. L. Sexton & B. L. Griffin (Eds.), *Constructivist thinking in counseling practice, research, & training* (pp. 3-18). N.Y.: Columbia University.

Siehl, P. M. (2001). Play therapy in the elementary school. In D. S. Sandhu (Ed.), *Elementary school counseling in the new millennium* (pp. 37-46). Alexandria, VA: American Counseling Association.

Smetana, J. G. (2011). *Adolescents, families, & social development: How teens construct their worlds.* UK: Wiley-Blackwell.

Smith-Adcock, S., & Pereira, J. (2017). The counseling process: Establishing a therapeutic alliance. In S. Smith-Adcock & C. Tucker (Eds.), *Counseling children & adolescents: Connecting theory, development, & diversity* (pp. 98-119). Thousand Oaks, CA: Sage.

Sommers-Flanagan, J., & Sommers-Flanagan, R. (2007). *Tough kids cool counseling: User-friendly approaches with challenging youth.* Alexandria, VA: American Counseling Association.

Steinberg, L. (2010). A behavioral scientist looks at the science of adolescent brain development, *Brain and Cognition, 71* (1), pp. 160-164.

Stevens, P. W. (2018). Introduction to substance use disorder counseling, In P. W., Stevens, & R. L., Smith (Eds.), *Substance use counseling: Theory & Practice* (pp. 1-25). N. Y.: Pearson.

Sweeney, T. J. (1989). *Adlerian counseling: A practical approach for a new decade* (3rd ed.). Muncie, IN: Accelerated Development.

Tarragona, M. (2008). Postmordern/postructuralist therapies. In J. L. Lebow (Ed.), *Twenty-first century psychotherapies: Contemporary approaches to theory &*

practice (pp. 167-205). Hoboken, N. J.: John Wiley & Sons.

Thompson, R. A. (2002). *School counseling: Best practices for working in the schools* (2nd ed.). London: Brunner-Routledge.

Tobias, A. K. (2001). Prevention: A practical approach tp preventing violence in elementary schools. In D. S. Sandhu (Ed.), *Elementary counseling in the millennium* (pp. 159-169). Alexandria, VA: American Counseling Association.

Tucker, C. (2017). Counseling with young children (5-8) and their families. In S. Smith-Adcock & C. Tucker (Eds.), *Counseling children & adolescents: Connecting theory, development, & diversity* (pp. 270-294). Thousand Oaks, CA: Sage.

van Deurzen, E., & Adams, M. (2011). *Skills in existential counseling & psychotherapy*. London: Sage.

Verhaagen, D. (2014). Making the connection with male teenagers. In A. B. Rochlen & F. E. Rabinowitz (Eds.), *Breaking barriers in counseling men: Insight & innovation* (pp. 146-155). UK, East Sussex: Routledge.

Vicario, M., & Hudgins-Mitchell, C. (2017). Attachment, trauma, and repair from infant to adolescent development: Counseling implications from neurobiology. In S. Smith-Adcock & C. Tucker (Eds.), *Counseling children & adolescents: Connecting theory, development, & diversity* (pp. 59-97). Thousand Oaks, CA: Sage.

Warner, J., & Baumer, G. (2007). Adlerian therapy. In W. Dryden (Ed.), *Dryden's handbook of individual therapy* (5th ed.) (pp. 124-143). London: Sage.

Weedon, C. (1997). *Feminism, theory, & the politics of difference*. Oxford, UK: Blackwell.

Welfel, E. R. (2010). *Ethics in counseling and psychotherapy: Standards, research, and emerging issues* (4th ed.). Belmont, CA: Brooks/Cole.

West, J. D., & Bubenzer, D. L. (2002). Narrative family therapy. In J. Carlson & D. Kjos (Eds.), *Theories & strategies of family therapy* (pp. 253-381). Boston, MA: Allyn & Bacon.

Westbrook, D., Kennerley, H., & Kirk, J. (2008). *An introduction to cognitive behavior therapy: Skills & applications.* London, UK: Sage.

Wester, S. R., Kuo, B. C. H., & Vogel, D. L. (2006). Multicultural coping: Chinese Canadian adolescents, male gender role conflict, and psychological distress. *Psychology of Men & Masculinity, 7*(2), 83-100.

Westergaard, J. (2011). Understanding adolescent development (pp. 7-22). In H. Reid & J. Westergaard, *Effective counseling with young people.* Exeter, UK: Learning Matters Ltd.

Wexler, D. B. (2014). Approaching the unapproachable: Therapist self-disclosure to de-shame clients. In A. B. Rochlen & F. E. Rabinowitz (Eds.), *Breaking barriers in counseling men: Insight & innovation* (pp. 30-40). UK, East Sussex: Routledge.

Wolak, J., Finkelhor, D., Mitchell, K. J., & Ybarra, M. L. (2010). Online "predators" and their victims: Myths, realities, and implications for prevention and treatment. *Psychology of Violence, 1*(S), pp. 13-35. doi: 10.1037/2152-0828.1

Yalom, I. D. (1980). *Existential psychotherapy.* N. Y.: BasicBooks.

Yalom, I. D. (1995). *The theory & practice of group psychotherapy* (4th ed.) N.Y.: BasicBooks.

Zimmerman, J. L., & Dickerson, V. C. (2001). Narrative therapy. In R. J. Corsini (Ed.), *Handbook of innovative therapy* (2nd ed.) (pp. 415-426). N. Y.: John Wiley & Sons.

國家圖書館出版品預行編目資料

青少年輔導與諮商／邱珍琬著.--初版.--臺北
市：五南圖書出版股份有限公司，2023.02
面；　公分
ISBN 978-626-343-711-1(平裝)

1.CST: 教育輔導 2.CST: 青少年輔導
3.CST: 心理諮商

527.4　　　　　　　　　111022395

1B2X

青少年輔導與諮商

作　　者 ― 邱珍琬（149.2）

發 行 人 ― 楊榮川

總 經 理 ― 楊士清

總 編 輯 ― 楊秀麗

副總編輯 ― 王俐文

責任編輯 ― 金明芬

封面設計 ― 王麗娟

出 版 者 ― 五南圖書出版股份有限公司

地　　址：106台北市大安區和平東路二段339號4樓

電　　話：(02)2705-5066　　傳　　真：(02)2706-6100

網　　址：https://www.wunan.com.tw

電子郵件：wunan@wunan.com.tw

劃撥帳號：01068953

戶　　名：五南圖書出版股份有限公司

法律顧問　林勝安律師

出版日期　2023年 2 月初版一刷

定　　價　新臺幣450元

經典永恆・名著常在

五十週年的獻禮 —— 經典名著文庫

五南，五十年了，半個世紀，人生旅程的一大半，走過來了。
思索著，邁向百年的未來歷程，能為知識界、文化學術界作些什麼？
在速食文化的生態下，有什麼值得讓人雋永品味的？

歷代經典・當今名著，經過時間的洗禮，千錘百鍊，流傳至今，光芒耀人；
不僅使我們能領悟前人的智慧，同時也增深加廣我們思考的深度與視野。
我們決心投入巨資，有計畫的系統梳選，成立「經典名著文庫」，
希望收入古今中外思想性的、充滿睿智與獨見的經典、名著。
這是一項理想性的、永續性的巨大出版工程。
不在意讀者的眾寡，只考慮它的學術價值，力求完整展現先哲思想的軌跡；
為知識界開啟一片智慧之窗，營造一座百花綻放的世界文明公園，
任君遨遊、取菁吸蜜、嘉惠學子！